从偶然到必然

华为研发投资
与管理实践

夏忠毅◎编著

FROM
COINCIDENCE
TO
CERTAINTY

HUAWEI'S R&D INVESTMENT AND
MANAGEMENT PRACTICE

清华大学出版社
北京

本书封面贴有清华大学出版社防伪标签，无标签者不得销售。

版权所有，侵权必究。举报：010-62782989，beiqinquan@tup.tsinghua.edu.cn。

图书在版编目（CIP）数据

从偶然到必然：华为研发投资与管理实践 / 夏忠毅编著. —北京：清华大学出版社，2019（2025.1 重印）

ISBN 978-7-302-53443-3

Ⅰ.①从… Ⅱ.①夏… Ⅲ.①通信企业－企业管理－经验－深圳 Ⅳ.①F632.765.3

中国版本图书馆 CIP 数据核字（2019）第 162953 号

责任编辑：刘志彬
封面设计：李召霞
版式设计：方加青
责任校对：王荣静
责任印制：曹婉颖

出版发行：清华大学出版社
网　　址：https://www.tup.com.cn，https://www.wqxuetang.com
地　　址：北京清华大学学研大厦 A 座　　邮　编：100084
社 总 机：010-83470000　　邮　购：010-62786544
投稿与读者服务：010-62776969，c-service@tup.tsinghua.edu.cn
质 量 反 馈：010-62772015，zhiliang@tup.tsinghua.edu.cn
印 装 者：三河市东方印刷有限公司
经　　销：全国新华书店
开　　本：170mm×230mm　　印　张：18.75　　字　数：285 千字
版　　次：2019 年 8 月第 1 版　　印　次：2025 年 1 月第 22 次印刷
定　　价：69.00 元

产品编号：084746-01

序 言

我经常在机场书店里看到各种各样介绍华为研发的书,有些是在华为工作过的工程师从自己的角度看华为研发——他们多是从其视角和其所在华为期间看华为研发;有些完全是道听途说或基于华为一些刊物的文章来看华为研发——这仅仅是编辑而已。

随着社会上越来越关注华为的研发投资与研发管理实践,随着华为员工越来越多,而没有一个有效途径去了解华为研发投资与管理实践,我们决定编写一本介绍华为研发投资与管理实践的书,一来可以让社会上关心华为的人了解真实的华为研发,二来可以让华为员工以及未来进入华为的员工清晰地理解真实的华为研发投资与管理。于是就有了此书《从偶然到必然——华为研发投资与管理实践》。

"从偶然到必然"这六个字是对华为研发变革成果的总结。华为历经二十多年,从变革想法产生、到变革、到执行和优化,围绕研发投资与研发管理一直在探索、实践、归纳、总结。与时俱进,支撑了华为成为全球领先的公司。

成功并不是未来的向导,华为的研发变革从开始到现在二十多年,IPD(集成产品开发)流程与管理体系越来越完善。随着华为进入"无人区",创新和技术驱动将发挥越来越重要的作用，曾经完善的以客户需求为导向的流程与管理体系也会面临诸多挑战。我们将进一步变革自己，实现从不可能到可能。

徐直军
华为投资控股有限公司副董事长、轮值董事长
2019 年 5 月 21 日

| 目 录 |

第 1 章　IPD 的价值

1.1　引入 IPD 的背景　/　003
  1.1.1　华为的追求是成为世界级领先企业　/　003
  1.1.2　主观、客观上都逼着华为必须努力改进管理　/　004
  1.1.3　全力以赴学习 IBM，保证研发变革的成功　/　005
  1.1.4　IPD 是业界最佳产品开发管理方法　/　006

1.2　IPD 变革给华为带来的价值　/　007
  1.2.1　从偶然成功转变为构建可复制、持续稳定高质量的管理体系　/　008
  1.2.2　技术导向转变为客户需求导向的投资行为　/　011
  1.2.3　从纯研发转变为跨部门团队协同开发、共同负责　/　014

第 2 章　投资组合管理

2.1　产品投资组合管理的目标是商业成功　/　019
  2.1.1　产品投资组合管理追求价值最大化　/　019
  2.1.2　战略聚焦，有所为有所不为　/　020
  2.1.3　加强市场管理，做好产品投资组合管理　/　023

2.2 产品发展的路标是客户需求导向 / 028
　　2.2.1 以客户需求为导向 / 028
　　2.2.2 产品竞争力是商业竞争力而不仅仅是技术 / 030
　　2.2.3 深刻理解客户需求 / 031
　　2.2.4 做好需求管理 / 034

2.3 像开发产品一样开发高质量的 Charter / 039
　　2.3.1 Charter 是说明机会、投资收益的商业计划 / 039
　　2.3.2 Charter 质量是整个产品质量的基础 / 040
　　2.3.3 CDP 为开发高质量 Charter 提供流程保障 / 041
　　2.3.4 Charter 开发是螺旋式上升过程 / 048
　　2.3.5 产品包需求 / 049
　　2.3.6 敏捷持续规划 / 051

2.4 商业设计是商业成功的基础和前提 / 053
　　2.4.1 商业模式的创新与产品创新一样重要 / 053
　　2.4.2 商业设计回答"卖什么？怎么卖？怎么定价？" / 054
　　2.4.3 商业设计以商业成功来检验 / 055

2.5 生命周期管理 / 056
　　2.5.1 什么是产品生命周期 / 056
　　2.5.2 生命周期管理的价值 / 057
　　2.5.3 管理生命周期的本质是做好持续经营 / 059

2.6 重量级团队 / 061
　　2.6.1 开发模式的变革 / 061
　　2.6.2 责权利对等的重量级团队 / 063
　　2.6.3 PDT 是跨功能部门的产品开发重量级团队 / 066

第 3 章　结构化流程与项目管理

3.1 结构化流程及其框架 / 071
　　3.1.1 什么是结构化流程 / 071
　　3.1.2 结构化流程框架 / 072
　　3.1.3 IPD 流程 / 073

目 录

3.2 结构化流程的作用 / 078
- 3.2.1 IPD 结构化流程是产品开发实现市场导向的基础 / 078
- 3.2.2 IPD 结构化流程是产品开发按投资管理的基础 / 079
- 3.2.3 IPD 流程是产品开发顺利进行的保证 / 080
- 3.2.4 IPD 结构化流程是构建制度化、持续地推出高质量产品管理体系的基础 / 080

3.3 IPD 流程的灵活性与敏捷开发 / 081
- 3.3.1 IPD 流程的灵活性 / 081
- 3.3.2 基于业务分层与业务分类的 IPD 流程场景化 / 083
- 3.3.3 将敏捷的 DNA 植入 IPD / 085

3.4 基于结构化流程的产品开发项目管理 / 089
- 3.4.1 什么是项目和项目管理 / 089
- 3.4.2 结构化流程是平台，项目管理是活的管理 / 091
- 3.4.3 华为开发项目管理实践 / 093

第 4 章 研发能力及其管理

4.1 业务分层与异步开发 / 109
- 4.1.1 业务分层是管理业务及结构化流程的基础 / 109
- 4.1.2 异步开发是提升研发效率的关键 / 111
- 4.1.3 云化和云服务化是业务分层与异步开发的发展 / 114

4.2 架构与设计 / 116
- 4.2.1 架构与设计是构建产品竞争力的源头 / 117
- 4.2.2 架构与设计是提升研发效率的关键 / 119
- 4.2.3 架构与设计是平台战略的基础 / 120
- 4.2.4 架构与设计必须以客户需求为导向，持续创新 / 121
- 4.2.5 架构与设计中构筑 DFX 竞争力 / 122
- 4.2.6 架构和设计要引入"蓝军"机制 / 124
- 4.2.7 架构与设计，打造一支强大的队伍 / 125
- 4.2.8 架构与设计的最终衡量标准是商业成功 / 126

4.3 平台 / 127
- 4.3.1 从长远来看，产品间的竞争归根结底在于基础平台的竞争 / 127

4.3.2 平台是成本、效率、质量以及快速响应客户需求的基础 / 128

4.3.3 坚持平台战略，有前瞻性和持久地大规模投入 / 128

4.3.4 构建有竞争力的平台需要开放合作，全球布局，抢占制高点 / 129

4.3.5 平台的成功，核心也是架构 / 130

4.3.6 平台需要标准化、通用化、简单化 / 131

4.3.7 平台建设要耐得住寂寞，板凳要坐十年冷 / 132

4.3.8 平台要从封闭走向开放，通过内部开源释放生产力和创造力 / 133

4.3.9 平台要进一步向生态开放，关键连接是开放的 API / 134

4.4 CBB 与优选器件库 / 135

4.4.1 开发和重用基础模块，简化产品设计复杂度，保证质量 / 135

4.4.2 构筑优选器件库，降低风险，降低成本，保证质量 / 136

4.5 软件工程，从 CMM 到敏捷 / 138

4.5.1 软件工程是实现大规模软件开发的基础能力 / 138

4.5.2 CMM 的核心是用过程的规范性保障软件开发的质量 / 141

4.5.3 构建敏捷工程能力，实现价值快速闭环 / 143

4.6 开源 / 146

4.6.1 开源是打造产业生态、实现公司战略目标的重要手段 / 147

4.6.2 开源的发展规律及企业参与策略 / 148

4.6.3 开源带来研发效率和产品竞争力的大幅提升 / 148

4.6.4 开源的使用需加强质量管理 / 149

4.6.5 开源要与标准联动 / 150

4.6.6 开源要和商业利益相结合 / 151

4.7 研发能力管理体系 / 151

第 5 章 创新与技术开发

5.1 创新与不确定性管理 / 157

5.1.1 创新是企业发展的不竭动力 / 157

5.1.2 华为创新管理理念 / 158

5.1.3 不确定性管理 / 163

目 录

5.2 技术开发与研究 / 164
    5.2.1 技术开发的特征 / 164
    5.2.2 技术开发流程 / 165
    5.2.3 研究的特点 / 167
    5.2.4 技术规划流程 / 168
    5.2.5 技术 Charter 开发流程 / 169
    5.2.6 研究、技术开发与产品开发的关系 / 169

5.3 技术管理体系 / 170
    5.3.1 决策和支撑团队 / 171
    5.3.2 技术开发团队 / 171
    5.3.3 实体组织 / 172

5.4 知识产权管理 / 173
    5.4.1 只有拥有和保护知识产权，才能进入世界竞争 / 173
    5.4.2 通过标准专利构筑华为核心竞争力 / 174
    5.4.3 信息安全与共享 / 176

第 6 章　产品数据及其管理

6.1 数据 / 183

6.2 产品数据 / 184
    6.2.1 产品数据是公司业务运营的基础 / 185
    6.2.2 产品数据是质量管理的基础 / 185
    6.2.3 产品数据是网络安全与合规运营的基础 / 186
    6.2.4 产品数据是成本管理的基础 / 187
    6.2.5 产品数据发展历程及管理范围 / 187

6.3 产品基本信息管理 / 188

6.4 Part/BOM 管理 / 190

6.5 软件配置管理 / 195

6.6 产品配置与配置器 / 198
    6.6.1 产品配置和配置器是产品的核心竞争力 / 199

6.6.2 Spart 设计是商业模式的载体和全流程信息打通的关键 / 199

6.6.3 销售目录是实现产品销售管控的基础 / 200

6.6.4 配置器是衔接 IPD 与 LTC 的桥梁 / 200

6.7 产品数字化与运营 / 201

6.7.1 产品数字化 / 201

6.7.2 产品数据治理 / 204

6.7.3 数字化运营 / 206

第 7 章 质量管理

7.1 质量就是满足客户要求 / 211

7.2 华为公司质量方针和质量文化 / 213

7.2.1 让 HUAWEI 成为 ICT 行业高质量的代名词 / 213

7.2.2 质量优先，以质取胜 / 214

7.2.3 建设在"一次性把事情做对"基础上"持续改进"的质量文化 / 220

7.2.4 建立以客户为中心的高效组织，业务一把手是质量的第一责任人 / 221

7.3 把质量工作融入 IPD 和项目管理中 / 223

7.3.1 基于 IPD 主业务流的质量管理体系 / 223

7.3.2 实现客户满意是 IPD 质量管理的总目标 / 227

7.3.3 通过决策点和技术评审点在 IPD 流程中构建质量 / 229

7.3.4 融入 IPD 的产品质量管理 / 230

7.4 软件质量管理的发展 / 235

7.5 质量与成本的统一 / 236

第 8 章 成本管理

8.1 成本是客户的核心需求 / 241

8.2 成本是核心竞争力 / 242

8.3 如何构筑成本竞争力 / 243

8.3.1 落实管理者职责和成本改进要求 / 243

目 录

    8.3.2 提高投资决策质量是最大的降成本 / 244

    8.3.3 在架构和设计中构筑全流程、全生命周期、E2E成本竞争力 / 244

    8.3.4 通过归一化、标准化构筑规模优势，提升成本竞争力 / 250

    8.3.5 应用价值工程方法，用精益、创新的思维，从前端构筑成本竞争力 / 253

8.4 成本与质量的关系 / 254

8.5 成本管理组织 / 256

第9章 变革管理和持续改进

9.1 IPD管理变革突破 / 260

    9.1.1 高层的大力支持是业务变革成功的首要因素 / 260

    9.1.2 沉下心来，穿一双"美国鞋" / 261

    9.1.3 培训培训再培训，松土松土再松土 / 262

    9.1.4 流程的设计与试点PDT是紧密联系在一起的 / 264

9.2 IPD全面推行 / 265

    9.2.1 引导者有效的工作对确保IPD流程的成功推行起到非常重要的作用 / 265

    9.2.2 管理体系的建立确保了IPD推行的成功 / 266

9.3 IPD面向未来发展 / 267

    9.3.1 服务产业 / 268

    9.3.2 消费者业务 / 269

    9.3.3 企业业务 / 272

    9.3.4 云服务业务 / 275

9.4 TPM与持续改进 / 277

    9.4.1 实现IPD变革成功，改进TPM至关重要 / 277

    9.4.2 持续改进使IPD变成有生命的管理体系 / 278

缩略语表 / 280

后记 / 287

第 1 章
IPD 的价值

引进IPD是华为从"土八路"走向国际化,从偶然成功走向必然之路的开始。随着华为业务的发展,华为客观、主观上都必须努力改进管理。为了实现华为成为世界领先企业的追求,学习和引进业界最佳的管理体系是华为一直坚持的变革方针。实施IPD变革并持续不断实践、优化使华为建立了一套适合华为的,能制度化、持续稳定交付高质量产品的研发管理体系。这不仅获得了国际市场的准入认可,更重要的是在产品领域不再依赖于"英雄"而是基于流程,可以开发出满足客户要求,有质量保障的产品。这套体系强调产品规划和开发基于客户需求导向,保证了投资和研发始终做正确的事、正确地做事及持续做正确的事和正确地做事。开发从仅仅是研发部门的事,转变为全公司跨部门团队的模式,使得华为能快速有序地提供质量好、成本低、满足客户需求且有市场竞争力的产品。经过二十年的发展证明,华为的成功不是偶然的。

第1章 IPD的价值

1.1 引入IPD的背景

1.1.1 华为的追求是成为世界级领先企业

华为1987年创立,刚开始代理销售用户交换机(PBX),然后开始研发模拟到数字程控交换机。1995年,华为自主研发成功万门C&C08数字程控交换机商用后,营收及规模呈现快速增长态势。这一年销售额为14亿元,到1998年,年销售额达到89亿元,较1995年增长了6倍多。1995年,公司员工为1200人,1998年公司员工大约为9000人。

公司快速的发展,使华为总裁任正非早在1994年就喊出了大家不相信的预言:"十年以后,世界通信行业将三分天下,华为占一分。"

1996年年初,任正非将华为组织建设、管理制度建设以及文化建设提上了议事日程。他在市场部整训工作会议上提出起草《华为公司基本法》,通过两年多的讨论和制订过程,八易其稿,《华为公司基本法》于1998年3月23日获得通过。

《华为公司基本法》阐明了华为公司的追求和愿景:"华为的追求是在电子信息领域实现顾客的梦想,并依靠点点滴滴、锲而不舍的艰苦追求,使我们成为世界级领先企业。"早日成为世界级领先企业,成为华为"第二次创业"的内在动力。

1.1.2 主观、客观上都逼着华为必须努力改进管理

从万门C&C08数字程控交换机规模商用后,华为业务也不断向相关领域扩展:1998年,华为在中国传统交换机市场的市场份额达到22%,接入网市场份额超过50%,智能网、接入服务器等产品市场份额超过30%,光网络产品市场份额为10%。业务开始向移动通信领域扩展。

但是,管理上存在的短板日益制约华为业务发展:收入快速增长的同时,毛利率却在逐年下降;客户需求与华为解决方案的差距在扩大,且在产品开发过程中一变再变;产品开发周期是业界最佳的两倍以上;有相当一部分研发资金所支撑的产品在上市之前就被取消;新产品收入占销售收入的比率也一直徘徊不前,类似的问题还有很多……从中可以清楚地看出,尽管华为当时已经成为国内电信设备制造商的"领头羊",但把华为放在世界的天平上,与国外巨型跨国公司相比,华为与世界级企业之间仍存在很大的差距。

华为的当务之急是需要一场变革,改进华为的开发模式和开发方法。通信领域产品,是运营商长线投资运营的复杂产品,需要很多人同时作业,协同开发。华为移动产品就曾经有超过3000人同时开发。所以,华为需要先进的管理方法来加强资源配置的密度,缩短开发周期,提高产品的先进水平和质量水平,避免效率低下造成的资源浪费。当然华为也没有多少资源可以浪费和允许多次失败。

随着中国加入世界贸易组织(WTO)脚步的临近,WTO已经为中国电信设备制造商未来的生存与发展带来了严峻的挑战。中国是世界上最大的新兴市场,中国要参加WTO,美国对中国什么都不要求,只要求中国开放农业和通信产品市场,这样,国外电信设备制造厂家可以更直接地进入中国市场,以更优惠的条件参与竞争。1998年,随着我国加入WTO日益逼近,通信、信息技术市场即将全面开放,信息技术产品零关税即将到来。国内市场将面临白热化的国际巨头强大竞争,这场竞争对包括华为在内的国内电信设备制造商无疑是一场生死攸关的激战,而华为由于当时在国内的地位,无疑更是这场激战的先锋。华为没有背景,也不拥有任何稀缺的资源,更没有什么可依赖的,也没

有任何经验可以借鉴。还很弱小的华为能否打赢活下去？已经没有更多的时间给华为自己去摸着石头过河、试错了。华为必须在不断发展的过程中理顺内部的管理，为即将到来的更加白热化的市场竞争做好各方面的积累。

任正非在1999年IPD动员大会上指出："从客观和主观上，公司都需要一场变革。各级部门要紧密配合起来，努力改进我们的方法。"

"企业缩小规模，就会失去竞争力；扩大规模，不能有效管理，就会面临死亡。管理是内部因素，是可以努力的。规模小，面对的都是外部因素，是客观规律，是难以以人的意志为转移的，它必然抗不住风暴。因此，我们只有加强管理与服务，在这条'不归路'上，才有生存的基础。"任正非1998年年初在《我们向美国人民学习什么》一文中强调说："这就是华为要走规模化、搞活内部动力机制、加强管理与服务的战略出发点。"

1.1.3 全力以赴学习IBM，保证研发变革的成功

任正非多次去美国，看到了美国的先进和强大，美国人民的创新机制、创新精神和文化给他留下了深刻印象。

1997年年末，任正非及一行人访问了美国休斯公司、IBM公司、贝尔实验室与惠普公司，了解了这些公司的管理。IBM副总裁送了任正非一本哈佛大学出版的 *The Power of Product and Cycle-time Excellence*，书中主要介绍了大项目的管理方法。在IBM整整听了一天管理后，对项目从研究到生命周期终结的投资评审、综合管理、结构化项目开发、决策模型、管道管理、异步开发、跨功能部门团队、评分模型等有了深刻的理解。任正非对IBM的管理模型十分欣赏，后来发现朗讯也是这么管理研发的，这都源自美国哈佛大学等著名大学的一些管理著述。

"华为没有一个人曾经经营过大型的高科技公司，从开发到市场，从生产到财务……全都是外行，是未涉世事的学生一边摸索一边前进，磕磕碰碰走过来的。"1998年年初，任正非在《我们向美国人民学习什么》一文中写道，"我们只有认真向这些大公司学习，才会使自己少走弯路，少交学费。IBM是付出数十亿美元直接代价总结出来的，他们经历的痛苦是人类的宝贵财富。"

20 世纪 80 年代初期，IBM 处在盈利的顶峰，也成为世界上有史以来盈利最大的公司。进入 90 年代初期，面对激烈的市场竞争，IBM 遇到了严重的财政危机，1993 年亏损 80 亿美元，管理的混乱，几乎令其解体。为了扭转这种局面，IBM 聘请外行郭士纳（Louis Gerstner）出任 IBM 总裁，花了 5 年左右的时间，采用 IPD[①]，从流程重整和产品重整两个方面对其产品开发模式进行了变革，取得了巨大成功，显著缩短了产品上市时间，减低了开发成本，开发效率稳步提高。历时 5 年销售额增长了 100 亿美元，达 750 亿美元，IBM 减少了 15 万名职工，2000 年盈利 80 亿美元。IBM 成功的实践是华为选择引进 IPD 原因之一。

"有许许多多优秀的咨询顾问公司也深深地吸引着华为，但 IBM Global Business Services 不仅有咨询理论和资料库，更重要的是 IBM 还是一个成功运营的公司，所以我们期望 IBM 能像其他咨询顾问一样提供翔实周到的设计，还能够有很多经验丰富的专家顾问帮助华为实现落地。"现华为副董事长、轮值董事长郭平在 IPD 顾问答谢晚宴上回忆说。

"IBM 是世界上很优秀的公司。华为和 IBM 公司之间的竞争性不是很强，但互补性很强，我们的合作对于两家公司都有意义。在利益驱动和各种方面的驱动下，我们逐渐走得更加紧密一点，也使我们有条件、有可能向 IBM 学习好的方法。"任正非在 IPD 动员大会上强调，"我们唯有全力以赴去努力学习 IBM，才能保证 IPD 业务变革的成功。"

● 1.1.4　IPD 是业界最佳产品开发管理方法

IPD 是通过对产品开发中各种最佳实践进行集成，实现对产品开发工作有效管理的理念和方法。它的思想来源于美国 PRTM 公司最先于 1986 年提出的基于产品及周期优化法（Product And Cycle-time Excellence，PACE），PACE 现已成为业界产品开发管理的通用参考模型。同年，加拿大罗伯特·G·库伯博士在其著作 *Winning at New Products: Accelerating the Process from Idea to Launch* 中，总结了新产品成功的关键要素，第一次提出了系统化的新产品开

---

① IPD，Integrated Product Development，集成产品开发，是一套产品开发的模式、理念与方法。

发流程，对很多公司产生了重大影响，宝洁、杜邦、惠普、北电等公司都采用了他的阶段 - 门径系统的理念。IBM 吸收了 PACE 的很多理论精华，更强调跨部门协作的重要性，特别强调市场的驱动作用；也把阶段 - 门径的理念集成到了自己的 IPD 流程中，最终形成了一套 IBM 关于产品开发的方法论体系，就是著名的 IPD。华为从 1999 年引进 IPD 后，根据自己的实践，不断优化和发展，最终形成了华为特色的 IPD 整套方法论和可操作体系。华为二十年的实践走到今天进入世界 100 强，证明这套产品开发管理方法论体系是有效的。

IPD 变革是从流程重整和产品重整两个方面来变革整个产品开发业务和开发模式，主要包括 7 个关键要素：结构化流程，跨部门团队，项目及管道管理，业务分层、异步开发与共用基础模块 CBB[①]，需求管理，投资组合管理，衡量指标。流程重整关注产品开发流程，产品重整关注异步开发与共用基础模块的重用。IPD 通过分析客户需求，优化投资组合，保证产品投资的有效性；通过运用结构化流程，采用项目管理与管道管理方法，保证产品开发过程的规范进行；通过业务分层建设并重用共用基础模块，采用异步开发模式缩短开发周期，降低综合成本；通过建立重量级的跨部门管理团队和开发团队，建立配套的管理体系来保证整个产品管理和开发的有效进行。IPD 管理体系是用来保障 IPD 有效运作的管理支持系统，包括组织、角色与职责，考核与激励，决策与评审机制等。IPD 把上面的所有各项业界最佳要素紧密结合起来，集成化运作，保证了产品开发的高效。

1.2　IPD变革给华为带来的价值

总结二十年华为的 IPD 变革，我们认为 IPD 给华为带来的价值主要是实

---

① CBB，Common Building Block，共用基础模块。指那些可以在不同产品、系统之间共用的单元。

现了以下三个转变。

1.2.1　从偶然成功转变为构建可复制、持续稳定高质量的管理体系

一个企业如果成功不能复制，不能持续推出高质量的产品，是很容易经不起风浪而自己倒下的，更何况直面资金雄厚，技术先进的国际巨头的竞争。构建一套世界先进管理制度在 WTO 紧锣密鼓逼近之际，对华为极其重要。产品是公司的发动机和发展的源泉和核动力，华为首先向 IBM 学习 IPD 及其管理方法，其目的是希望将过去 10 年的偶然成功变成必然，并且能持续成功。

2014 年，郭平在"蓝血十杰"颁奖大会上说："记得我刚进公司做研发的时候，华为既没有严格的产品工程概念，也没有科学的流程和制度，一个项目能否取得成功，主要靠项目经理和运气。我负责的第一个项目是 HJD 48，运气不错，为公司挣了些钱。但随后的局用机就没那么幸运了，亏了。再后来的 C&C08 交换机和 EAST 8000，又重复了和前两个项目同样的故事。这就是 1999 年之前华为产品研发的真实状况，产品获得成功具有一定的偶然性。可以说，那个时代华为研发依靠的是'个人英雄'。正是看到了这种偶然的成功和个人英雄主义有可能给公司带来的不确定性，华为在 1999 年引入 IPD，开始了管理体系的变革和建设。我们经历了削足适履、'穿美国鞋'的痛苦，实现了从依赖个人地、偶然地推出成功产品，到可以制度化可持续地推出满足客户需求的、有市场竞争力的成功产品的转变。"

现华为副董事长、轮值董事长徐直军在 2006 年一次表彰大会上指出："IPD 本身不仅仅是流程，更是流程＋管理体系。也就是说华为公司推 IPD，不仅仅是推流程，而是包含了从营销到产品开发的整个管理体系。只要我们不断地按照 IPD 管理体系和流程来要求，我们的能力是能不断提升的，我们开发出来的产品是能有保证的，我们是能摆脱英雄式的产品成功模式，转变成有组织保证的产品成功模式的。任何合格的 PDT[①] 经理们通过发挥自己的能力，按照

---

① PDT，Product Development Team，产品开发团队，详见 2.6.3。

第1章　IPD的价值

IPD管理体系和流程的要求就能开发出成功的产品。而不是像当时我们做08机那样，恰好是人选对了，08机就出来了。"

"IPD流程解决的一个核心问题，就是在产品领域不再依赖'英雄'而是基于流程就可以做出一个基本能满足客户要求、质量有保障的产品。"徐直军在2014年市场大会变革与管理改进专题上如是说。

建立IPD流程及管理体系除了摆脱对人的依赖外，还使华为学到了业界最佳的研发管理方法，拥有了国际交流的共同语言，减少了开拓国际市场的障碍。

"如果我们不走向国际市场，如果我们仅仅为中国，或为不发达国家开发产品，IPD的价值是显现不出来的。当我们给发达运营商开发产品，在BT、O2、Vodafone、Orange来认证，高度认可华为整个产品开发流程、文档体系、质量控制体系的时候，我们才深刻感受到，如果当时不推行IPD，没有一个很好的流程体系、管理体系支撑，我们就无法与发达运营商进行对话和交流，就无法通过认证，甚至连对话和交流的基础都没有。"徐直军在2006年优秀PDT/TDT[①]经理高级研讨会上说，"我们推行IPD至今，不管是与竞争对手进行合作，还是与客户进行交流，相互的语言是一致的。这个语言并不是指英语，而是指我们融入了整个国际大环境，按国际标准、规范、流程来开展工作。"

在推行IPD之前，华为的程控交换机的大批量用户板，生产直通率非常低，为此公司还组织攻关。公司支付高昂成本，大家很疲惫，效率很低。2000年，公司研发体系专门召开了"研发体系发放呆死料、机票"活动暨反思交流大会，希望建设一支职业化的研发队伍，按流程做事规范和高效。IPD提供了一套一致的方法，产品开发的每个阶段都要有清晰的目标和要求，有规范的做事流程和步骤。在开发早期就考虑可制造性、可靠性、可服务性等需求的实现，缩短了产品开发周期，保证了产品高质量大规模交付。

原华为产品与解决方案体系总裁费敏在谈到IPD为公司带来的好处时说："IPD的流程体系和管理体系，使公司在产品开发周期、产品质量、成本、响

---

① TDT，Technology Development Team，技术开发团队，详见5.3.2。

应客户需求、产品综合竞争力上都取得了根本性的改善，从依赖个人英雄转变为依靠管理制度来推出有竞争力的高质量产品，有力地支撑了华为快速发展和规模的国际化扩张。"

从图 1-1 可以看出，华为 2003 年正式推行 IPD 后，经过 5 年的实践，研发项目平均周期持续缩短 50%，产品故障率减少 95%，客户满意度持续上升。

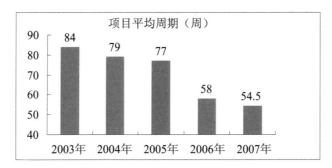

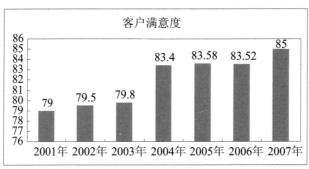

图 1-1　IPD 推行 5 年的效果

徐直军在 2005 年优秀 PDT/TDT 团队表彰大会上总结道："IPD 推行最大的感受，就在于产品质量的提升。现在推出的产品，不管代码量多大，开发难度多大，只要严格按照流程走，达到了可以投向市场的点，质量基本上还是不错的，很少看到大版本上网以后会瘫机。这也是我们按 IPD 流程执行的结果。记得 1997 年我负责销售，每天都接到很多电话，到处是瘫机，而现在我们有这么多的产品，而且复杂程度、代码数量远远超过当时，但是瘫机的情况基本没有了。我们现在能感受到 IPD 流程给产品开发带来越来越多的好处。"

徐直军在 2012 年接受《财富》专访时谈道："7 万多人的研发队伍，还能有序地开展工作，这是我们 1999 年与 IBM 合作开始进行产品开发变革取得的成果，我们称之为 IPD。从 1999 年开始到现在，广大研发人员不断优化研发流程，不断优化组织结构，不断提升研发能力，从来没有停过。现在别说 7 万人的研发队伍，即使再加 7 万人，也能够有序地运作，确保把产品做出来，并且做出来的产品是稳定的、能达到质量要求的，这是我们多年来管理体系和研发流程优化的结果。"

华为 IPD 变革成功带来的好处还在于能够快速复制一套流程及管理体系，用于新产品开发或新的行业。例如，华为做消费者业务，做云业务，可以快速组建团队，对公司 IPD 流程及管理体系适当适配优化后，用于该业务的研发管理。

● 1.2.2 技术导向转变为客户需求导向的投资行为

与研究机构不同，企业是一个商业组织，通过为客户提供产品和服务获得持续活下去、扩大再生产的资金。因此企业的一切经营活动都是围绕商业利益的，最终目标只有一个：商业成功。

华为前董事长孙亚芳 1999 年在 IPD 培训会议上指出："做事情一定要以商业的眼光，要从公司的角度来看问题，不要只是从部门的角度看问题。在美国，我也曾经问他们'IPD 领导的背景和素质要求'这个问题，他们说'不要把 IPD 看成是研发部门的事，一定要从商业的角度看问题'。这一点给我留下了很深的印象。"

华为公司是由大量高学历人才组成的技术公司，研发体系中的大多数人都是工程师，产品开发有非常严重的技术情结，认为把技术做好才能体现自己的价值。为了转变这种思想，任正非多次强调产品研发反对技术导向要以客户需求为导向，并号召大家做工程商人。

2002年，任正非在与光网络骨干员工交流会上说："华为公司不是为了追求名誉，而要的是实在，希望大家不要老想着搞最先进的设备，搞最新的技术。我们不是做院士，而是工程商人。工程商人就是做的东西有人买，有钱赚。"

回顾华为开发 NGN[①]、软交换、核心网等很多产品过程，都是走过错路的，过分依赖技术导向。因为走错了路，运营商开始不准华为入网。后来虽然经过努力，勉强获得了一些机会，但浪费了大量的资金。

人类的需求是随生理和心理进步而进步的，但人的生理和心理进步过程是缓慢的，跟不上日新月异的技术发展。一味崇拜技术，可能带来的是"洗了煤炭，花了铺路的钱"，没有带来收益，最终导致公司破产。

"只有在客户需求真实产生的机会窗出现时，科学家的发明转换成产品才产生商业价值。投入过早，也会洗了商业的盐碱地，损耗本应聚焦突破的能量。例如：今天，光传输是人类信息社会最大的需求，而十几、二十年前，贝尔实验室是最早发现波分，北电是首先产业化的。北电的40G投入过早、过猛，遭遇挫折，前车之鉴，是我们的审慎的老师。"这段话是任正非在与英国研究所、北京研究所、伦敦财经风险管控中心座谈时指出的。

自身的教训和业界公司的倒闭，时刻提醒华为，商业组织不能以技术为导向，华为必须转变为以客户需求为导向，技术只是企业实现商业成功的一种手段和工具。

"超前太多的技术，当然也是人类瑰宝，但必须牺牲自己来完成……我们一定要记住：客户需求就是我们的产品发展导向，我们发展企业的目的是为客户服务。"任正非说，"产品的技术是充分满足客户需求"。

IPD基于市场和客户需求驱动的产品开发理念非常适合华为，因为当时通

---

① NGN，Next Generation Network，下一代网络，是一种业务驱动型的分组网络。

第1章　IPD的价值

信行业技术发展太快，超过客户需求的发展速度。IPD强调以市场需求作为产品开发的驱动力，它包括市场管理、需求管理和产品开发三个业务流。市场管理通过理解和细分市场，进行组合分析，制定商业策略和计划，以市场驱动研发，做正确的事，确保商业成功。需求管理负责客户需求的收集、分类、分发，将客户需求纳入产品版本路标规划。紧急需求快速纳入当前版本中按照规范的IPD流程进行开发，保证开发出高质量产品或解决方案，及时满足客户需求，从而帮助客户在竞争中获得优势地位。

尤其重要的是，IPD将产品开发作为一项投资来管理：首先通过组合管理对投资机会进行优先级排序，确定投资开发的产品，保证资源投入，并在产品开发的每一个阶段，都从商业的视角而不只是从技术和研发的视角对产品开发进行财务指标、市场、技术等方面的评估，以确定开发项目是继续还是终止。其目的在于确保产品投资回报的实现，或尽量减少投资失败造成的损失。

实施IPD前，华为缺乏市场管理，缺乏有效的需求管理等方法。实施IPD变革后，华为开发项目立项来自客户需求，实现了从技术导向向客户需求导向的转变，保证了公司投资做正确的事。

2003年，任正非在产品路标规划评审会议上谈到IPD时说："现在分析一下，IBM顾问提供的IPD、ISC[①]有没有用，有没有价值？是有价值的。回想华为公司到现在为止所犯过的错误，我们怎样认识IPD是有价值的？我说，IPD最根本的是使营销方法发生了改变。我们以前研发产品时，只管自己做，做完了向客户推销，说产品如何好。这种我们做什么客户就买什么的模式在需求旺盛的时候是可行的，我们也习惯于这种模式。但是现在形势发生了变化，如果我们埋头做出'好东西'，然后再推销给客户，那东西就卖不出去。因此，我们要真正认识到客户需求导向是一个企业生存发展的一条非常正确的道路。从本质上讲，IPD是研究方法、开发模式、战略决策的模式改变，我们坚持走

---

① ISC，Integrated Supply Chain，集成供应链。它是由原材料、零部件的厂家和供应商等集成起来组成的网络，通过计划、采购、制造、订单履行等业务运作，为客户提供产品和服务的供应链管理体系。

这一条路是正确的。"

"IPD本质是从机会到商业变现。"任正非这句话深刻地诠释了IPD的核心内涵。

● 1.2.3 从纯研发转变为跨部门团队协同开发、共同负责

早期华为的开发流程是先由研发人员确定产品规格并开发出样品，然后进行小批量验证后交给测试人员，经过测试后安排生产发货。开发人员往往不懂生产工艺等后续工序，后续环节发现的任何问题，例如功能、性能、工艺、制造等问题都要反馈给开发人员进行修改，然后重复后续过程，导致产品开发周期长。产品开发项目组只是来自研发的一个部门，研发人员只对研发成果负责，不太关心产品能否成功地批量生产出来，也不关心产品推向市场后是否成功。显然，接力棒的串行开发方式无法保障对产品成功负责，交接点的责任划分和要求无法量化，带来大量扯皮，延长了产品开发时间，不利于综合能力的提升。

IPD采用跨部门团队来负责产品开发，按规划和项目任务书定义的范围、规模、进度等要求，通过先进的项目管理方法，将产品开发到发布过程中需要的相关功能部门的代表及成员卷入，对产品从开发、测试、生产、上市，一直到生命周期的全过程共同负责。每个团队成员贡献自己及其所属领域的专业智慧，形成合力，保证产品快速、高质量推向市场。跨部门团队也能保证从产品设计前端就关注产品的可靠性、可生产性、可供应性、可销售性、可交付性、可服务性等方面的需求，减少了修改后端问题带来的开发时间延长。同时，跨部门团队也使得并行开发成为可能：开发人员在开发测试产品时，制造人员可同时准备批量生产工艺和制造装备；采购人员认证新器件、确定供应商，为产品批量生产准备好所需物料；营销人员可以为产品上市和市场宣传销售提前做好准备；服务人员在产品上市前提前做好产品安装和服务培训赋能。显然，这种跨部门团队开发模式大大缩短了开发周期，降低了开发成本。

业界最佳企业大多采用跨部门团队开发模式，特别是大型、复杂的产品研发项目。阿波罗登月项目参与者多达42万人，只由研发人员完成是无法想

第1章 IPD的价值

象的。通信产品就是大型复杂的产品,适合采用跨部门团队的开发模式。

华为要从对研发成果负责转变到为对产品成功负责。采用IPD跨部门团队模式,现在看来,已经实现了这一目标。华为现在所有的开发项目,都采用跨部门团队的模式来管理和完成。

从下一章开始,将详细介绍华为研发管理理念和华为研发投资与管理实践。

第 2 章
投资组合管理

企业研发投资受客户需求、竞争、产业链、市场和技术的变化等诸多外部不可控因素影响，是风险大、周期长的投资行为。华为投资以商业成功为导向，将研发作为一项投资进行谨慎科学的管理。投资组合管理是降低风险的一种有效手段。华为的投资目标是追求价值最大化，而不是股东利益最大化，要兼顾利润和长期核心竞争力的再投入，还有客户和产业链生态合作伙伴的利益，追求合理的投资回报。

产品投资组合管理是受战略驱动的投资行为，除了考虑投资回报率，关键看业务上的战略选择，包括方向的选择和定位的选择。方向的选择决定投还是不投，定位的选择决定投入强度和投入节奏。为保证产品投资的正确性，做正确的事，必须以客户需求为导向，以市场驱动研发，通过需求管理、组合管理，将宝贵而有限的资源聚焦到高价值客户需求和市场机会上，投入能创造最大价值的方向上，不将战略竞争力量消耗在非战略机会点上。

产品解决方案的竞争力是从产品规划开始构筑的。好的商业计划书，能提升研发投资的质量，减少投资浪费。一个企业的研发投资真正投在新产品上的比例实际上并不大。在华为，大量的研发投资都是投在大规模销售的产品的不断演进和发展上。通过生命周期管理，监控销售产品的市场表现，不断调整产品组合。通过开发新产品和产品的新特性，能发挥产品最大价值，提高客户满意度，获取最佳回报。

团队决策管理模式能降低个体决策失误带来的投资损失。集体决策能有效提高决策总体质量和综合效率。在华为，对产品投资的商业成功负责的是各级重量级团队，他们组成了华为产品投资的决策体系。重量级团队的有效运作，是IPD过去这些年在华为真正推行和落地的基础；重量级团队成员履行好使命与职责，是IPD成功的关键。

本章主要讲述华为产品投资及其组合管理相关活动，如市场细分和选择、组合排序、商业计划制定、商业设计、生命周期管理等，内容涉及理念、流程、组织和管理体系等关键要素。过去的30年，华为通过有效的产品投资组合管理，实现了长期有效的增长。

2.1 产品投资组合管理的目标是商业成功

华为的投资组合管理基于市场管理流程,通过市场发展趋势、企业战略诉求分析,对产品进行合理组合和资源配置,形成产品投资组合沙盘,明确产品投资合理的回报预期、投资方向与策略、投资额度。

华为产品投资组合管理是通过 IPD 来实现的。在华为,IPD 包含市场管理和集成产品开发等。其中,市场管理为公司各产业及各产品实现价值创造,提供一致的分析方法和流程,对产品战略、组合排序和产品投资进行决策。

2.1.1 产品投资组合管理追求价值最大化

一般公司通常以股东利益最大化为原则,但华为公司不是这样。华为产品投资目标是追求价值最大化,而不是股东利益最大化。华为产品投资兼顾利润和长期核心竞争力的再投入,兼顾客户和产业链生态合作伙伴的利益,追求合理的投资回报。

商业活动的基本规律是等价交换,如果能够为客户提供及时、准确、优质、低成本的服务,所付出的努力就是有效的,公司也必然获取合理的回报。这些回报,有些表现为当期商业利益,有些表现为中长期商业利益,但最终都必须体现在公司的收入、利润、现金流等经营结果上。

《华为公司基本法》第十一条规定："我们将按照我们的事业可持续成长的要求，设立每个时期的足够高的，合理的利润率和利润目标，而不单纯追求利润的最大化。"华为长期坚持在研发上大规模投资，将销售收入的10%以上投入研发。2018年研发经费达到1015亿元，占全年收入的14.1%，近10年累计研发投入达到4850亿元，其目的就是要构筑华为可持续发展的核心竞争力。

都江堰为2000多年前战国时期李冰父子修建的，至今仍然在灌溉造福于成都平原。"深淘滩，低作堰"，是李冰父子留下的治水准则，其中蕴含的智慧和道理，远远超出了治水本身。华为公司一贯主张赚小钱不赚大钱，"王小二卖豆腐，薄利多销"，正契合了这一深刻的管理理念。

华为公司追求的是如都江堰一样长存不衰，"深淘滩，低作堰"是华为的商业模式和生意经。2009年，任正非在运作与交付体系奋斗表彰大会上做的题为《深淘滩，低作堰》的讲话中指出："深淘滩，就是不断地挖掘内部潜力，降低运作成本，为客户提供更有价值的服务。客户是绝不肯为你的光鲜以及高额的福利多付出一分钱的。我们的任何渴望，除了用努力工作获得外，别指望天上掉馅饼。公司短期的不理智的福利政策，就是饮鸩止渴。低作堰，就是节制自己的贪欲，自己留存的利润低一些，多一些让利给客户，以及善待上游供应商。将来的竞争就是一条产业链与一条产业链的竞争。从上游到下游的产业链的整体强健，就是华为的生存之本。"

理念决定政策，在保障公司商业利益的前提下，合理分配产业链利润，保证供应商合理的利润，维护健康产业环境，打造华为/供应商合作共赢的可持续发展的有竞争力的产业链，从而保障华为获得相对竞争优势。

◉ 2.1.2　战略聚焦，有所为有所不为

任何公司都是一个资源和能力有限的公司，如果产品投资不聚焦，就不能够打造企业核心竞争力，就不能有所突破。华为只擅长电子信息领域，不涉足不熟悉的和不拥有资源的领域。华为投资开发的产品和技术，均专注于

第2章 投资组合管理

ICT[①]领域技术的研究与开发,不盲目地做大,不盲目地铺摊子。

2013年,在企业业务座谈会上,任正非指出华为要坚持聚焦的好处:"华为在这个世界上并不是什么了不起的公司,其实就是坚持活下来,别人死了,我们就强大了。所以现在我还是认为不要盲目做大、盲目铺开,要聚焦在少量有价值的客户和少量有竞争力的产品上,在这几个点上形成突破。所以,我们在作战面上不需要展开得那么宽,还是要聚焦,取得突破。当你们取得一个点的突破的时候,这个胜利产生的榜样作用和示范作用是巨大的,这个点在同一个行业复制,你可能会有数倍的利润。"

2014年11月14日,任正非在公司战略务虚会上发表讲话指出:"公司要像长江水一样聚焦在主航道,发出巨大的电来。无论产品大小都要与主航道相关,新生幼苗也要聚焦在主航道上。不要偏离了主航道,否则公司就会分为两个管理平台。"

2017年6月2—4日,任正非在公司战略务虚会上强调:"华为不是万能的公司,不可能一直增长下去,要练好内功,要做减法,聚焦到主航道来,否则样样都会,样样都不精通。如果我们不主动降低产值,就像'骡子'背上加上太多包袱,爬不上坡。长期驮重东西,还可能会被压死。如果我们希望长期生存下来,就可以减少一些销售收入,但是利润不能减少。因为'骡子'驮的东西轻了,跑得也就更快。经营能力增强,我们给客户创造价值,客户也会给我们相应利润。"

要做到战略聚焦,在执行上需要有所为有所不为,敢于进行取舍。关于投资聚焦的战略性考虑,任正非在2018年的IRB[②]务虚会上谈道:"现在每条产品线都很兴奋地横向扩张,我们这么大的平台去做一个'鸡头'很容易,'鸡头'对战略没有意义,会削弱进攻主战场的力量。我们要坚持不在非战略机会点上消耗战略竞争力量。公司这些年在运营商业务上管得严,希望运营商逐步

---

① ICT,Information and Communication Technology,信息和通信技术。
② IRB,Investment Review Board,投资评审委员会,是华为公司负责业务领域的产品与解决方案的投资组合和生命周期管理,对投资的损益及商业成功负责的组织。

收缩，不要去做一些'鸡头'。企业网也要控制自己的横向扩张，收缩到合理水平，聚焦攻击，做充分的战略准备。"

正因为有所不为，才有了华为产品投资的"压强原则"。早在2000年的时候，任正非就在其《创新是华为发展的不竭动力》一文中阐述了华为的产品投资逻辑："华为从创业一开始就把它的使命锁定在通信网络技术的研究与开发上。我们把代理销售取得的点滴利润几乎全部集中到研究小型交换机上，利用'压强原则'，形成局部的突破，逐渐取得技术的领先和利润空间的扩大。技术的领先带来了'机会窗'利润，我们再将积累的利润又投入升级换代产品的研究开发中，如此周而复始，不断地改进和创新。今天，尽管华为的实力大大地增强了，但我们仍然坚持'压强原则'，集中力量只投入核心网络的研发，从而形成自己的核心技术，使华为一步一步前进，逐步积累到今天的世界先进水平。"

如何在主航道和非主航道间进行取舍与管理，任正非2012年在听取网络能源产品线的汇报时指出："不赚钱的产品就关闭压缩。我不会投资非战略性的产品，除了你们滚动投入，又能交高利润。"2013年，任正非在《要培养一支能打仗、打胜仗的队伍》的讲话中进一步阐述了如何避免非主航道业务挤占主航道资源："公司战略要聚焦到大流量的主航道上来，不能持续投资的项目，坚决不投资，避免分散精力，失去战略机遇。我们只可能在一个较窄的尖面上实现突破，走到世界的前面来。我们不能让诱惑把公司从主航道上拖开，走上横向发展的模式，这个多元化模式，不可能使公司在战略机遇期中抢占战略高地。我们的经营，也要从过往的盲目追求规模，转向注重效益、效率和质量上来。真正实现有效增长。我们对非主航道上的产品及经营单元，要苛以'重税'，抑制它的成长，避免它分散了我们的人力。"

投资聚焦主航道、不在非战略机会点上消耗战略竞争力量。只有大市场才能孵化大企业，在主航道上投资能有大市场需求前景和趋势、好的投入产出等的产品解决方案。即使不能满足上述要求的产品，如果能在与上述产品组合形成解决方案中，具有战略位置和战略价值，也是要投资的，因为它可以带来整体的市场和产品的更大回报。在资源有限，全公司端到端卷入，全生命周期计算投资回报的约束下,必须把宝贵而有限的资源投入能创造最大价值的方向上。

2.1.3 加强市场管理,做好产品投资组合管理

对于产品的投资,选择合适的目标市场、准确把握客户痛点、满足客户需求,都是至关重要的。2013年,任正非在企业业务座谈会上的讲话中阐述了华为的思考逻辑:"华为的目标是建立全联接的社会,流量在哪里,战略机会点就在哪里。未来3~5年,可能就是分配这个世界的最佳时机,这个时候我们强调一定要聚焦,要抢占大流量的战略制高点,占住这个制高点,别人将来想攻下来就难了,我们也就有明天。"

在华为,这样的思考逻辑依赖于市场管理(Marketing Management,MM)流程的系统运作。市场管理运用科学、规范的方法,对市场走势、竞争态势、客户要求及需求进行分析,建立合理的市场细分规则,对准备投资和希望取得领先地位的细分市场进行选择和优先级排序,制定可盈利、可执行的商业计划,定义市场成功所需要执行的营销、开发、上市销售等活动。华为MM流程包括理解市场、市场细分、组合分析、制定商业计划、融合和优化商业计划、管理商业计划并评估绩效6个主要步骤。

一、理解市场

理解市场是指通过全面的市场调研,加强对自身所运作的环境及变化的深入了解,并对该环境进行明确描述。这里的环境是指一个整体的市场,包括行业、客户、竞争和技术,还包括政治和经济环境等。理解市场为后续分析活动提供了所需要的基础数据。

对市场的理解,还必须结合华为自身行业地位和战略进行思考,把握正确的发展方向和节奏。徐直军在2015年"产品与解决方案战略与业务发展部长角色认知研讨会"上明确指出:"华为以前基本上是一个快速的跟随者和积极

的竞争者，但是现在面临越来越多的挑战。过去，3GPP[①]/ITU[②]/IETF[③]等标准定义好，甚至对手产品推出来后，我们快速跟进，照着做就行。现在，要跟产业界一起做，甚至要比产业界先做；过去市场的蛋糕是多大，怎么能做得更大，我们不关注，我们更多地关注如何'切蛋糕'。现在很多产业，我们已经成为事实上的行业领导者，我们必须关注产业发展方向以及市场空间如何持续扩大的问题；过去，我们和对手的关系很清晰、很简单，就是竞争的关系，但现在我们新进入的IT产业生态和以前不同，创新非常活跃，'你中有我，我中有你'，跟我们熟悉的做法又不一样，我们要有新的思考和策略。过去，我们对产品线总裁的主要要求是把心中的'教堂'修好，把产品和解决方案的竞争力做到领先。因为以前更多是'分蛋糕'的年代，反正'蛋糕'已经做好了，我们想办法分一块，分得多就更好了。但是在新的历史时期，可能'蛋糕'没看见，不知道在哪里，比如5G的'蛋糕'到底有多大，谁也不清楚。所以，面向未来，公司对产品线总裁提出了新的要求，希望各产品线总裁从原来的位置向上拔一点，更多地跳出来，更多地去看产业，更多地面向全球。一是要能够深入洞察产业趋势，能够做正确的事情，确保华为在产业发展道路上不迷失方向，在关键节点上不犯方向性错误，能够和行业一起寻找到正确的发展方向和节奏；二是要更多地自己去'做蛋糕'，或者跟产业界一起把'蛋糕'做大，而不仅仅是'分蛋糕'。"

二、市场细分

在理解市场的基础上，第二步是对市场进行细分，找到合适的划分市场维度的要素，建立起市场细分的框架标准，并在框架下对市场进行细分，为后续的目标市场和客户选择做准备。Marketing最基本的原理就是市场细分，以华为运营商业务为例，最简单的市场细分是：发达市场（Developed Market）如

---

① 3GPP，The 3rd Generation Partnership Project，第三代合作伙伴计划，是一个国际电信标准化组织，3G技术的重要制定者。
② ITU，International Telecommunication Union，国际电信联盟。
③ IETF，Internet Engineering Task Force，互联网工程任务组。

西欧、日本、韩国等增长平稳的市场，新兴市场（Emerging Market）如非洲、拉美等快速增长的市场。

市场细分的目的是发现机会，以便确定细分市场策略。一个公司的能力有限，不可能为所有客户提供服务，特别是不可能对所有客户提供同等的服务，必须有选择地放弃部分细分市场；而从业务发展的目标出发往往需要扩张市场，有选择地寻找、进入更多的新的细分市场。准确的市场细分可以帮助企业一方面退出吸引力下降的市场，另一方面发掘新的、具有吸引力的潜在市场。

在评估不同细分市场时，必须考虑两个维度：一个维度是看潜在的细分市场是否对公司有吸引力；另一个维度看细分市场的投入产出与公司的目标和资源是否相一致。

进行市场细分需要考虑产品的生命周期。产品处于生命周期的不同阶段，随着销售的变化，竞争产品的推出，目标细分市场会发生变化，因此，必须针对生命周期的每个阶段制定新的市场细分模型和新的商业策略。

市场细分的核心是找到有价值的客户。任正非说："我们是能力有限的公司，只能重点选择对我们有价值的客户为战略伙伴，重点满足客户一部分有价值的需求。战略伙伴选择有系统性，也有区域性，不可能所有客户都是战略合作伙伴。"

如何做好价值客户管理，徐直军在2006年战略与Marketing体系研讨会上以GSM[①]市场的细分为例进行了说明："以后每个产品做市场细分，比如GSM的价值客户是哪些，首先公司有个大名单，在大名单里把GSM的客户选出来20家。对于这20家，规划体系要做的贡献就是，主动去了解它的需求，并且规划怎样把产品做出来满足这20家的需求是最好的。"

三、组合分析

市场细分输出了一系列的细分市场后，需要选择目标细分市场和目标客户。这时就需要进行组合分析，将划分的细分市场通过统一的方法论与工具进

---

① GSM，Global System for Mobile Communications，全球移动通信系统。

行量化分析、排序，对最有吸引力的目标细分市场排序进行决策。组合分析包括战略定位分析、竞争分析、财务分析、差距分析、SWOT① 分析等多个方面，支撑面向细分市场的投资机会选择。

任正非在 2014 年战略务虚会上对市场细分选择给出了指导意见："我们要调整格局，优质资源向优质客户倾斜，可以在少量国家、少量客户群中开始走这一步，这样我们就绑定一两家强的，共筑能力。"任正非同时对匹配细分市场选择的产品投资策略做了提醒，"在向高端市场进军的过程中，不要忽略低端市场。我们在争夺高端市场的同时，千万不能把低端市场丢了。我们现在是'针尖'战略，聚焦全力往前攻，我很担心一点，'脑袋'钻进去了，'屁股'还露在外面。如果低端产品让别人占据了市场，有可能就培育了潜在的竞争对手，将来高端市场也会受到影响。"

组合分析要根据产业特点进行差异化管理，避免"一刀切"，比如不同产业生命周期阶段的产业投资就存在差异。产业初期重点是"压强式投入"构筑竞争力，产业成熟期重点是在生命周期内追求高的投资回报。任正非在 2010 年 4 月 EMT② 办公例会上给过建议："我们把成熟产业和新增产业的考核分开来，新增产业在三五年的时间内，公司给你战略补贴，成长起来后再偿还。不用一个成熟产业来扶植一个不成熟产业，扶植不成熟产业一定是由公司来扶植，不由哪条产品线来扶植"。

有这样一种说法，"吃着碗里的，看着锅里的，想着田里的"。这就是华为的投资组合要包括的范围。

前面讲的主要是产品投资领域，在华为称为确定性的部分，不确定性的主要是指研究和创新领域。对不确定性的投资管理，任正非同样提出了要求："我们对研究与创新的约束是有边界的。只能聚焦在主航道上，或者略略宽一些。产品创新一定要围绕商业需要。对于产品的创新是有约束的，不准胡乱创新。

---

① SWOT，Superiority Weakness Opportunity Threats，态势分析法。
② EMT，Executive Management Team，经营管理团队，它是华为公司经营、客户满意度的最高责任机构。

我们说做产品的创新不能无边界，研究与创新放的宽一点但也不能无边界。"关于研究和创新管理，详见第5章。

四、制定商业计划

明确选择目标细分市场之后，是市场管理的第四步——制定商业计划，以目标细分市场和目标客户驱动产品投资。商业计划包括所有的规划要素：产品定义、商业设计、供应制造、营销、人力资源和执行计划等。在华为，每一种需要投资的产品都要求制定产品的商业计划。

制定商业计划需要遵循"聚焦战略，简化管理，有效增长"的指导原则。要平衡短期经营绩效提升和长期有效增长，坚定不移地把握良好的战略机遇，将更多的精力和资源投向未来。在聚焦的战略领域、核心技术和战略客户、战略市场格局上敢于进行战略投入，为华为公司未来发展奠定良好的基础。

五、融合和优化商业计划

商业计划制定完成后，需要融合和优化商业计划。这一步的核心是内部对齐、协同和整合，包括两个层面：一是在公司层面对各部门、各产品线的业务策略和计划，包括对资源、细分市场和产品包（Offering[①]）/解决方案策略进行整合、对齐、调配和优化；二是产品线内、各大部门内部进行拉通、分配和优化。对产品线而言，要在产品族/产品之间对齐，调配和优化资源。

商业计划融合过程中往往也需要对不同的产品包进行优先级排序，使优质资源向重点和高价值的项目倾斜，但谈起来容易，做起来难。2005年，徐直军在IPD推行交流研讨会上强调了排序的重要性："看了一下华为公司历年来的亏损产品，有一些产品三年来一直是亏损的。我们发现这些亏损产品的投入并不少，但从来没有人指出这种产品是亏损的。为了公司利益，把它收缩一下，或者砍掉，但很少有人做这方面的工作。如果不去做这方面的

---

① Offering，产品包，在华为是指为满足外部或内部客户需求而产生一套完整、可交付的有形和无形成果的集合。

工作的话，我们的资源释放不出来，排序排在前面的项目又没有真正受到重视，PDC[①]排序就成了虚的。我们每次都做了 PDC 排序，在配置资源的时候对 PDC 排序还是用的，但在管道管理过程中我们有多少次把排序排到末尾的项目砍掉？没有！多少次把排在末尾的项目资源收缩，拿出来给排序排在前面的项目？很少！"

六、管理商业计划并评估绩效

管理商业计划并评估绩效，是市场管理流程最后一步，执行商业计划并进行闭环管理。利用市场评估方法来管理和评估已批准的商业计划和产品组合的执行，包括把公司商业计划落实到各产品线进行执行，根据任务书进行产品和技术开发。还包括对商业计划实施的市场表现和绩效进行衡量和评估，以及及时制定任何需要的应对措施。

2.2 产品发展的路标是客户需求导向

2.2.1 以客户需求为导向

企业是一个功利组织，首先要活下去，活下去的根本是企业要有利润。企业员工是要付工资的，股东是要给回报的，供应商也是要付款的，天底下唯一给华为钱的，只有客户。华为的生存是靠满足客户需求，提供客户所需的产品和服务并获得合理的回报来支撑的。为客户服务是华为唯一存在的理由，因此产品路标要市场驱动，以客户需求为导向。

现代科学技术发展日新月异，而人类的需求随生理和心理变化进步缓慢。

---

① PDC，Portfolio Decision Criteria，组合决策标准，华为公司评估投资优先级的工具。

第2章 投资组合管理

新技术突破，有时不一定会带来很好的商机。过去一味地像崇拜宗教一样崇拜技术，导致了很多公司全面破产。无线电通信是马可尼发明的，蜂窝通信是摩托发明的，光传输是贝尔实验室发明的。历史上很多东西，往往开路先锋最后变成了失败者。

回顾过去，华为早期开发的一些产品都是走过弯路的。华为曾用 iNET 应对软交换的潮流，结果中国电信选择设备供应商做试验时将华为排除在外；NGN 曾以自己的技术路标，反复去说服运营商，听不进运营商的需求，最后导致在中国电信选型时被淘汰出局，连一次试验机会都不给。华为后来经过努力，纠正了错误，才获得机会。因此，华为真正认识到客户需求导向是一个企业生存发展的一条非常正确的道路。

产品路标不是自己画的，而是来自客户的。技术是实现客户需求的一个重要的手段，但不是唯一手段。华为即使现在以客户需求和技术双轮驱动并强调技术牵引的时候，也是必须回答技术如何满足客户需求的。任何先进的技术、产品和解决方案，只有转化为客户的商业成功，才能产生价值。产品和解决方案必须围绕客户需求进行持续创新，才会有持续竞争力。

以客户需求为导向，是华为践行"以客户为中心"理念的体现，贯穿产品开发的全过程。哈佛商业评论在《华为成功的关键是什么》一文中，描述了华为早期是如何以客户需求为导向的案例："在中国偏远的农村地区，老鼠经常咬断电信线路，客户的网络联接因此中断。当时，提供服务的跨国电信公司都认为这不是他们该负责的问题，而是客户自己要解决的问题。但华为认为这是华为需要想办法解决的问题。此举让华为在开发防啃咬线路等坚固、结实的设备和材料方面积累了丰富经验。"

华为现在逐渐走在领先路上，没有领路人了，就得靠我们自己。"领路"是什么概念？就是像神话人物"丹柯"一样，把自己的心掏出来，用火点燃，为后人照亮前进的路。未来扑朔迷离，可能会付出极大的代价，华为也要像丹柯一样，引领通信领域前进的路。而找到方向，找到照亮这个世界的路，这条路就是"以客户为中心"，而不是"以技术为中心"。"客户需求导向"是引领华为这艘航母在茫茫大海中航行的指路灯塔。

2.2.2 产品竞争力是商业竞争力而不仅仅是技术

竞争力是在竞争中获取胜利的能力。企业核心竞争力首先应该有助于公司进入不同的市场，成为公司扩大经营的能力基础。其次，核心竞争力对创造公司最终产品和服务的客户价值贡献巨大，它的贡献在于实现客户最为关注的、核心的、根本的利益。最后，公司的核心竞争力应该是难以被竞争对手所复制和模仿的。

华为产品与解决方案的发展是由客户需求和技术创新驱动的，一个是以客户需求为驱动力，围绕客户需求提供解决方案，以客户需求拉动产品解决方案路标；另一个是以技术为驱动力，技术的不断升级带来更好的体验、更低的成本，从而驱动产业的不断发展，即便是技术驱动的这只轮子，也要用需求来验证和评判其价值，要通过需求落地来体现其价值。这两个驱动力相辅相成，缺一不可，特别需要强调的是客户需求是龙头。

解决方案不是以技术为中心，而是以需求为中心，这是前端的；后端的以技术为中心，是储备性的。华为一直关注以技术为中心的战略性投入，以领先时代。以客户为中心强调太多，可能会从一个极端走到另一个极端，会忽略以技术为中心的超前战略。以技术为中心和以客户为中心两者应该"拧麻花"：一个以客户需求为中心，来做产品；一个以技术为中心，来做未来架构性的平台。

华为自始至终以成就客户的价值观为经营管理的理念，围绕这个目标提升企业核心竞争力，不懈地进行技术创新与管理创新。以客户为中心就是要在产品研发上跳出盈利来看盈利，跳出竞争来看竞争。要站在客户视角，想办法通过为客户创造价值来提升产品的收入、盈利和竞争力，利用新技术把产品做到最好的质量、最低的成本。在构建产品"端到端"竞争力的时候，要避免以技术为导向，产品投资也应沿着整条产业链合理进行投资。

2017年，任正非在IRB改进方向汇报会议上指出：产品的竞争力是商业竞争力，而不仅仅是技术，公司要注重商业成功。要牵引产品的易交付、易维护、易用性等全流程、全生命周期的商业竞争力的改进；要牵引产业链"端到端"的竞争力提升；牵引各功能领域的平台建设和系统竞争力的提升。

2.2.3 深刻理解客户需求

客户需求理解力是华为公司需要构建的核心能力之一。华为强调对客户需求理解力的构建，把它作为华为公司核心能力来建设，因为它关系到华为公司能不能做正确的事。

传统营销学认为，需求是人们对有能力购买并且愿意购买的具体产品的欲望。在认识和理解需求方面，最经典的莫过于美国心理学家亚伯拉罕·马斯洛提出的需求层次理论。马斯洛把人类个体的需求从低到高分为5个层次，分别是：生理需求、安全需求、社交需求、尊重需求以及自我实现的需求。从华为产品开发的视角，华为认为需求特指对产品和解决方案功能、性能、成本、定价、可服务、可维护、可制造、包装、配件、运营、网络安全、资料等方面的客户要求。客户需求决定了产品的各种要素，是产品和解决方案规划的源泉，也是客户与公司沟通的重要载体，是市场信息的重要体现。对于华为公司来说，客户需求决定了产品和解决方案竞争力。

深刻理解客户需求，首先要搞清楚客户是谁。任正非在2014年的一次专家座谈会上指出："我们的客户应该是最终客户，而不仅仅是运营商。运营商的需求只是一个中间环节。我们真正要把握的是最终客户的需求。"2018年，华为明确公司的愿景和使命是：把数字世界带给每个人、每个家庭、每个组织，构建万物互联的智能世界。这说明不管是每个人、每个家庭，还是运营商以及除了运营商之外的企业、政府及公共事业组织等，只要是购买和使用了华为产品的，都是华为的客户，也都是华为不断创新和优化产品和解决方案的需求来源。

深刻理解客户需求，要理解客户需求背后的"痛点"和问题。只有真正抓住客户的"痛点"，帮助客户解决问题，才能真正建立起伙伴关系。客户的需求纷繁复杂，有显性的、明确的需求，也有不确定的、潜在的需求。对于隐藏在客户需求背后的"痛点"和问题，福特汽车公司的创始人亨利·福特说过："如果我问人们想要什么，他们只会说要一匹更快的马。"客户真实的需求就像浮在海面的冰山一样，除了露出水面的20%的显性需求，还有隐藏在水面以下的80%的"痛点"和问题。这些隐藏的"痛点"和问题，一般客户不会明说，需要专门的组织去收集和挖掘。

深刻理解客户需求，还要把握客户需求是包含不同层次的。对客户需求的理解不应该只是纯粹技术层面上的理解，还要理解运营商的运营目标、网络现状、投资预算、市场竞争环境、困难、压力和挑战等因素。这些因素往往就是网络建设的原动力，基于这些原动力的理解，才能做出客户化的方案，才能使华为的方案更有竞争力。因此深刻理解客户需求，要把握客户需求的最高层次是满足客户商业成功，最低层次是满足产品必需的功能，只有把握住了客户需求的不同层次，才能做到从产品创新到商业模式创新的转变。徐直军在一次关于创新的讲话中指出："我把创新分为三个层次，第一层次是产品级创新，第二层次是系统架构级创新，第三层次是商业模式级创新。华为要超越产品级创新，进入系统架构级创新和商业模式创新。"

深刻理解客户需求，需要关注客户的现实需求和长远需求，还要从发展的观点看需求，需求是变化的，要有对市场的灵敏嗅觉和洞察能力。

每个公司、每个人对需求的理解和认识都不同，真正理解客户需求是需要进行统计、归纳、分析和综合的。华为采用"去粗取精、去伪存真、由此及彼、由表及里"十六字方针来分析、理解和把握客户需求。

华为IPD有专门的需求洞察与商业构想流程，并且强调用"场景化""案例化"的方式去理解客户需求，主动深挖客户背后的"痛点"和问题，最终转化成未来指导产品投资组合规划的场景化需求。

按场景来划分需求，有助于深刻理解客户需求。所谓场景就是客户的场景，是华为的"作战"场景，就是用技术去处理客户现实的问题。如在珠穆朗玛峰建基站，登峰的人一般十人一队，路过以后这个基站就不用了，因此不需要网速那么快的宽带，没有必要像高铁一样来做基站。所以一定要让产品适配各种场景，按客户需求来规划产品，把简单留给客户，把复杂留给自己。方便留给

第2章 投资组合管理

客户就是场景化。

每个细分市场对应产品和解决方案的场景是有限的,一个一个列出来,要解决客户什么问题,再通过对应案例的深度分析,回答如何解决,一个场景就聚焦一个案例,深度打开,越细越好。

华为把场景化需求洞察工作分成三个阶段,由产品管理部负责,联合一线销售人员、市场洞察专员和其他人员共同开展(见图2-1)。

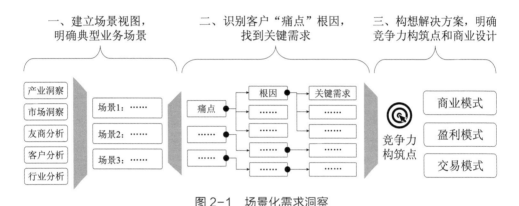

图2-1 场景化需求洞察

第一阶段,建立场景视图,明确典型业务场景

产品管理部联合研发、市场等部门组织"需求洞察团队",与典型客户合作,深入站点、机房、营业厅,通过实地与用户交流,现场考察,了解客户的业务场景和诉求,形成客户业务场景全视图。通过分析客户以及类似客户在这些业务场景中面临的压力与挑战,理解哪些场景具有代表性。结合华为产品解决方案能力,选择进一步聚焦的业务场景和领域。

第二阶段,识别客户"痛点"根因,找到关键需求

以客户场景中的关键用户、关键事件作为切入点,进一步分析场景背后客户的"痛点"和原因,并明确这些"痛点"的大小和因果关系。在提取"痛点"的基础上,归纳和总结关键需求和场景的对应关系,以及这些需求能带来的商业价值。在这个阶段最重要的是从客户、行业、合作伙伴中找到"明白人",并积极与这些"明白人"互动,识别需求的真伪和需求背后的商业价值。

第三阶段，构想解决方案，明确竞争力构筑点和商业设计

结合前期识别出来的关键需求，站在客户场景角度构建解决方案，明确解决方案设计思路和竞争力构筑点，对形成的解决方案构想，可以通过原型和样机去验证实际的可能性，找到解决方案给客户带来价值的同时，进行相应的解决方案商业设计，建立商业变现思路。

场景化需求洞察特别强调与客户及合作伙伴一起开展联合创新。所谓联合创新，是华为联合全球主要的、有创新力的客户和合作伙伴，基于客户商业诉求、业务场景与"痛点"，共同孵化和验证创新的产品与解决方案的过程，是探索与验证客户场景化需求的一个重要手段。这个过程，一般包含联合创新对象选择、合作协议签署、创新实验室建立、创新课题选择与立项、联合设计与开发、市场验证与规模商用等几个阶段。从 2007 年开始，华为与客户和合作伙伴共同成立了一系列联合创新中心 JIC（Joint Innovation Center）、OpenLab 联合创新实验室，与客户、用户和合作伙伴一起联合孵化、定义、设计、开发和验证创新的产品与解决方案。对客户和合作伙伴来说，联合创新通过孵化创新性的产品与解决方案，真正帮助客户解决了面临的商业问题，在满足了用户业务诉求，解决了用户业务痛点的同时，帮助客户和合作伙伴在市场竞争中构筑独特的、领先的竞争力；对华为来说，通过联合创新，建立了一种与客户和合作伙伴长期共同探讨业务场景、"痛点"和需求的机制，支持华为的产品与解决方案在业界构筑领先地位，并有助于提前在市场竞争中占据有利位置。

⦿ 2.2.4 做好需求管理

在华为，产品投资组合管理的例行活动首先表现在对客户需求的快速响应上，包括需求的收集、分析与决策、研发实现等端到端的业务活动。需求管理本质上是一条"从客户中来到客户中去"的业务流。为了高效地协同各个部门，更好地管理客户需求被满足的全过程，华为建立了需求管理流程。

第2章 投资组合管理

一、需求业务团队

在需求管理业务中扮演核心角色的是跨部门的需求管理团队 RMT 和需求分析团队 RAT。

1. 需求管理团队

需求管理团队（Requirement Management Team，RMT）是需求决策的责任团队，需求决策的关键依据是需求价值，主要是需求对客户的价值和对产品竞争力提升的价值。团队核心成员如图 2-2 所示。

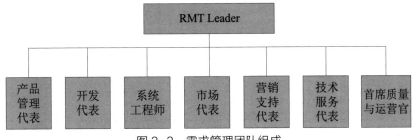

图 2-2 需求管理团队组成

作为一个联合团队，RMT 负责管理所属产业领域的需求，RMT 的主要业务活动包括：需求动态排序与决策、需求承诺管理、重要需求实现进展及风险跟踪管理、需求变更沟通等。

2. 需求分析团队

需求分析团队（Requirement Analysis Team，RAT）负责产品领域内需求的分析活动，是 RMT 的支撑团队，主要成员如图 2-3 所示。

图 2-3 需求分析团队组成

RAT 对收到的原始需求进行专业分析，包括理解、过滤、分类、排序等，必要时进行市场调研，最终给出需求的评估建议，包括需求收益、工作量大小、实现难度、是否接纳等，并依据需求价值优先级进行排序。

二、需求管理流程

需求管理流程由需求收集、分析、分发、实现和验证五大步骤组成（见图 2-4）。

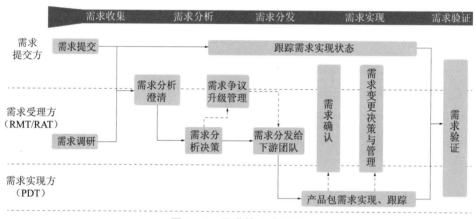

图 2-4　需求管理流程图

1. 需求收集阶段

需求收集是一个喇叭口式的开放性活动，目的是更广泛地了解客户需求。收集客户需求的方法和途径有很多种，除了前面讲的场景化洞察方法，还有客户拜访、协议标准、法律法规、入网认证、展览会议、第三方报告、标书分析、技术演进、运营维护等。通过喇叭口收集到的需求称为原始需求，是从客户的视角描述客户的"痛点"和期望。

需求的收集，特别强调与客户的互动，早在 2002 年，任正非就指出："产品经理更要多和客户交流。我们过去的产品经理为什么进步很快？就是因为和客户大量交流。不和客户交流就会落后。所以我认为产品经理要勇敢地走到前线去，经常和客户吃吃饭，多和客户沟通，了解客户的需求是什么。如果你不清楚客户的需求是什么，你花了很多精力，辛辛苦苦把系统做好，人家却不需要，你就得加班加点地修改，浪费了时间。就好比你烧了黄金珍珠饭给客户送过去，人家不吃，他们需要的是大米饭，你回过头又重新烧了大米饭，时间就浪费了！所以还是要重视客户需求，真正了解客户需求。"

2. 分析阶段

需求提交后，RAT 会就原始需求与需求提出人和客户进行澄清，还原和确认客户的真实业务场景和"痛点"，并进一步细化需求描述。在正确理解客户需求的基础上完成需求价值评估、需求实现方案设计、开发可行性分析。完成分析的需求（此时称为初始需求 IR）会提交给 RMT 进行基于需求价值的决策。

RMT 例行召集会议，审视 RAT 完成分析并给出初步建议的需求，负责决策需求是否接纳，并根据产品节奏和研发管道给出预计的需求交付时间。需求决策是需求管理中最重要的环节，其核心是对需求排序，需求排序主要关注客户重要程度、需求对客户的价值、市场格局、普遍适用性、技术准备度、需求实现的成本、开发管道资源等因素，常用的排序方法是 PDC 排序方法。

需求决策时常常会遇到"市场需求与机会是无限的，而投资和资源永远是有限的"矛盾，需求取舍最重要的是对需求价值的判断。现 IRB 主任汪涛在 2018 年产品组合与生命周期管理部长角色认知会议中指出："产品管理既要善于采纳客户需求，也要善于拒绝需求。十六字方针'去粗取精、去伪存真、由此及彼、由表及里'很好地概括了需求取舍的精髓。需求管理最难的事情是说'不'，对于不在主航道的需求要敢于说'不'，在资源受限的情况要对优先级相对较低的需求说'不'。产品管理要从行业趋势、技术准备度、方案准备度、产品准备度等方面对行业和客户进行洞察，同时，要和客户进行深入沟通，主动管理客户的需求。通过为客户创造价值，引导客户到产业发展的主流方向上，这样才能够在拒绝需求的情况下还让客户满意。"

关于对客户需求的决策，任正非在2014年就强调："我们以客户为中心，帮助客户商业成功，但也不能无条件去满足客户需求。第一，不能满足客户不合理的需求，内控建设是公司建立长久的安全系统，和业务建设一样，也要瞄准未来多产'粮食'，但是不会容忍你们用非法手段增产。审计不能干预到流程中去，你做你的事，他查他的，只要你本人没有做错事，总是能讲清楚的。如果使用不法手段生产'粮食'，就会给公司带来不安全因素，欲速而不达。第二，客户需求是合理的，但要求急单优先发货，那就得多付钱。因为整个公司流程都改变了，多收飞机运费还不够，生产线也进行了调整，加班加点，这个钱也要付。因此在满足客户需求中，我们强调合同场景、概算、项目的计划性和可行性。"

3. 分发阶段

需求决策后，需求进入等待开发的阶段，该阶段的主要目标是根据客户需求实现节奏的不同，保证已接纳的需求被恰当地分配到最合适的产品中。接纳后的需求一般分为紧急需求、短期需求、中长期需求。紧急需求以变更管理的方式进入正在开发的产品版本，短期需求纳入产品规划，中长期需求作为路标的输入跟踪管理。

4. 实现阶段

需求被分发到产品版本中之后，就进入了实现阶段。在需求实现过程中，对于有重大价值和影响的需求、复杂度比较高的需求，可与客户澄清需求实现方案，防止理解偏差。需求随时可能发生变化，需要对需求的变更进行有效管理，特别是已对客户承诺的需求。

5. 验证阶段

需求验证包括需求的确认和需求的验证两种，验证活动包括各种评审和测试等。确切地说，验证活动贯穿整个需求管理流程。需求只有在实现过程的各个环节中被准确理解，最终的实现结果才符合最初的要求。

2.3 像开发产品一样开发高质量的Charter

华为公司在引入IPD体系的时候,将研发合格产品整个过程分为确保开发做正确的事和如何正确地做事两个阶段。所谓正确的事,核心是确保产品能够对准客户需求,能够给客户带来商业价值。要求在产品进入研发或开发之初就应该清晰地定义出有竞争力的产品。在华为公司,确保开发做正确的事是通过商业计划书(Charter)来决定的。

2006年,徐直军在"战略与Marketing体系"大会上指出:"做正确的事是华为面临的最核心的问题,解决这个问题是'战略与Marketing'最核心的职责。这就要求我们重点抓好'产品规划',要明确未来应该开发什么产品、产品应该有哪些具体特性、产品应该何时上市,产品的成本应该是多少。产品立项是战略性的,只有战略正确,后续的Marketing活动、市场活动才有意义、有价值。"

2.3.1 Charter是说明机会、投资收益的商业计划

> Charter是任务书,又称商业计划书,是产品规划过程的最终交付,是对产品开发的投资评审决策依据。Charter的价值在于确保研发做正确的事,主要回答两个核心命题:一是这种产品值不值得投入;二是这种产品如果值得投入,怎么做才有竞争力。每一个Charter决定了做什么产品,做什么样的产品,确定产品的竞争力,也就是说,Charter是解决方向性的问题,解决要做什么产业、做什么产品、达到什么目标的问题。

Charter的核心内容包含产品规划最关注的重要问题,这些重要问题可以用4W+2H(Why/What/When/Who+How/How much)来表达:

Why:回答产品为什么要立项。通过市场宏观和微观分析,围绕客户的"痛

点"和商业价值，明确目标市场和市场机会点，以及商业变现手段，如何获取利润。如果不进入这个市场、不做这个产品，对华为的损失有多大？

What：市场需要的产品包需求是什么样的？针对客户的商业"痛点"场景，描述华为的独特价值和关键竞争力要点，以及如何构建核心竞争力。

When：什么时候是最佳市场时间窗，讲清楚预计产品推出的时间和对客户承诺的符合度，以及版本相关里程碑。

Who：完成此产品开发需要的项目组团队、角色。

How：产品的开发实现策略、商业计划盈利策略、上市营销策略、存量市场的版本替换更新策略等。

How much：从资源、财务、设备等多维度视角说明开发产品需要投入的成本与费用。

● 2.3.2　Charter 质量是整个产品质量的基础

Charter 是产品开发的源头，是正确识别客户需求和传递产品包需求到后端产品开发的重要载体，因此，Charter 的质量是整个产品质量的基础。徐直军在 2006 年度 PDT/TDT 经理高级研讨会上指出："所有的前端的前端的最前端，就是 Charter，如果 Charter 做错了，那事实上全是错的，所以我觉得 Charter 的质量应该是我们整个产品质量的根本。Charter 开发定位为做正确的事，它确认了方向，研发是正确地做事，如果前端出错了，产品就不可能有高质量了。"

2007 年，华为"战略与 Marketing"办公会议明确指出："Marketing 要保证开发出'好'Charter，从根本上提升华为研发效率，扭转目前 3 万多研发人员天天加班但却有 25% 的版本被废弃的被动局面。产品管理体系的各级主管、员工一定要清楚自己的责任，要认识到产品管理部做任何工作都是为了 Charter 的质量提升。"

2006 年，徐直军在"战略与 Marketing 体系"大会上谈道："我们要提前用足够的时间立项进行 Charter 研究，组成一个有足够力量的团队，基于现有产品,仔细分析跟踪市场需求、客户需求,再结合技术发展,那么完成高质量的 Charter 就是水到渠成的事。在 Charter 这个阶段,业界的交流是不设防的,很多问题都可以互相探讨。这样,既有利于掌握产品发展蓝图,以保证产品的竞争力,同时,我们也就会有真正的 3～5 年的产品规划。因此,对于 Charter 的开发要进行立项管理,只有立了 Charter 的项,再进行考核,产品管理部才会有压力,才会重点投入资源。我们后续要对产品线逐个讨论确定今年要立项进行 Charter 开发的 Charter 项目清单。"

2.3.3　CDP 为开发高质量 Charter 提供流程保障

Charter 开发过程的好坏直接影响 Charter 的质量,决定产品的竞争力,以及如何取得市场的商业成功。为了开发出真正高质量的 Charter,华为强调要像开发产品一样开发 Charter,要像管理产品开发过程一样管理 Charter 开发过程,包括要有团队、管理体系、流程的支持,人员要专职;要全流程受控,对各个环节都要提出质量要求。在华为公司,Charter 的开发由 Charter 开发团队(Charter Development Team,CDT)负责,Charter 商业计划书开发流程(Charter Development Process,CDP)提供流程保障。

如图 2-5 所示,CDP 流程分五个阶段:CDT 立项准备、市场分析、产品定义、执行策略和 Charter 移交。

图 2-5　CDP 流程示意图

一、CDT 立项准备(原始构想)

这个阶段主要是由产品管理部专家根据产品原始构想,形成 CDT 立项申请报告和CDT组织建议，向决策组织提出Charter开发立项，以正式启动Charter开发项目。

产品管理部在例行工作中，通过产业规划、市场分析、客户需求、竞争分析、行业洞察、标准专利分析等孵化出新产品构想概念，产品构想概念相对比较简单，可以是一个轮廓。新产品构想概念形成后，产品管理部向商业决策组织申请成立CDT开发产品Charter，如果获得批准则正式启动Charter开发，进入市场分析阶段。

CDT是开发高质量Charter的组织保证。CDT是一个跨领域、跨部门的团队，团队角色来自Marketing、销售、服务、研发、制造、供应、合作、财经等专业领域，由产品管理专家作为CDT Leader。CDT Leader是否有成功洞察力的经验、在洞察这方面是不是有成功的实践，非常关键，很大程度上决定了Charter质量。

二、市场分析阶段

Charter开发的第一个活动是市场分析，目标是回答清楚为什么要做这件产品，也就是"Why"问题。为了做到这一点，CDT团队要拿着产品构想，去与客户进行直接的沟通交流，从而弄清楚市场有什么样的商业机会，有什么样的应用场景和需求，主要的客户问题和期望是什么，市场竞争形势是怎样的。在这个基础上，初步形成产品备选特性，明确新产品目标客户是谁、新产品能为客户带来什么价值、给公司带来什么价值。例如：

宏观市场形势是怎样的，产品未来的市场前景如何，有什么样的机会？

细分市场应用场景、客户和竞争对产品都有什么样的需求？

新产品的目标细分市场和客户是谁，新产品给客户带来什么价值？

目标市场有没有吸引力，实现新产品将给公司带来什么市场收益？

新产品有哪些市场风险？如不提供新产品将给华为带来的影响？

此阶段一般可分为以下几方面关键活动：客户互动、市场分析、行业技术分析、竞争分析、合作分析、商业模式分析等，最终形成新产品能为客户带来的价值及能为公司带来的价值的判断。

第2章 投资组合管理

客户互动是以确认产品/解决方案构想的市场认可度为目的的重要活动。徐直军在2011年产品管理部长角色认知研讨会议上指出："产品管理部要跟客户在不断的互动中，形成一个个Charter，Charter开发的过程就是不断与客户互动的过程。一个Charter最终形成，跟客户互动过几次，跟多少客户进行过互动。如果我们的Charter不跟客户互动，怎么清楚产品开发是以客户需求为导向的，怎么能够知道我们的产品开发是客户需要的。"一般而言，CDT团队会提前准备互动交流的材料或者场景化需求、产品原型Demo，与客户互动的方式也是多种形式和多种渠道，如高层拜访、专题交流、路标交流、联合创新等方式。近几年，为了更高效地与客户沟通，华为公司还构建了与客户直接连接的互联网产品定义社区（Joint Product Definition Community，JDC），通过扁平化、社交化、需求众筹、需求互动等方式与客户和最终用户互动，共同定义需求和产品构想。

市场分析从宏观市场、细分市场和重点/典型客户三个层面分析新产品所面对的市场。宏观市场分析从标准与管制、市场发展趋势、产业发展趋势，竞争态势等方面分析产品的未来市场前景以及市场宏观环境对产品市场机会的支撑和制约。细分市场分析以及重点/典型客户分析给出各细分市场特征需求，竞争需求，应用场景需求，客户期望需求和解决方案配套需求。市场分析要基于产品生命周期进行判断，明确新产品的市场目标和定位，同时要通过分析细分市场的吸引力和竞争趋势，预测新产品未来5年的可参与市场空间、销售份额、销售收入等数据。根据前面的市场分析总结形成新产品能给客户带来的价值及给公司带来的价值，得出新产品的战略目标。

行业技术分析主要分析与新产品相关的技术环境驱动因素，给出行业技术变化对新产品的驱动或限制，特别是产业链发展健康与否对新产品的驱动或限制。行业技术分析范围较为广泛，如标准、产业链、技术、芯片、组件、IPR[①]等。行业技术分析一般会围绕行业资源对新产品商业成功和关键实现路径给出先验分析，如产业链整合需求、新技术和芯片给新产品带来能力提升等，输出关键

---

① IPR，Intellectual Property Rights，知识产权。

技术能力需求和产品目标成本要求，包括关键技术、芯片、组件、端到端（End to End，E2E）配套产品、IPR、目标成本等向相关部门提出需求，并努力在研发体系推动落实。

竞争分析在此阶段的主要目的是论证新产品给华为带来的竞争力提升，通过对竞争环境和竞争地位分析给出新产品市场竞争策略，评估产品组合竞争力给出新产品竞争力需求。

合作分析是从解决方案 E2E 配套的角度分析合作的关键资源，给出合作资源地图，评估合作方产品及综合能力，提出合作策略和建议，提出合作产品 / 部件对周边产品的需求。

商业模式分析是在承接产业商业模式设计结论的基础上，针对本 Charter，结合当前行业变化趋势、客户商业诉求及采购模式变化、友商报价变化，以及华为该产品历史交易模式和价格兑现水平的分析和审视，完成对本 Charter 商业设计方向的构想。

在完成上述市场分析等一系列工作之后，CDT 团队会向商业决策组织汇报市场分析结果，评审通过后进入产品定义阶段。

三、产品定义阶段

产品定义阶段回答"What"问题，主要输出是在市场分析阶段形成的客户需求特性基础上，归纳总结解决方案 / 产品包需求，阐述产品应该做成什么样才能够满足客户需求和产生客户商业价值，比如客户体验竞争力提升等内容。要点如下：

讲清楚产品应该做成什么样，识别出价值特性并排序；

基于客户价值特性排序及研发资源进行需求优先级排序，形成初始产品包需求；

归纳总结产品的价值特性和成本目标，明确产品的客户价值和竞争力构建。

本阶段完成以下关键活动：确定产品目标成本、确定产品可销售价值特性及盈利控制方式、确定产品包需求及排序。

第2章 投资组合管理

确定产品目标成本阶段强调产品的公司内部全流程成本（内部TCO[①]）和客户生命周期应用成本（客户TCO），其目标是希望在理想的情况下，产品实现的各类TCO相关的需求带来的价值能够达成内部和客户TCO成本目标。

内部TCO成本目标的设定需站在华为公司运营的角度使端到端成本最优，而不是局部最优，这些成本目标主要包含产品制造成本、期间成本、服务成本、维护成本等。

客户的TCO目标成本则根据选定的客户、典型场景，确保产品在市场项目竞争中价格和毛利润达到一定的平衡。

内部或客户TCO目标成本可以从两个视角去审视：一个视角是自底向上的，也就是产品实现的部分功能、性能、可服务性、可靠性等需求带来了内部或客户TCO节省的价值；另一个视角是自顶向下的，需要从产品运营财务视角提出内部和客户TCO节省的目标，并作为后续产品包必须达到的目标。

确定产品可销售价值特性和商业设计概要。在这个阶段，CDT团队在前期市场分析阶段输出的基础上，进行可销售价值特性的识别，并提出该Charter的商业设计概要，比如销售量纲是要卖用户数还是卖连接数，或者是卖端口数。这样做的目的，一是要将"如何卖"以需求包的形式往研发传递，比如以用户数销售，则需要开发控制用户数的license；二是在后期需求和特性排序中始终聚焦高价值的部分。

确定产品包需求及排序阶段。CDT团队将初步的产品包需求与主要竞品进行比对分析，发现不足，进行规格和需求的调整，确保规划版本的需求和规格具备竞争力。然后进入对特性/需求进行动态优先级排序的过程，对整体的产品包需求进行排序的主要目标是希望价值客户需求可以尽早地、完整地、清晰地传递给后端研发，在产品开发过程中能快速响应价值客户需求。CDT团队在特性价值排序、非特性市场需求及内部需求排序的基础上，应用多种方法进行整个产品包需求排序，组织利益各方讨论，最终形成与研发团队达成一致的产品包需求。CDT还需按照需求闭环确认的原则，组织与典型客户进行沟通，

---

① TCO，Total Cost of Ownership，总体拥有成本。

确保客户重要需求没有遗漏，以保障产品规划需求是符合客户要求的。

完成上述过程之后，商业计划的开发就进入了执行策略的制定阶段。

四、执行策略

执行策略阶段是指开发这个版本需要用到的资源、成本、费用、团队的具体执行计划和措施。在这个阶段主要回答 When/How/How Much/Who 的问题。

新产品应该什么时间上市；

为保障产品的市场成功，应该采用怎样的开发策略、配套策略、营销策略、生命周期策略和服务策略；

产品实现的关键路径是什么，需要投入多少资源；

产品开发团队。

本阶段一般可分为以下几方面关键活动：确定产品关键里程碑，确定 E2E 配套策略和开发实现策略，确定定价策略和营销关键策略，确定服务策略，进行产品投入产出分析，完成风险分析。

确定产品关键里程碑主要是确定本产品版本按照 IPD 开发管理规定的版本计划时间表，一般而言包括本版本的开发启动时间、编码、测试、系统集成测试、上市发布时间等。在此里程碑里一般还会明确周边配套产品的互锁关联版本计划，以方便多产品的集成和配套测试验收。

E2E 配套策略和开发策略由 CDT 团队负责，从面向交付的 E2E 规划角度，给出新产品涉及的全部配套产品或组件需求，包括各配套产品的需求描述、准入认证要求、版本交付计划，提出 E2E 配套获得策略。同时，CDT 团队还要从业务分层角度，对配套产品的长期发展思路给出建议。

定价策略和营销关键策略是本阶段的一项重要工作。之所以说营销和定价策略非常重要，是因为这个阶段会明确产品上市的商业模式和定价。怎么做生意和定价好不好，会影响产品将来的财务盈收结果。CDT 团队需要根据前期输出的市场分析相关信息（市场空间预测、价格预测、销量预测等），初步制定新产品营销目标和营销策略，定义产品如何走向市场，被市场和客户所感知，提出新产品的渠道策略（如直销、分销等多种方式）、提出新产品成功的关键市场策略,明确在哪些市场树立标杆。在前期输出的细分市场分析基础上明确商业模式,用什么样的方式做生意,我们的盈利控制点在哪里。在执行策略阶段初期,CDT团队会把所有相关利益部门联合起来进行研讨,有时会按照"红蓝军角色扮演"方式进行,其目的是希望找到规划的盲点进行优化改进。定价阶段则基于前面阶段完成的产品商业模式设计,评估定价模式,给出产品初步的定价策略建议。定价时会考虑细分市场和销售区域的特点,结合可能的竞争需要,既保证产品盈收又能够具有商务竞争力。

服务策略由CDT团队的服务代表提出技术服务目标和策略,给出技术服务资源估计,提出技术服务领域主要场景的服务成本目标。

之后是对开发团队的组建提出建议,是否由跨多种产品的团队组成,以及如何管理协作。

CDT团队需要给IPMT[①]清晰的投入产出分析的答案。基于产品定义阶段的目标成本、销量、价格等数据,给出新产品损益分析。从投入产出财务角度评估新产品投资价值,形成新产品以解决方案业务盈利计划。这是获取开发投入预算和费用的重要手段,只有获得了足够的预算和费用,产品才能够按照原定计划完成。

风险分析工作负责针对该产品的商业风险,包括市场/客户、产品开发实现、项目管理等方面进行风险分析,确定风险规避措施、责任人和跟踪要求。需要强调的一个重要方面是CDT团队评估技术需求的落地情况,评估所有的支撑该产品技术需求验证是否能够按期高质量完成,技术因素往往是影响产品能否顺利开发的关键路径。

完成上述所有环节后,CDT团队会完成向IPMT汇报的Charter Review材料,向IPMT商业决策组织进行汇报,获得商业计划的批准。IPMT在评审Charter时必须思考以下问题,如果回答都是积极的,就投票通过,并成立一个PDT。

---

① IPMT,Integrated Portfolio Management Team,集成组合管理团队,是华为代表公司对某一产品线的投资的损益及商业成功负责的跨部门团队。

目前在华为公司和产品线的组合路标中是否包含该产品？

该产品是否能够给客户带来价值？是否能够吸引客户？

该产品通过什么商业模式实现持续盈利？如果不盈利，有没有其他收益（是不是可以促进其他产品的销售和盈利）？

目前的行业环境怎么样？产业链成熟情况怎么样？后续发展情况怎么样？

产品是否有竞争力？怎样构建我们的竞争力？

如果不做这个产品，华为会有多大损失？

五、Charter 移交

Charter 经 IPMT 评审通过后，CDP 主要阶段完成，进入 Charter 移交收尾期。在这个时期，CDT 完成项目总结和文档归档，并正式移交 Charter 给 PDT 后才可以解散。随着 PDT 成立，原先 CDT 各领域的关键成员加入 PDT 团队继续进行产品开发，产品管理代表负责持续跟踪需求落地。

● 2.3.4　Charter 开发是螺旋式上升过程

前文详细介绍了华为公司开发商业计划书的全过程。由于市场在不断变化，CDP 每个阶段都要对前面阶段的分析结论进行"螺旋式"Review，提升对市场、需求和竞争的认识，刷新前一个阶段的输出结论。例如，在产品定义阶段可能会刷新市场分析阶段关于市场分析的结论。

围绕前面所说的 4W+2H，Charter 的核心是清晰地呈现要开发产品的完整的、对准客户商业价值、有竞争力的产品构想，这些产品构想会在开发的每个阶段进行客户互动确定，并持续刷新。在 Charter 开发过程中，Charter 开发团队基于收集和获取的客户需求，首先形成产品的初步构想，然后在内部进行讨论。内部讨论之后，结合现有分析结果优化出新的产品构想。此阶段产品构想只是一种产品大概是什么样的描述。随后，Charter 开发团队就产品构想和客户进行交流。为了确保交流得到高质量的输出，Charter 开发团队要确保按流程要求的具体交付和活动严格执行。和客户交流之后获得客户反馈意见，有些意见可能还需要做一些更广范围的调查来明确。调查完毕后，产品构想在原来的基础上进一步清晰，当然也可能对原来的构想有一些否定。不管是否定还是肯定，产品构想都会更清晰化。

清晰化后的产品构想与客户（也包括行业专家、产业链上下游专家及合作伙伴等）沟通、交流后，形成更清晰化的产品构想，这样的交流可能需要进行 3~4 次或者更多次的迭代。随着交流一轮一轮地进行，产品构想对于产品的特性描述越来越清晰，对于产品架构的描述也越来越清晰。最后到需要向 IPMT 汇报 Charter 的时候，CDT 就能拿出保证商业成功、满足客户需求和对准客户商业价值、有差异化竞争力的产品构想。

2.3.5 产品包需求

Charter 商业计划的核心输出件是产品包需求，用于指导下游研发按照产品包需求开发出合适的产品。产品包需求来源于对客户原始需求的分析判断加工，是对最终要交付给客户（包括外部客户、内部客户）的产品包的完整、准确的描述，是对产品包进行开发、验证、销售、交付的依据。

产品开发的核心目的就是交付产品包，而不是裸机产品。正如 2008 年徐直军在 IPD 试验局、ESP[1] 及 GA[2] 验收业务改进高级研讨会上的讲话中所说："产品包除了裸机以外，还应该包括产品走向交付一系列的相关因素，包括包装，包括一系列的资料：对照安装资料可以安装，对照维护资料可以维护，对照问题处理资料可以处理问题，按照销售资料销售不能出错。另外，报价、配置器、网络设计工具以及跟产品销售、交付、制造及 Marketing 相关的所有东西，应该都是产品包的部分。"

任何产品包需求都应先从客户的商业问题分析开始，然后确定解决这些问题需要的系统特性，最后对系统特性进一步细化形成若干个系统需求。所有客

---

[1] ESP，Early Support Program，早期客户支持。
[2] GA，General Availability，一般可获得性，是产品可以批量交付给客户的时间点。

户问题、系统特性及若干个系统需求的全集以及不同层次需求之间的分解，统一构成一个产品包需求。华为完整的产品包需求分类如图2-6所示。

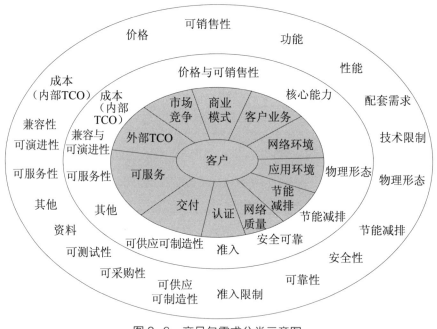

图2-6 产品包需求分类示意图

对于产品包需求如何分层并形成，华为Marketing在2008年《全力构建对客户需求的理解力》一文中提道："产品包需求是一个关键交付，产品包需求必须分层，需求分层方法论的研究工作要继续深入下去，要让人很容易理解产品包需求的重点在哪里，价值是什么，脉络是什么样的。商业价值如何转换成一条条产品包需求，既要看到树木，也要看到森林。当我们对产品有了清晰的价值定位时，就可以通过产品包需求分层清晰地知道产品特性是否支撑产品的价值定位，还需要在哪些方面加以改进。"

产品包需求的重点在于给出客户最关心，解决差异化、竞争力等最核心的需求。产品包需求从CDT交接到PDT，要保证产品商业价值和一条条需求都能传递给SE（System Engineer，系统工程师），保证他们可以从商业价值的角度去看问题，否则看到的只是一条条的需求，不明白所做事情的价值是什么。

理解了产品包商业价值和产品需求之间的内在关系，也就知道了产品包内在的驱动力，这对于 SE 准确设计出符合客户要求的产品是非常重要的。

产品规划阶段的产品包需求与 IPD 研发阶段的侧重点是不一样的。徐直军指出："从 Charter 立项到 PDCP[①]还有一个过程，大概是 3 个月到半年。在 CDP 阶段，产品包需求的重点在于给出客户最关心，解决差异化、竞争力等最核心的需求。现在我们回想起来，R4 软交换里面最重要的是 2G/3G 合一，做到这一条，就解决了差异化和竞争力的问题。然后再配合其他的总共七八条特性，就有竞争力了。Charter 开发阶段不要搞很多面面俱到的细节需求，结果反而把最重要最根本的问题忽视了。在 Charter 立项到 PDCP 这个阶段，就要着重解决产品包需求的细节完整、周全的问题，不能空有完美的概念，以致做出来的产品到处都是问题。"

2.3.6 敏捷持续规划

2011 年，来自硅谷的风险投资家马克·安德森（Marc Andreessen）在报纸上发表了一篇题为《软件正在吞噬整个世界》的文章。安德森认为，未来以软件应用和互联网服务为代表的科技将会颠覆和冲击现在已经建立起来的行业结构，会有很多的成熟行业被软件和互联网服务所重构和瓦解。2013 年 10 月，著名分析公司 Gartner 指出未来十大战略技术中，一个重要的趋势就是"软件定义一切"，包括软件定义的网络，软件定义的存储等。华为公司也清晰地认识到了这个趋势和变化给华为在 ICT 领域带来的挑战。在 IPD 的基础之上，针对软件和云服务产品"需求多""变化频繁""无统一标准"的特点，于 2016 年引入了 ODP（Offering Definition Process，Offering 定义流程），ODP 相对 CDP 是一种新的规划作业模式，ODP 流程的特点是将商业投资决策与需求决策分离。

ODP 把过去 CDP 基于版本的商业投资决策变为按年度投资决策并例行审

---

① PDCP，Plan Decision Check Point，计划决策评审点，详见 3.1.1。

视。产品管理团队通过开发 OBP（Offering Business Plan，产品包年度商业计划），提交给商业领袖作为投资决策参考的依据。这里的 OBP 作为商业计划书，本质也需要回答前面产品规划中提到的 4W+2H 问题，包括本年度该产品的商业计划和目标是什么，以及如何达到该目标。相比 Charter 而言，OBP 减少了对于产品包需求的严格要求，并不强调产品在年初规划立项时就搞清楚要做的需求，而是把注意力更多放在回答"市场策略""客户价值""规划方向""花多少，赚多少"的问题上，通过描述本年度产品的经营计划和目标，并定期进行回顾，真正实现商业决策与需求决策分离。OBP 改变了 Charter 传统上以研发项目、产品包需求为中心进行汇报决策的操作方式，更多把产品规划的注意力和中心专注在商业设计问题上。

ODP 的另一个显著变化是需求的持续规划。在这里，需求持续规划的一个核心是价值驱动：需求不是按计划驱动，而是按价值驱动的，总是交付最高优先级的需求。通过小批量规划、短周期迭代，来实现产品增量的快速交付、快速反馈，做到尽可能少地减少由于需求不确定而带来的浪费和损失。在这里，和 Charter 的开发过程一样，更加强调客户协同合作，通过在前端需求分析、排序阶段卷入客户，后端和客户联合验证，由多个灵活敏捷的全功能团队负责特性/需求的 E2E 完整交付，来适配软件和云服务发布周期更短、需求变化更快的特点。

ODP 是 IPD 为了适应业务变化，不断开放和演进的结果。2016 年，任正非在华为公司 IPD 建设蓝血十杰及优秀 XDT 颁奖大会上指出："IPD 就像修万里长城一样，非常重要，不要因为互联网公司总是攻击我们，就对 IPD 失去信心。互联网公司响应客户需求的速度比我们快很多，我们对一个需求的满足，最短时间三五年，最长时间七八年。其实客户并不需要做到万无一失，我们有坚实的一面，也要有灵活的一面，要学习互联网公司轻和灵活的一面，让 IPD 也能敏捷起来。"

2.4 商业设计是商业成功的基础和前提

客户的需求是分层的,基础需求是产品的可用、好用,终极需求是客户获得商业成功。产品的技术竞争力满足了客户的基础需求,但要帮助客户商业成功,从而达成华为的商业成功,必须通过商业设计来实现。商业设计是商业成功的基础和前提。

商业设计呈现出产品的交易界面,实现华为与客户之间的价值交换,满足彼此商业目标达成共赢。然而,交易界面已是商业设计在产品上承载的结果,远不是商业设计的全部,商业设计还包含对产品全生命周期、全产业链的把握创新,承担起是否商业成功的检验。华为的商业设计能力经过多年的发展,从简单的产品定价,走向了商业模式设计。

2.4.1 商业模式的创新与产品创新一样重要

华为认为,定价的顶点是价值定价,价值定价的最高归宿是商业模式设计。

2018年4月,任正非在定价业务座谈会上谈道:"商业模式是华为长期的弱项。长期以来,我们在ICT行业是追赶者,天然假设是商业模式已经确定、不可更改,我们才直接提价值定价。我们现在能提价值定价,其实要感谢前人构建了良好的商业模式,比如无线产业,爱立信、诺基亚、西门子等构建的模式依然让华为长期受益。华为要成为领导者,就一定要考虑商业模式的构建问题。要把商业模式的创新看成和产品创新一样重要的东西。"

2014年,徐直军在产品管理部长角色认知研讨会上提出:"面向未来,我们在很多领域已经同步业界甚至领先了,尤其是在一些新的领域或者变化的领域,已经没有人在前面带路了。这就要求我们在推出产品的同时必须进行商业设计,构筑客户和华为双赢的商业模式。否则,很可能就把产业做小了甚至做没了,或者辛辛苦苦做出来了但赚不到钱。另一方面,整个 ICT 产业正在发生巨大的变化。随着产品越来越走向硬件标准化和软件定义,随着云服务的发展,整个产业的商业模式发生了或者正在发生巨大的变化。这种情况下,如果我们还是依靠卖产品、卖硬件盒子的单一商业模式来实现价值,就很可能在产业变革的浪潮中被边缘化,或者被时代发展所抛弃。"

随着在诸多领域的开拓及 ICT 产业形势的发展变化,华为有责任也有必要持续探索商业模式创新,确保公司长期发展,同时引领行业共同发展。一方面,在时间上提早商业设计的介入点,在产品规划之初甚至技术标准制定之初启动,在技术标准中确定价值点、价值评判标准和量化方式,并对多种技术标准的配合与取舍、迭代节奏提出华为的观点,为商业模式创新及行业协同合作打下理论基础。另一方面,商业设计的着眼点从产品扩大到产业链端到端各环节;商业设计对象从华为、客户进一步扩展到供应商、芯片模组商、终端商、集成商等;商业设计范围从产品本身扩展到服务、设计、运维等,为各环节在产业链上的利益分配提供合理建议,各方一起推动创新,做大蛋糕,实现产业共赢。

● 2.4.2 商业设计回答"卖什么?怎么卖?怎么定价?"

好的产品商业计划,要包含好的商业设计,在进行产品规划的同时开展商业设计,重点输出三要素:报价项、量纲、定价。

报价项回答"卖什么"。ICT 行业的报价项通常要落实到硬件、软件、服务这三类。对硬件而言,根据历史交易,识别和归纳客户愿意为哪些维度的规格埋单,依此确定不同价格的硬件系列化规格,正是商业设计的考量所在;对软件而言,卖哪些 license,需要根据软件特性给客户带来的可量化的商业价值,确定合适的报价颗粒度,特性划分太细碎会造成价值割裂,或层层嵌套,客户不知道怎么买;特性划分太粗则容易一次性卖断所有功能,缺乏持续盈利性。

量纲回答"怎么卖"。ICT 行业的产品通常都不是一锤子买卖,随着客户业务的增长、技术的革新,硬件需要扩容、软件需要增加新功能以帮助客户获取更多收入。为客户带来价值的产品通过合适的量纲来逐步变现,分享产业发展的收益。例如，交换机按每端口、微波按每跳、基站按每载波等，都是电信行业长期以来交易双方形成的扩容交易量纲，体现了行业内的利益共享。

"怎么定价"，体现了产品最终呈现到市场上的价格水平。定价的方法有多种，包括成本定价、竞争定价、价值定价等。华为公司追求的是价值定价，即"基于为客户所创造的价值，或客户能感知的价值进行定价。从客户视角出发，发掘对客户的商业价值，与客户形成紧密合作伙伴关系，共享价值链利益。"客户持续盈利是华为持续盈利的基础。

商业设计思想贯穿在产品规划、开发、上市、销售、存量经营各环节，完成从商业设计到市场落地。在洞察阶段，分析客户如何盈利、客户如何购买产品、竞争对手怎么卖、生态链上的伙伴如何分享价值等；在产品定义阶段，确定报价项和量纲，例如是一次性卖CAPEX[①]，还是持续卖网络能力，或者是卖云服务；在执行策略阶段，确定各报价项的价值分配比例，输出产品的预定价，并通过"量×价"预估产品未来收入，支撑Charter的RoI（Return on Investment，投资回报率）评估；在上市阶段，输出《商业模式&报价指导书》，帮助一线与客户高质量达成交易；在存量经营阶段，针对关键客户建立商务台账，持续闭环审视商业设计的市场落地结果。

● 2.4.3 商业设计以商业成功来检验

商业设计要对准商业成功。2011年，徐直军在产品管理部长角色认知研讨会上谈道："什么叫商业成功？就是你所负责的产业挣了多少钱，相比竞争对手是不是挣得多一些，这就意味着你的产品是不是有竞争力，毛利是不是高，份额是不是多。"好的商业设计要基于全生命周期视角，三年一小成、五年一大成，并通过产业RoI的持续提升来检验。

华为历史上获得较大商业成功的产业，如交换机、无线等，无一例外均是构建起了良好的商业模式，且都有一个特点：初期价格有竞争力，长期可持续

---

① CAPEX，Capital expenditures，资本支出。

盈利。一个产业的全生命周期很长，商业设计亦是生命周期管理的魂。产品推陈出新，新老交替、新老并存，不同价格的新老产品如何形成组合拳实现盈利效果最佳、以怎样的节奏推出更高阶的产品来扩大收入空间、如何以价格策略推动老产品、老版本尽快收编，甚至更进一步构建代际演进的商业模式等。商业设计都需要从让客户享受更多价值、获得更多收入的角度，牵引产品规划主动进行生命周期管理。

实践检验商业设计结果，实践本身也是商业设计的延续。检验商业设计要根植于落地客户和市场项目的实际效果，唯有客户与华为的商业成功才是商业设计的最终目的。因此，在华为主线的商业模式和定价策略下，尊重客户和市场项目的差异，拥抱宏观形势的变化，建立在实践中持续改进与适配的机制，才能实现最大化的商业收益。

2.5 生命周期管理

2.5.1 什么是产品生命周期

产品生命周期理论最早由美国哈佛大学教授雷蒙德·弗农（Raymond Vernon）于1966年提出。在《产品周期中的国际投资与国际贸易》一文中，弗农指出：产品生命是指市场上的营销生命，产品生命和人的生命一样，要经历形成、成长、成熟、衰退这样的周期。就产品而言，也就是要经历一个开发、导入、成长、成熟、衰退的阶段。本书讲的产品生命周期是指产品从上市导入市场直到退出不再提供服务的这段过程。

产品的更新换代是业界普遍的规律。科技飞速发展，新产品、新技术不断涌现，电子设备的部件逐步老化，产品本身有设计使用寿命，老产品不能满足客户不断发展的需求，会被新产品所替代。产品上市后，会因为客户需求、市场环境、竞争情况、产品创新和定价,影响产品的销量和收入,也会因为各种各样的原因而退出市场。

2.5.2 生命周期管理的价值

生命周期管理对企业来说是至关重要的。产品不仅要管"优生",更要管"优育"、管"死亡"。新产品何时上市,老产品如何退出,如何取得生命周期最大价值,降低成本而又不影响客户满意度,这需要一套有效的方法来进行管理和权衡,以实现公司业务目标。

一、网上存量推动华为做好生命周期管理

以前,华为研发人员只关注新产品、新版本开发,不断地发布版本,销售人员不断地攻城略地去突破市场。只有一部分研发、服务人员解决网上产品质量问题,还有一部分人员负责产品优化工作。当时网上存量不多,研发对GA后的老版本、老产品在很长一段时间并不重视,没有真正地做生命周期管理。

随着华为不断拓展中国和全球市场,市场占有率越来越高,华为与运营商一起在全球建设了1500多张网络,服务全球三分之一以上人口,华为在运营商网上有了相当大的存量。特别是海外市场经过多年的发展,网上存量和版本越来越多,很多存量位于高成本的地方,对客户服务的保障、对客户满意度的提升带来非常大的挑战和压力,成为加强生命周期管理的直接推动力。

2008年,徐直军在产品生命周期管理研讨会上指出,"我们的产品在客户现网的表现,包括我们所提供的服务和支持的表现,决定了华为能否真正和客户构筑伙伴关系,能否让客户真正感受到引进华为能够给他们带来持续价值和长远发展,最终决定了能否提升华为份额。客户满意度的好坏直接关系到我们华为公司在整个电信市场、运营商客户那里能否持续成长和发展,关系到我们整个华为公司能否持续成长和发展。"

二、做好生命周期管理，能提升客户满意度

产品生命周期管理的好坏直接影响客户满意度。梳理最近几年发生的几次重大的客户网络质量事故，发现其中部分事故是生命周期管理不善造成的。比如某客户发生的网络故障，事故的触发原因是一台已经退网的设备没有下电引发的。随着设备在客户网上使用时间的增加，设备老旧导致故障率升高、可靠性降低，如果不及时替换/退网，就是很大的质量隐患。这些设备一旦出问题，动辄影响几万甚至几百万用户。事故会给客户业务带来很大影响，导致客户满意度严重下滑。

另外，老旧设备很难找到备件，因为元器件有生命周期，一旦元器件停产，备件就无法生产，老旧设备出现故障后无法更换故障设备/部件，影响客户业务的连续性。

华为是一个小公司的时候，因为害怕客户不满意，不敢同客户谈 EOX（产品停止销售 EOM、停止生产 EOP、停止服务 EOS 的英文总称）。随着网上维护的历史产品和版本的增多，加上技术的更新换代，如果不与客户谈 EOX，华为对这些老版本从端到端上很难有效支持和保障，也不可能花费巨大的成本去维护，反而会造成客户满意度下降。如果与客户讲清楚我们的版本终止服务计划，把版本升上来或者是找到新的解决方案，客户满意度反而可以得到提升。

三、推进生命周期管理能降低成本、增加收入

任何一款产品都会经历前面讲的四个阶段，只有对产品不断进行优化，增加新功能、新特性、新价值，才能吸引客户，延长其生命周期，这要消耗资源不断开发和维护。产品版本、种类越来越多，会增加管理难度和复杂度，增加运作成本。为了服务好运营商，保障越来越多的网上设备的安全运行，需要储存一定的备件，版本多，备件种类也多，专用元器件库存增多，不仅占用资金，还增加了管理工作量，运作维护成本高。必须通过加强生命周期管理，降低产品成本和运作成本。

做好生命周期管理能增加企业的收入，包括维保收入和对客户存量网络改

造、优化带来的收入。华为公司所有超过保修期的产品,如果纳入公司的维保中,这一笔收入是很大的。同时结合现网存量,还可以通过专业服务产品来提高专业服务的收入。这就是各个公司都讲生命周期管理能够很有效地提高公司总体盈利能力的原因。

四、实施生命周期管理能持续提升产品竞争力

实施生命周期管理能持续提高产品的竞争力,华为有很多案例。运营商铜线业务已经存在了很多年,是长尾业务,预计在未来 5～10 年内会不断给运营商创造价值。时代在发展,用户的带宽需求在逐年增加,针对存量铜线业务的提速需求,华为先后开发了 Supper Vectoring、G.fast 等方案,帮助运营商实现基于原址升级,提升带宽。这些方案能够帮助客户重用基础设施、节省投资,持续发挥铜线资产的价值,也提升了华为接入网产品的竞争力,增加了市场销售空间。

随着智能手机的普及,运营商 3G 网络数据量急速上升,在巴西、印尼、墨西哥等人口大国,新建基站很快满载,急需扩容。由于这些国家土地私有、市政部门管制等原因,客户很难获批新的站址,而且新建站投资和运维费用很高。华为深入分析客户"痛点",创造性提出了基站容量提升解决方案。利用客户现有的站址,通过创新的天线技术,在不增加新站的情况下,使基站容量提升 70% 以上,大大降低了客户投资成本,获得客户高度认可,该解决方案一举成为成熟期 3G 产品的新增长点。

● 2.5.3 管理生命周期的本质是做好持续经营

生命周期管理的本质是做好持续经营。通过管理产品上市后组合绩效,不断地调整产品战略,老产品及时退市来优化产品组合;通过不断优化产品,降低成本,使生命周期产品价值最大化,最终实现公司的收入、利润和客户满意度达到最佳。

一、从战略和运营上管好产品生命周期绩效,实现最佳投资组合回报

生命周期管理与产品的投资组合管理结合起来才能实现最大价值,获取最佳回报。

首先,要从战略层面审视,这种产品还要不要在我的产品组合里,要不要退市,或被新产品、新功能前向兼容替换掉。如果要,就不断优化产品,降低成本,延长产品的价值;如果不要,就调整生命周期策略,包括产品代际规划(特别是新老平台切换的节奏)、版本窗规划(客户现网需要例行维护的活动版本数)、存量网络持续经营策略,以便及时退市,将有限的资源投入更有价值的地方。

其次,从运营管理层面,要把处在生命周期内的产品优化好,经营好。华为在产品族或产品线设有LMT[①]对生命周期进行日常例行管理,月度/季度定期审视评估产品生命周期表现,例行地监控各产品组合的销售业绩和市场变化、供需变化、利润(成本)情况等,并将结果反馈给产品组合管理团队PMT[②],以便IPMT从战略层面及时决策。

如果产品销售情况高出预期,就要及时扩大产能,以满足市场需要。当产品滞销时,为了消耗库存,有时需要采取降价促销,降低库存,控制新产品上市节奏。当某种产品的收入和销量低于预期时,就需要及时评估产品存在价值。如果没有价值,就要果断地停止销售,终止服务,以减少损失;如果有价值,就要不断优化或推动开发新版本、新特性,满足客户需求。如果产品利润减少,就要推动不断降低全流程成本,提高竞争力。当确定要停止生产时,就要留好服务所需备件和专用元器件。当终止服务时,要提前通知客户,做好善后工作,不降低客户满意度。当新产品即将上市,旧产品停产时,要帮助和指导客户将现有产品迁移或升级到新产品上去,以免因无法服务而影响客户满意度。

二、生命周期管理是一项非常有挑战性的工作,需要协同行动

华为公司明确生命周期管理的总体策略是在最大化地保护客户投资的前提

---

① LMT,Lifecycle Management Team,生命周期管理团队。
② PMT,Portfolio Management Team,组合管理团队。

下，通过产品和版本的演进来与客户一起分享电子产业日新月异的性能提升和成本下降。产品生命周期管理是与客户关系非常密切的管理行为，需要各部门协同配合，与客户及时沟通，形成一致的策略和计划。

正如徐直军在 2008 年产品生命周期管理研讨会上强调指出："要把生命周期管理从各组织行为（Marketing、研发、行销、服务、制造和采购）上升到公司行为。站在华为公司行为上，我们应该全面正式开展生命周期管理的工作。公司端到端各个部门，所有各环节上的部门都要从生命周期管理的角度上，建立组织、队伍，构建能力，明确和落实职责。我们各级组织都要真正研究和开展生命周期管理，进一步改进生命周期管理的各个方面，这是公司的正式要求。有组织有队伍，没有赋予职责和明确要求，也很难干起来。只有组织明确了，队伍构建起来了，职责清楚了，我们未来不同阶段的工作目标和方向清晰了，生命周期管理才可能作为一个公司行为，真正在端到端各级组织中落地、成长和发展。"

2.6　重量级团队

2.6.1　开发模式的变革

华为最早开发模式是按功能组织结构的做法进行产品开发的。刚开始产品种类不多，开发产品的相关人员大多互相认识，沟通和协调顺利，决策快速，效率高。随着公司人员增加，产品越来越复杂，开发新产品要求完成成百上千甚至更多的开发活动，其中很多活动都是相关联的。20 世纪 90 年代，华为开发产品是按功能部门来完成开发任务的：开发部负责开发产品，中试部负责测试和试生产验证，制造部门负责制造，采购部门负责采购，市场部门负责销售，服务部门负责售后服务。产品开发过程是先由研发人员确定产品规格并开发出样品，然后测试人员熟悉产品并在小批量试制后进行测试，发现问题返回研发解决，测试通过后由制造人员准备生产工艺，采购人员订购物料后批量生产发货。后续生产过程和批量制造环节发现的任何问题，例如功能、性能、直通率、安装等问题，往往要通过测试人员确认后反馈给开发人员修改解决。很多产品的开发人员身处异地（如北京、上海），不在深圳，那时通信不发达，沟通很困难，往往需要开发人员飞到深圳制造现场。不断重复发现问题，返回研发修改再验证的过程，导致产品开发进度缓慢；产品开发工作需要不同部门人员参与，但因工作目标不一致导致各司其职，在交接点验收移交标准要求上，理解不一致带来沟通协调困难；下一道工序人员接收产品需要熟悉时间；测试、生产、服务、销售准备无法并行开展。这种接力棒式的串行开发最终导致开发周期长，往往产品不能及时上市失去竞争力。

华为引进 IPD 后改变了开发模式，采用跨部门团队来负责产品开发，它能有效地管理开发工作，保证开发工作和配套的工作同步进行，缩短开发周期。开发团队汇集开发、测试、研发、Marketing、市场、技术服务、财务、供应、采购、质量等功能部门代表及其所属领域的专业智慧和资源，通过项目管理方法，对产品从开发、测试、生产、上市端到端进行协同管理，共同对项目成功负责。从发展历史看华为采用 IPD 跨部门团队项目管理模式进行开发取得了预期效果，从产品设计前期就关注产品的可靠性、可生产性、可销售性、可服务性等方面的需求，减少了因为修改这些方面的问题返工导致的开发周期延长，降低了开发成本，产品质量也得到了提升。跨部门团队的模式也使得并行工程得以实施从而缩短开发时间。开发人员在开发测试产品时，制造人员可同时准备批量生产工艺和制造装备；采购人员认证新器件、确定供应商，为产品批量生产准备好所需物料；营销人员可以为产品上市和市场宣传销售提前做好准备；服务人员也在产品上市前做好产品安装和服务培训赋能。显然这种并行开发模式比接力棒式的串行开发时间要短得多。

基于跨部门团队模式的项目管理方法，特别适用于大型、复杂项目/项目群的管理。比如阿波罗登月参与的人多达 42 万人，只由研发人员完成是无法想象的。通信产品就是大型复杂的产品，适合采用跨部门团队的开发模式。现在华为所有的开发项目，都采用跨部门团队的模式来管理和完成。

2.6.2 责权利对等的重量级团队

重量级团队是指团队成员充分代表本功能部门，并贡献自己及其所属领域的专业智慧，团队负责人和成员共同拥有对团队的权利和义务。"重量级"的关键是团队负责人的权力要大于功能部门经理的权力，对组员具有主要的考评权力。

管理好研发投资，依赖于 IPD 重量级团队的有效运作，特别是 IRB/IPMT 的有效运作，这是实现从机会投资到商业变现的关键要素。IRB/IPMT 以及 PDT 等都是重量级团队。

跨部门团队模式是矩阵型组织，其特点是团队经理由公司任命，对团队结果负责，专业团队成员由功能部门提供。矩阵型组织的优点是工作由专业部门人员完成，资源共享，有助于员工技能提升。缺点是矩阵结构中的人员承接团队工作，同时接受团队经理和功能部门主管的双重领导，二者的目标通常不一致，团队经理在团队中的权力偏弱将带来沟通和协同问题，影响团队效率。

为了保证研发投资的有效和质量，华为采用重量级团队模式进行管理。重量级团队主要有两类：一类是管理团队，另一类是执行团队。

IRB/IPMT 是公司级 / 产品线级的重量级管理团队，成员分别由公司 / 产品线相关部门负责人组成，包括产品与解决方案体系、BG[①] 或 BU[②]/ 产品线的 Marketing、市场、产品服务、制造、采购、供应、质量与运营、财经、人力资源等部门。

投资决策管理团队采用跨部门团队决策的管理模式能降低个体决策失误带来的投资损失，提高决策质量。一人决策受到个人的能力和远见的限制。研发投资风险很大，一个产品投资决策需要评估市场、环境、技术产业趋势、客户

---

① BG，Business Group，是华为公司 2011 年组织改革中按客户群维度建立的业务集团。
② BU，Business Unit，业务单元。指按产品或解决方案维度建立的产品线。

需求和竞争等多维信息，需要商业洞察、专业分析、集思广益、群策群力。集体决策可以科学、全面、有效地提高决策总体质量和综合效率，也便于协调各方及时行动，提高执行效率。

IRB 的职责

IRB 是公司级或业务领域的产品与解决方案投资决策的主体，对投资组合损益及商业成功负责。其定位为在公司批准的战略及投资预算的约束下，聚焦主航道产品的竞争力提升。以客户需求为导向，以解决方案为牵引，驱动全流程系统能力提升和协同运作，以简洁有效的方式，端到端地满足客户需求；把握投资方向与节奏，对产品和解决方案、端到端支撑能力进行投资组合和生命周期管理，对投资的损益及商业成功负责。

具体职责主要包括：（1）管理公司的各种业务以及各种业务的投资组合；（2）管理产业与解决方案，提升产品和商业竞争力，审批产业与解决方案（含商业解决方案、行业解决方案）商业计划，审批跨产品线平台/技术规划；（3）做好全流程投资管理，引领各功能领域的平台建设和系统竞争力能力提升。

IPMT 的职责

IPMT 负责涉及单一产品线的投资决策及产业发展决策，对产品线投资的损益及商业成功、产业发展和生态构筑负责。

具体职责主要包括：（1）管理所辖的产品及解决方案的投资组合；关注投资组合回报，并根据其生命周期的表现及时调整本产品线内的投资组合和资源配置，批准并执行所选细分市场的战略及商业计划；审核产品线中长期发展规划（包括技术规划、产业发展规划）、年度业务计划和预算。（2）批准 Charter 开发、产品开发项目；批准新产品的上市、老产品的及时退出；负责产品线端到端全流程的质量管理、成本管理和效率提升。（3）洞察产业趋势、引领产业发展、构筑产业生态、做大产业蛋糕。

PDT 产品开发团队是跨功能部门的重量级执行团队，其成员来自不同的部门，包括研发、Marketing、市场、技术服务、财务、供应、采购、质量等。各位成员代表自己的功能部门，承诺在 PDT 经理的领导下共同完成项目工作，达成业务目标。

第2章 投资组合管理

执行团队的目标是在规定的投资资源的约束下及时、准确、优质地完成项目目标。

IRB、IPMT 和 PDT 是典型的团队，类似的还有对公司技术进行管理的集成技术管理团队 ITMT[①]，以及支撑产品投资决策的组合管理团队 PMT、支撑技术投资决策的技术管理团队 TMT[②]。通过 IPD 管理体系保证 IPD 有效运作，实现对研发投资的高质量管理。

图 2-7 为 IPD 跨部门团队组织结构图，产品线 IPMT 管理若干 PDT 和 LMT，IPMT 有 PMT 和 TMT 分别管理产品组合和技术，为 IPMT 产品投资提供产品和技术建议。公司级的 IRB 负责产业发展和产品线投资决策，同样有 PMT 和 ITMT 两个参谋组织。

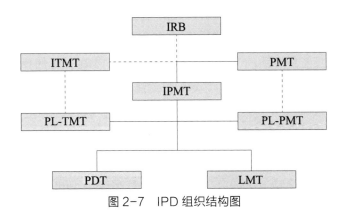

图 2-7　IPD 组织结构图

管理团队成员都来自各部门领导，重量级问题相对较小。产品开发需要全流程跨部门（研发、营销、服务、供应、制造、采购、财经等）各专业部门人员协作，但 PDT 成员由于来自功能部门，存在开发目标和部门目标不一致、双重领导，如果不推行重量级团队模式，就无法克服矩阵型组织存在的不足，影响开发进度和效率，无法对开发进行有效管理。因此 PDT 采用重量级团队是保证开发效率和成功的关键，是 IPD 成功的关键因素之一。

[①] ITMT，Integrated Technology Management Team，集成技术管理团队。

[②] TMT，Technology Management Team，技术管理团队。

2005年，徐直军在IPD推行交流研讨会上谈到加强重量级团队建设时指出，"如果我们的市场、技术支援、财务、制造等代表真正能够到位，履行好职责，各个IPMT/PDT来共同推动产品的开发进程，共同对产品的开发过程管理进行决策，在产品开发过程中构筑各方面的能力和竞争力，一旦这个产品推到市场上，客户对产品的需求和要求就全有了，全满足了。PDT的功能部门代表不到位，达不到任职要求，PDT的团队运作和决策就根本不可能做好。"

要解决重量级团队建设问题，首先要从组织上保证每个IPMT成员都是真正能够履行IPMT职责的成员。在2006年IPD Marketing领域评审机制研讨会上，徐直军指明了重量级团队一直建设得不好的原因："以前IPMT委员参加会议就是举手，而在会议之前、在过程中没有任何需要参与签字确认的东西，无法承担作为一个委员应尽的责任。现在Marketing委员在每个MR点过都要签字，签字不过的不能投赞成票。作为IPMT的委员在IPD流程中不能只是举手，在举手之前是有活动、有很多工作要做的，要在关键的环节签字确认，承担责任。这样才能保证IPMT委员真正关注功能领域代表建设。"

从华为二十年IPD变革实践来看，从上到下，各级领导重视重量级团队建设并落实到考评和管理机制中，是IPD有效运作的关键。

● 2.6.3 PDT是跨功能部门的产品开发重量级团队

PDT对产品开发的整个过程负责：从项目立项，开发，到将产品推向市场。PDT的目标是完成开发项目任务书的要求，确保产品包在财务和市场上取得成功。

PDT的基本组成结构是由来自研发、市场、财务、制造、采购、质量和技术支援的代表组成核心组，由各功能部门的成员分组组成扩展组。核心组代表在PDT经理的领导下管理各自负责的工作，共同对项目成功负责。

如图2-8所示是PDT团队组成结构。扩展组成员人数和参与的专业领域根据开发的对象和工作任务确定。比如开发由硬件、软件、系统工程师、

UCD[①]、测试、结构、资料工程师组成。

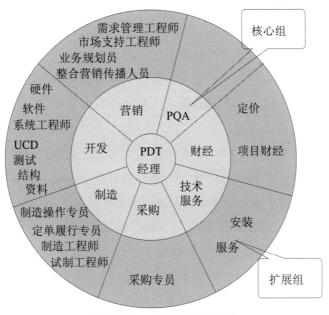

图 2-8　PDT 团队结构图

当开发的产品复杂，需要参与项目的成员多时，扩展组成员也分成小组，由扩展组代表作为小组长负责管理本专业领域的工作，并对小组成员的工作表现给予评定，核心组代表对扩展组代表进行考评。

PDT 经理和核心组代表通常是专职的，以保证开发工作的顺利进行和成功。扩展小组多少和资源投入视其工作范围和工作量确定，他们通常在项目需要时加入，在项目结束时去接受新的开发任务。

PDT 团队开发模式的好处是能快速解决沟通和协调问题，快速决策。大量开发工作是相互关联的，出了问题能快速反馈给小组长甚至核心组代表，并及时获得各领域专家的意见。涉及多领域问题，可以在 PDT 会议上快速评估、决策和落实执行。因此，这种模式打破了部门"墙"，能够高效运作。

PDT 跨部门团队模式还有利于同步开展工作。开发人员在设计产品时，

---

① UCD，User Centered Design，以用户为中心的设计。

测试人员在准备测试，制造人员在准备制造装备，采购人员在认证和采购物料。有些工作也必须同步进行，比如单板硬件和单板软件开发完成才能做单板测试，软件开发和硬件开发要同步完成才能进行集成测试。另外，跨部门团队还有利于在产品开发的前期就考虑产品的可靠性、可生产性、可销售性、可服务性等方面的需求，市场人员的参与能保证产品需求来自客户并减少变更对产品开发工作的影响。因此这种模式能大大缩短产品开发周期，降低开发成本，及时上市使产品具有竞争力。

经过多年推行和实践，PDT 重量级非研发如供应链和服务部门代表做得很好，都有专门的新产品导入部门投入资源，负责专业领域工作和赋能，产品的可供应和交付性得到了很好的保证，支撑了公司产品及时、准确、优质地交付。

需要指出的是，PDT 的结构是与开发产品的性质、难易程度和工作分解结构 WBS[①] 对应的，以便开发工作能分工清晰，责权对等。配合第三章结构化流程，可以灵活地应用于各种类型的产品开发。比如纯软件开发，就没有硬件，没有结构、生产装备开发工作，相应地 PDT 也就没有这些开发人员。

---

① WBS，Work Breakdown Structure，工作分解结构，项目管理术语，是对项目团队为实现项目目标，创建所需可交付成果而需要实施的全部工作范围的层级分解。

第 3 章
结构化流程与项目管理

IPD通过流程重整和结构化，将产品投资组合管理、客户需求驱动和产品开发有机集成在一起，保证了研发投资的有效性，开发出高质量的、满足客户需要的产品与解决方案。

市场管理流程保证做正确的事，选择正确的市场机会和把握产品投资机会；IPD流程确保正确地做事，使得产品开发的过程规范、高效、产品质量有保障；需求管理流程聚焦需求确认与实现，保障开发的产品与解决方案是满足客户需求的。三大流程充分体现了市场驱动、客户需求导向和把产品开发作为投资来管理的思想。市场管理流程、IPD流程以及需求管理流程，构成了IPD结构化流程的核心框架。

IPD流程本身也是结构化的，将分阶段商业决策、项目管理和跨部门团队业界最佳实践有机集成起来。通过DCP决策实现资源分批受控投入，既满足项目进展需要，又避免后期的开发不确定性带来的更多研发投资损失。结构化的业务分层与项目WBS层级对应，并和项目小组匹配，能使开发工作很好地得到管理和协同。根据业务的复杂程度确定合适的层次结构，能使得开发过程既规范、可重复，便于有效管理，又灵活，便于扩展，交付结果也可不断被重用。DCP决策标准和技术评审TR质量要求，使得开发过程可衡量、可管理，输出产品有质量保障。合理的层次结构也使流程有了持续改进的基础和适应未来开发模式的发展。应用项目管理方法管理跨部门团队进行开发，使得并行开发成为可能，缩短了开发周期，提高了开发效率。

华为IPD结构化流程是伴随着公司业务发展而不断演进的。华为最早业务是提供运营商客户有标准的通信设备（含嵌入式软件），因此IPD流程是面向运营商业务不断优化完善。随着华为业务拓展到消费者业务、企业业务，提供的产品和解决方案也从通信设备扩展到消费终端产品、IT产品、解决方案、服务产品、独立软件和云服务等。华为逐步构建了基于业务分层和业务分类的场景化流程：独立软件和云服务等开发流程，开启了华为IPD敏捷之旅。

项目是为完成某一独特产品或服务所做的临时性工作，项目管理无处不在。结构化流程相当于高铁系统，产品版本开发就像一列列火车。有了结构化流程加上研发能力平台（技术/架构/平台/CBB等）和管理体系，项目经理及团队应用项目管理就可以大展身手，不断创造奇迹，华为手机的不断成功就是一个例子。

本章描述结构化流程和基于结构化流程的项目管理，包括：什么是结构化流程及其框架、结构化流程的作用、IPD流程的灵活性与发展及敏捷开发，以及基于结构化流程的产品开发项目管理。

3.1 结构化流程及其框架

3.1.1 什么是结构化流程

所谓结构化,是指相互关联的工作要有一个框架结构,并要有一定的组织原则来支持它。比如,在一个自上而下的层次构架中,上层结构简单一些,越到下层越复杂、越具体。合理的结构层次很关键,没有结构化,则每个项目都自行定义,没有约束,过程不可重复,效率低下,并引起混乱;过度结构化,则规范过多、过细,缺乏灵活性,容易官僚化,效率也低了。

产品开发是复杂的,华为有数万名研发人员,一方面每种产品或解决方案开发需要完成成千上万项工作,耗时几个月甚至几年;另一方面华为要管理占整个公司过半数的研发相关人员有序地投入从产品开发到上市相关工作中。因此,整个研发体系有一套结构化流程及管理体系非常重要。

华为通过 IPD 变革及持续优化构建了一套结构化流程及其管理体系,使得华为研发有序高效,能制度化、持续性地推出高质量的、具备商业成功潜力的产品与解决方案。IPD 结构化流程是指管理研发的整个流程体系,包括市场管理流程、需求管理、IPD 流程,以及相关使能流程及支撑方法(公共基础模块、用户体验设计、系统工程、技术开发、定价、预测、上市管理、新产品导入、新器件选择、服务准备等)。其目的是实现华为以客户为中心,以市场为驱动，以客户需求为导向，把产品开发作为投资来进行管理的过程有序，提高研发效率，降低研发成本，打造满足客户需求的、有竞争力的高质量产品，支撑公司有效增长。

3.1.2 结构化流程框架

有效地开发出满足客户需求、有差异化竞争力、能商业成功、高质量的产品和解决方案，以下关键要素不可缺少。

一是"做正确的事"，就是要选择正确的市场机会和把握产品投资机会。将研发资金和资源投入公司战略机会点上，投资到公司高价值的客户需求和市场机会上，投资到能为公司创造最大价值的地方，就是要保证开发正确的产品和解决方案；二是"正确地做事"，就是把选定的产品和解决方案正确地开发出来，使得产品开发的过程规范、高效、产品质量有保障；三是把客户需求管好，聚焦需求确认、跟踪落实与实现，以保证开发出来的产品和解决方案是准确满足客户需求的。这三个关键要素只有按照一定的结构形成一个有序的流程体系，才能达到管理有序、投资有效、开发高效、商业成功的目的。

IPD 结构化流程框架，包括三个最重要的流程：市场管理流程（以下简称 MM 流程）、IPD 流程和需求管理流程（以下简称 OR 流程），如图 3-1 所示。

三大流程充分体现了市场驱动，客户需求导向，把产品开发作为投资来管理的思想。市场管理流程负责做正确的事，它通过理解市场、市场细分、组合分析、制定商业计划以及融合与优化商业计划输出产品系列的 SP[①]/BP[②]，产品开发路标并制定 Charter，为 IPD 流程提供正确的输入；IPD 流程通过分阶段的、跨功能领域合作的方式把大量的研发人员以及市场、供应、制造、采购、服务、人力资源、财经人员有序组织起来，完成产品开发以及相关功能领域准备工作，成功上市并持续监控产品上市后的表现直至退出市场；需求管理流程

---

① SP，Strategy Plan，战略规划。指公司及各规划单元的中长期发展计划。
② BP，Business Plan，商业计划。指华为公司年度商业计划。

第3章　结构化流程与项目管理

通过收集、分析、分发、实现、验证，对从机会到商业变现全过程中的需求进行有效管理，不同客户需求分别进入规划、路标、Charter，紧急需求通过规范的计划变更请求PCR（Plan Change Request）进入正在开发的产品或解决方案中，保证了客户的中长期需求、紧急需求都及时得到满足。

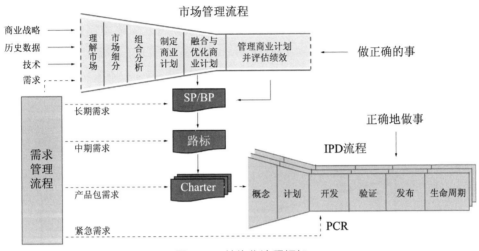

图3-1　结构化流程框架

其中市场管理流程就是投资组合管理流程，确保优选合适的市场机会及产品/解决方案进行投资，见2.1.3。需求管理流程确保客户需求及内部需求能被有效地从规划到正在开发的产品中得到落实和实现，见2.2.4。下面介绍IPD流程。

● 3.1.3　IPD流程

有了高质量的Charter，要想把研发人员以及市场、供应、制造、采购、服务、人力资源、财经等E2E环节人员高效组织起来，开发出满足客户需求、有差异化竞争力、高质量、易生产、可交付、易维护的产品，产品开发流程也必须是结构化的，开发工作也必须是有清晰层次结构并被清晰定义。所有参与开发的相关人员都必须清楚自己在开发中的工作、职责和要求，以及用什么方式去完成，如何配合完成这些工作。

IPD流程是分阶段的，各阶段用门径分开的结构化流程，是业界最佳的产品开发和管理方法。它把产品开发过程分成概念、计划、开发、验证、发布及其生命周期管理六个阶段，每个阶段都有明确的目标，并且在流程中定义了清晰的决策评审点（DCP）和技术评审点（TR）。每个决策评审点有一致的衡量标准，只有完成规定的工作和质量要求，才能够由一个决策点通过之后进入下一个决策点。IPD流程明确了PDT负责整个开发项目，LMT负责生命周期管理，IPMT负责投资决策的清晰分层管理体系，如图3-2所示。

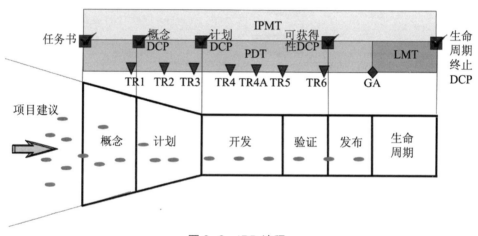

图3-2 IPD流程

IPD流程在产品上市前建立了概念决策评审点（CDCP[①]）、计划决策评审点（PDCP）、可获得性决策评审点（ADCP[②]）三个投资决策评审点，分别决策能否进入下一个阶段，并批准相应阶段的投资，形成了分阶段投资的模型，以控制研发投资风险、减少研发投资浪费。这些决策点不是技术评审，而是商业评审，关注正在开发过程中的产品在将来市场中的地位和竞争力，是否值得投资，有无清晰的开发计划，上市前产品及各功能领域是否准备就绪等。

---

① CDCP，Concept Decision Check Point，概念决策评审点。
② ADCP，Availability Decision Check Point，可获得性决策评审点。

第3章 结构化流程与项目管理

如果决策不通过，则不浪费资源，项目终止。开发项目获得立项批准进入开发流程中，在 CDCP 和 PDCP 经过项目风险评估可以例行终止和调整投资方向，在 PDCP 点要开发的最终产品及开发计划是评估清楚的，一旦获得批准，一般情况下都会投入需要的研发资源，按计划完成开发任务将产品推向市场。所以产品开发流程是喇叭图形，通过 DCP（门径）达到筛选项目，控制投资风险，减少投资损失的目的。

产品上市后设置了生命周期终止 DCP，包括停止营销与销售（EOM[①]）、停止生产（EOP[②]）和停止服务与支持（EOS[③]）决策评审点，以确保产品适时、有序地退出市场。

IPD 同时强调要在开发过程中构建质量、可制造性、可供应性、可销售性、可交付性、可服务性等，以提升产品规模制造、供应、销售、交付及服务效率。为此 IPD 也设计了技术评审点（TR），从 TR1 到 TR6，各功能领域交付质量评审点（XR），以保证产品满足客户和端到端需求。

如图 3-3 所示为 IPD 流程框架简化示意图，这个高层次的框架图有一个很形象的名字，叫袖珍卡（Pocket Card），意思是一张可随身携带的卡片，随时随地都可以拿出来查看。这样一页纸概述了 IPD 流程的关键信息，有利于 PDT 成员知道要完成的主要工作以及相互依赖关系（同步、先后及协同），在图中加上里程碑时间和活动起始完成时间，PDT 团队就可以用它来从整体上管理整个开发工作。

从图 3-3 纵向来看，IPD 流程分为业务流程和功能领域流程两大部分。业务流程主要包括 PDT 团队管理商业计划的开发、优化，项目计划的制定和监控执行，以及 IPMT 在每个 DCP 点的商业决策等活动。功能领域流程则描述了有哪些功能领域要参与产品开发以及各功能领域在产品开发各阶段要执行的主要活动和关键交付，以及关键质量控制点（TR 和各领域评审点 MR[④]、

---

① EOM，End of Marketing，停止销售。
② EOP，End of Production，停止生产。
③ EOS，End of Service & Support，停止服务与支持。
④ MR，Marketing Review，市场评审。

MFR[①]、SR[②]、POR[③] 等）。这是通用的产品开发流程结构，高层次上各开发项目可以保持一致，不同开发项目相关领域工作会有不同，可以裁剪，比如纯软件开发项目，没有硬件、机械结构等开发工作。同时每个功能领域工作需要进一步分解细化，清晰定义这些工作和细化的活动由什么角色来负责完成，怎样来完成以及交付质量要求，并与PDT团队结构相匹配。每个领域细化的流程，在华为称为功能领域支撑流程。

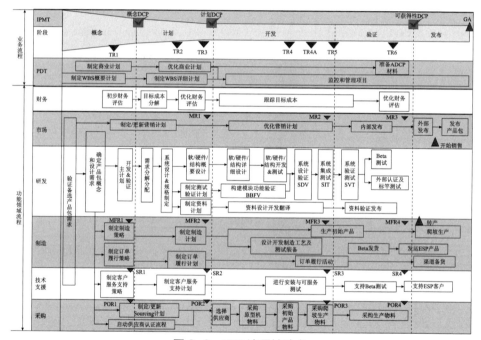

图 3-3　IPD 流程袖珍卡

从横向（时间轴）来看，每种产品开发阶段都有清晰的目标：

概念阶段的目标是保证 PDT 根据项目任务书 Charter，确定产品包需求和备选概念，对产品机会的总体吸引力以及各功能领域策略做出快速评估，形成初步项目计划。

---

① MFR，Manufacturing Review，制造评审。
② SR，Service Review，服务评审。
③ POR，Procurement Review，采购评审。

第3章　结构化流程与项目管理

计划阶段的目标是清晰地定义产品方案及其竞争优势，制定详细的项目计划及资源计划，确保风险可以被合理地管理。

开发阶段的目标是对符合设计规格的产品包进行开发和验证，并完成制造准备工作。

验证阶段的目标是进行制造系统批量验证和客户验证测试，以确认产品的可获得性，发布最终的产品规格及相关文档。

发布阶段的目标是发布产品，制造足够数量的满足客户和质量需求的产品，以便在GA[①]后能及时销售发货。

生命周期阶段的目标是监控产品市场表现，采取措施，及时的EOM/EOP/EOS，以使产品（构成产品的单板、软件包括第三方软件）及系列版本生命周期阶段的利润和客户满意度达到最佳状态，详见第2.5节。

综上所述，IPD流程是结构清晰，层次清晰，配合关系清晰，活动清晰，并有工作指导的流程，开发项目团队基于这个通用化的流程，经过快速适配就能立即开展产品开发工作。

> IPD流程是结构化的，将分阶段商业决策、项目管理和跨部门团队业界最佳实践有机集成起来。通过DCP决策实现资源分批受控投入，既满足项目进展需要，又避免后期的开发不确定性带来的更多研发投资损失。结构化的业务分层与项目WBS层级清晰定义，并和项目小组团队结构匹配，使参与产品开发的各功能领域成员能并行有序地开展相关工作。项目经理及团队有了施展才华把产品及时、准确、高质量、成功开发出来的舞台。项目团队应用项目管理方法管理跨部门团队进行开发，使并行开发成为可能，缩短了开发周期，提高了开发效率。根据业务的复杂程度确定合适的层次结构，能使开发过程既规范、可重复，便于有效管理；又灵活，便于扩展，满足快速产品开发和动态多变的市场需要，交付成果也可不断被重用。合理的层次结构也使流程有了持续改进的基础和适应未来开发模式的发展。DCP决策标准和技术评审TR质量要求使开发

---

① GA，General Availability，一般可获得性，是产品可以批量交付客户的时间点。

> 过程可衡量可管理，输出产品有质量保障（详见7.3.3）。IPD流程是业界最佳产品开发管理方法。

3.2 结构化流程的作用

只要我们不断地按照IPD管理体系和流程来要求，我们的能力就能不断提升，我们开发出来的产品就能有质量保证，我们就能摆脱英雄式的产品成功模式，转变成有组织保证的产品成功模式。

——徐直军

IPD结构化流程是从市场到产品开发的管理框架，是从机会到商业变现过程的系统管理。它是产品开发实现市场导向的基础，是产品开发按投资管理的基础，是产品开发顺利进行的保证，是华为构建制度化、持续地推出高质量产品管理体系的基础。

⦿ 3.2.1 IPD结构化流程是产品开发实现市场导向的基础

IPD结构化流程是市场导向的流程。在整个结构化流程框架中，市场驱动要素贯穿市场管理、Charter开发、产品开发以及生命周期管理端到端全过程。IPD首先通过市场管理流程选择市场机会，把握产品投资机会，做正确的事。这个流程是通过做好理解市场、市场细分、组合分析并形成产品开发路标，来确保要投资开发的产品是市场需要的。针对规划的产品，通过Charter开发进一步去理解客户、市场、产品和技术未来发展趋势，将市场需求研究清楚、把市场机会有多大调查清楚，形成符合客户需要、有竞争力的产品构想。在IPD流程概念、计划阶段，进一步分析细分市场，确定目标市场机会、客户需求，将市场和客户需求转化为产品包需求，形成产品概念和方案，制定产品/解决方案盈利计划、营销策略与计划等，在后续的阶段中不断跟踪市场的变化，并基于变化适时调整开发产品的特性，确保开发出来的产品是符合市场变化要求的。所有的市场和客户需求都通过需求管理流程进行收集、分类、分发、跟踪实现与验证，保证客户需求能够得到实现和满足。因此，IPD 结构化流程不是以自我为中心，而是以市场需求为导向的流程。

为了确保流程定义的市场导向相关活动有高质量的输出，IPD 各跨部门团队中定义了营销相关活动，并定义了市场代表角色及职责。为了指导市场代表更有效地开展工作，华为专门把营销领域在 IPD E2E 过程中要执行的活动抽取出来并细化，清晰地定义了支撑市场代表开展工作的扩展成员及职责，形成了更有针对性地指导开展工作的营销计划流程。这样，以市场为导向就不是一个空的口号，而是有组织支持和保证的行为。

3.2.2 IPD 结构化流程是产品开发按投资管理的基础

IPD 结构化流程是商业流程，关注商业结果，落实了将产品开发作为投资进行管理的核心理念。首先在市场管理时，在细分市场选择、产品包选择及优先级排序时，除了考虑市场需求、商业战略以外，重要的是进行财务分析。华为清醒地认识到，需求与机会是无限的，投资和资源是有限的，投资一定要关注风险，关注回报，因此不仅要满足市场需求，还要满足投资回报要求。尤其是近些年华为进入企业市场和消费者市场，面对广阔的市场机会，到底选择什么，投资回报分析显得尤为重要。在市场管理流程中，根据市场机会和投资吸引力做了优先级排序，选择了投资重点和战略，接下来，所有开发投资资金都将花在开发项目上。IPD 流程通过设置的决策评审点（Charter DCP、CDCP、PDCP、ADCP），资源分批、分阶段受控投入，既满足项目进展需要，又避免了项目失败带来的投资损失。DCP 点不通过，项目终止，不再浪费资源。只要按 IPD 流程执行，就能很好地管理产品开发投资。因此，IPD 结构化流程是产品开发按投资管理的基础。

产品开发要实现投资收益，高质量的财务分析是非常关键的。为此，市场管理流程及 IPD 流程中都定义了相关财务分析的活动，并定义了财经代表角色。为了指导财经代表更有效地开展工作，华为建立了产品财经支撑流程，这个流程将 IPD E2E 过程中财经领域需要开展的活动、交付要求、质量要求都进行了清晰定义，使得将产品开发作为投资来管理的理念落到了实处。

● 3.2.3 IPD 流程是产品开发顺利进行的保证

结构化的 IPD 流程是保证产品开发顺利进行的"通道"。参与产品开发的人员多，需要完成的工作成千上万项，每个人的大部分工作与他人的工作紧密相关，没有一个工作清晰、职责明确、配合关系清楚的流程，将无法保证开发有序，更谈不上高效。因此，IPD 流程是产品开发顺利进行的保证。

在 IPD 流程中，清晰地定义了每个阶段要达到的质量标准。没有完成应该完成的工作，就无法通过 TR 和 DCP 进入下一个阶段。每个 PDT 成员要完成什么工作，怎样去完成，什么时间完成，谁是谁的输入，都有清晰的定义，如图 3-3 所示。哪些工作可以并行开展，都能从流程图中看出来，同一时间轴上的工作都是同步开展的，完成时间都有要求，这种并行开发方式比串行开发方式大大缩短了开发周期，提高了开发效率。

IPD 流程统一了开发术语和语言，明确了工作交付件的质量要求，减少了沟通时间和扯皮现象的发生，降低了 PDT 核心组协调和管理开发工作的难度。

结构化的开发流程使得流程在高层次保持一致，便于多模块、多产品和多技术开发项目的协同，同时又可以针对不同的产品开发项目方便地进行增减、合并，增强了适用性。华为各产品线都使用 IPD 流程或经过适配调整的场景化流程来进行产品开发。

● 3.2.4 IPD 结构化流程是构建制度化、持续地推出高质量产品管理体系的基础

2018 年，华为研发队伍有 8 万多人，要使所有研发项目开发顺利高效，

必须建立一套可以复制，规范有效运作的研发流程和管理体系。流程就是构建管理体系的基础。

IPD 管理体系是用来保障 IPD 有效运作的管理支持系统，它由跨功能部门团队进行运作（管理或执行），通过流程、决策制度及其运作机制，来管理研发过程和绩效，以实现公司战略目标。管理体系包括以下要素：组织结构、角色和职责；决策标准；评审、运作机制和政策；指标与考核，奖惩机制等。流程定义了角色及职责、团队组织结构，也定义了决策标准和运作机制。所以，如果没有流程，管理体系就无法运作起来；没有流程，决策就成了无源之水、无本之木。可见，流程是管理体系有效运作的基础。

IPD 结构化流程解决的一个核心问题，就是在产品领域不再依赖"英雄"，而是基于流程就可以制度化、持续推出基本满足客户要求、质量有保障的产品。

经过二十年 IPD 结构化流程、管理体系、工具、能力的建设和持续提升，华为已经形成了完善的研发流程和管理体系。这套结构化的流程及管理体系，不仅可以支撑 8 万人研发与投资管理，即使再加 8 万人，管理体系也没有问题。增加产品线只要复制一套管理体系，就能有效地运作，确保把产品不断地做出来，而且做出来的产品是稳定的、达到质量要求的、满足客户要求的。这就是 IPD 结构化流程对公司最大的价值。

3.3　IPD流程的灵活性与敏捷开发

3.3.1　IPD 流程的灵活性

流程的好处不容置疑，有流程，工作就能有序开展，可以避免冲突、混乱、效率低下。没有流程，工作不受约束，过程不可重复、不可衡量，无记录，也没法改进。但是，如果过度流程化，每项工作都定义太细，文件一大堆，规矩一大堆，严格遵循这样的流程所花的时间就会大大增加。开发项目的时间通常很紧，没有多少人花时间认真去看流程，更不要说去遵守教条的规定。

流程结构化设计的方法是业界普遍的做法。IPD流程采取的是一种改进运作效果的平衡方法：既采用适当的层次结构，统一的高层框架、模型、关键活动，同时又不定义太细。这样，一方面使IPD流程可重用、可衡量、可比较和可改进，另一方面在操作层面具有相当的灵活性。任何项目都具有独特性，需要完成的工作都有差异，因此，项目性流程定义太细是没有意义的。

在华为，IPD流程不是僵化的，而是非常灵活的，可以适用于所有的软硬件开发项目以及服务、解决方案开发项目。IPD流程提供了统一的概念、模型、框架，并基于业界实践以及华为实践积累了大量的检查表、操作指导等。这些实践是宝贵的资产，不需要后来的项目团队重新去摸索，但却具有相应的场景适应性。虽然华为也在不断地总结场景，按场景构建适应性流程（见下节描述），但终究不能穷尽所有场景，新场景也会随业务发展而产生。因此，每个项目团队应该根据自身项目特点灵活应用IPD流程。以TR检查表为例，TR检查表是华为多年来积累的宝贵资产，方便团队成员检查产品技术成熟度的状况，但IPD流程实际上并不是要求所有项目僵化地使用公司发布的TR检查表。公司发布的TR检查表是指导性文件，是经验、知识的积累，除法律、法规、质量、网络安全等红线要求外，都需要根据实际情况进行调整，每种产品线都应该在此基础上构建适合自身特点的检查表。IPD流程不要求所有研发的项目团队都逐一地执行公司发布流程中描述的所有活动，每种产品都可以，也应该在公司IPD流程的基础上根据本产品的特点，客户化本产品的IPD流程；每一个PDT经理可以，也应该根据项目的实际情况对活动进行一定的调整，包括活动的裁剪、合并、增加，这是PDT经理必须具备的项目管理基本技能。

为了更好地帮助PDT灵活应用IPD流程，华为建立了根据项目具体情况灵活应用IPD流程的机制和指南，明确了DCP、TR这些关键点的合并原则和操作程序，以及下面层次的活动合并、裁减的自主性。

比如，华为IPD明确规定，任何产品开发项目，PDT都可以根据项目本身特点对IPD各阶段详细操作流程中的活动进行适当的裁剪、合并或增加。

PDT应记录活动裁减情况及其原因，写入IPD核心流程规定的《产品质量计划》中的过程偏差部分，并作为项目文档保存。凡是技术评审或DCP的合并、裁减，必须提交IPMT审核同意后才能执行，下面层次的活动合并、裁减，由PDT经理依据项目具体情况作出判断并对此负责。概念阶段和计划阶段的应用调整需在Charter评审之前提出，在Charter评审材料中体现，Charter评审时经过IPMT批准并写入《产品质量计划》中；计划阶段以后的流程客户化需要在PDCP之前提出，在《产品质量计划》的过程偏差部分体现，PDCP时经过IPMT批准。

不过，流程的灵活应用需要良好的判断能力，需要PDT团队深刻分析和理解要完成的工作，因此对IPD流程灵活性的掌握能力与对IPD流程的理解、理论水平以及实践经验是分不开的。这就要求PDT经理具有丰富的研发经验，PDT经理之间不断地进行经验分享与交流，要求PQA[①]不断提升技能，以更好地制定符合业务本质的项目过程手册，避免教条。

● 3.3.2　基于业务分层与业务分类的IPD流程场景化

在华为，IPD流程的灵活性还体现在可以根据不同的业务层次与业务类型选择合适的、已定义好的场景化流程。

从业务分层（见第4.1节）的角度来看，华为的业务分层从技术/芯片、子系统、平台、产品、解决方案到集成服务层，其中每一层由下一层组成，经过多层形成一套完整的产品或解决方案。每一层业务特点不同，开发流程有很大区别。需要构建差异化的流程与管理体系。

从业务分类角度来看，随着华为公司战略的调整，客户选择从传统的运营商扩展到消费者、企业和政府，业务类型也从传统的有标准的通信设备逐步扩展到IT产品、专业服务、芯片、终端产品、独立软件、跨产品/服务的解决方案。这些业务类型的商业模式、产品形态、架构模型、投资决策模式、开发模式、运营模式等差异较大，需要在统一的IPD核心理念基础上，构建差异化的流

---

① PQA，Product Quality Assurance Engineer，产品质量保证工程师。

程和管理体系。比如终端产品，它是面向2C市场的，具有极致体验、上市既上量、时尚又艺术、机会窗时间短等不同于面向运营商市场的通信设备节奏稳定、逐渐上量、版本演进、生命周期长等显著差异化特征，需要制定符合终端业务本质的、高效的场景化流程。又如云服务，其本质是运营业务，关注用户全生命周期价值、用户发展、运营效率。和传统的产品与解决方案的商业模式完全不同，IPD非常多的理念与流程并不适应云服务，因此华为并不要求云服务执行IPD流程和管理体系，而是要求为其单独构建云服务流程和管理体系。

图3-4所示为根据华为公司业务分层及业务分类构建的IPD场景化流程示意图。

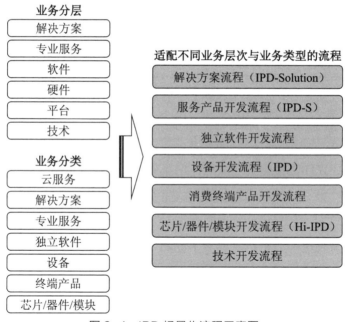

图3-4 IPD场景化流程示意图

流程的建设以及优化是一个公司最重要的工作，也是最基础的工作。华为从1999年启动IPD变革以来，研发体系流程优化从来没有停止过。到2018年，IPD流程已经从1.0演进到了8.1。场景化流程建设是流程建设与优化的重要方面，并随着公司业务范围的扩展不断丰富，使得每一个特定人群，针对不同类型的研发项目场景，能使用最合适的流程，这实质上也简化了流程。华为在建立了 IPD 流程框架和模型之后，最初是围绕面向运营商的有标准的通信设备（含嵌入式软件）来构建可操作流程的（流程图、模板、操作指导、检查表等），使得有标准的通信设备开发有了规范的过程指导。后来又构建了技术/平台开发流程，支撑有标准的通信设备开发的技术、芯片/器件/模块开发，接着又建立了芯片/器件/模块及解决方案开发流程。2011 年后，随着公司战略和商业模式的变化，华为公司业务从为客户提供有标准的通信设备扩展到消费业务、企业业务，因此又投入重金构建了终端产品开发流程、专业服务开发流程，也构建了独立软件开发流程。

流程是对业务流的一种表现方式，是优秀作业实践的总结和固化，越符合业务流的流程就越顺畅。华为智能手机业务近年蓬勃发展，就是得益于终端产品开发流程的建设与不断完善。随着华为公司战略的调整，华为会不断构建和完善符合不同业务本质的场景化流程。

3.3.3 将敏捷的 DNA 植入 IPD

> 我们要有快速响应的能力，也要有坚实的基础。未来要实现大带宽、大流量，传统 IPD 依然是坚实的基础，适合传统硬件和嵌入式软件；IPD 进一步发展就是敏捷；未来，IPD 更要联合客户敏捷，对接客户业务流，做到商业敏捷。
>
> ——任正非

> 敏捷开发是一种应对快速变化的软件开发方法，它鼓励需求由自组织、跨功能的团队，通过迭代，循序渐进地达成。在华为，敏捷由理念、优秀实践及具体应用三部分构成。在具体实施过程中，根据实践影响的范围、解决的业务问题以及团队的成熟度，华为制定了"项目级—版本级—产品级—商业级"敏捷的演进路径，并将敏捷理念和实践完全融入 IPD 结构化流程中，构建了与时俱进，适应不同产业、多业务场景的研发交付模式。

一、敏捷的引入

IPD 传统模式虽然可以根据具体产品和项目的特点进行灵活应用，但总体还是对既有活动的合并、裁减或增加。从宏观看还是采用大瀑布开发模式。这种模式针对传统嵌入式大型系统设备、硬件产品游刃有余，但随着业务的发展，在日益丰富的业务场景下，已显得力不从心。

随着通信产业发展，云计算、大数据等新技术的诞生，传统 CT（Communication Technology）运营商也日益面临 OTT[①] 厂家的竞争。华为的业务也随着战略调整，从运营商业务，逐步扩展到企业和消费者业务，独立软件、云服务等业务期望获得更快、更个性化的服务与响应。这种情况下，传统 IPD 按年/半年度一刀切的"火车节奏"交付版本已无法满足客户需求，需要根据交付场景按需而变。与此同时，业界敏捷开发运动如火如荼，各大公司纷纷采纳，俨然已是软件开发的主流方向，因此华为借鉴业界敏捷思想，结合自身特色，开启了 IPD 的敏捷变革之旅。

二、华为敏捷简要历程

华为的敏捷一直都是业务驱动的，解决业务问题是敏捷实施的唯一动力。

2003 年，华为通过 CMM[②]5 级认证，2006 年 IPD-CMMI[③] 流程覆盖率达 100%。然而此时却发现大量基于瀑布开发模式的项目存在惊人的需求和设计变更（如 U 产品，Charter 的需求到 TR5 时变更 48%）以及痛苦的系统联调（前期各项目组分别开发，集成后问题爆发），造成大量的返工和浪费。鉴于此，2008 年前后，华为从业界引入了敏捷开发的一些基本实践，核心是迭代开发

---

① OTT，即 Over The Top 的缩写，是指越过运营商，发展基于互联网的各种视频及数据等业务服务。

② CMM，Capability Maturity Model，能力成熟度模型。它是由美国卡内基梅隆大学的软件工程研究所制定，被全球公认并广泛实施的一种软件开发过程的改进评估模型。

③ CMMI，Capability Maturity Model Integration，能力成熟度集成模型。它是在 CMM 基础上，把所有的以及发展出来的各种能力成熟度模型，集成为一个单一框架，以更加系统和一致的框架来指导组织改善软件过程。

第3章 结构化流程与项目管理

与持续集成,提前发现问题,及时调整改进。我们把这种通过团队层面快速闭环反馈,提升质量的敏捷实践称为"项目级敏捷"。

"项目级敏捷"实施 1~2 年后,研发能力和效率得到了有效提升。随着业务发展,为了快速响应不同客户越来越多的诉求,研发团队同时启动和交付了大量客户化版本。版本多、分支多的问题逐渐成为影响客户、销售、交付以及研发效率提升的主要问题(某 PDU[①] 数据表明,并行开发的同步工作量占总工作量 25% 以上)。在这个背景下,华为提出了"One Track"的概念,从版本规划环节入手,梳理"火车节奏",建立全量特性池,基于价值进行优先级排序,一个开发主干,版本全球应用,极大提升了交付质量和效率。我们把这种"一个主干"为核心特征的开发模式称为"版本级敏捷"。

2015 年,运营商在互联网厂家的竞争压力以及终端用户多样性需求驱动下,要求设备供应商具备按季,甚至月度交付的能力。按照传统概念、计划、开发、验证、发布阶段依次实施的做法肯定难以满足客户诉求,因此我们考虑优化决策模式,将商业决策和需求决策分离。商业决策按年度规划并实施,而需求决策按季度/月度迭代进行。将一次大包决策分为多次小包决策,然后每个小包分别开发、验证和发布,大大缩短了版本 TTM(Time To Market)。这种持续规划、持续开发、持续发布的流水线交付模式被称为"产品级敏捷"。

与此同时,云化、虚拟化浪潮席卷全球,运营商启动数字化转型战略,迫切需要和供应商一起通过快速的创新和试错来探索市场,应对挑战;同时华为交付模式也日益多样化,基于开源和生态的交付比重逐步增加。基于此,华为面向未来,提出"商业敏捷"概念,基于不同的商业场景和业务诉求,采用不同的研发模式。在运营商和企业市场,华为期望联合客户,卷入生态合作伙伴一起联合创新、开发和交付,提升产业链的竞争力;对于公有云等自运营产品和服务,探索 DevOps[②] 开发模式,构建从规划到运维运营的 E2E 全功能团队,实现运营驱动开发,最终实现业务的敏捷交付。

---

① PDU,Product Development Unit,产品开发部。
② DevOps,Development 和 Operations 的组合词。

三、华为敏捷变革的两个关键维度

业界敏捷早期主要都是针对小团队实施敏捷开发的,比如最为广泛应用的Scrum[①]框架以及著名的"2个比萨团队",都是小于10人的规模,这和华为IPD下动辄几百、上千人的集团军作战方式是有很大区别的。为了将业界敏捷引入华为,除了深刻理解敏捷理念,还要在具体操作方面结合华为的组织和流程特点做大量的创新与适配。

从华为近10年的敏捷变革经验来看,要在整个IPD层面做好敏捷,最核心的是要提升以下两个方面维度的敏捷能力:

1. 价值流敏捷性

价值流敏捷性称之为敏捷的水平拓展能力。核心是在"客户—需求洞察—商业设计—架构与系统设计—开发—测试—服务—客户"这个价值链中,把敏捷影响的范围从传统小团队内的"开发—测试"向前后两边延伸,最终打通"从客户中来,到客户去"的完整价值链。这个过程,要不断卷入新的角色,不断调整和优化现有流程和组织职责,用更短的链条,更高效地协同和反馈加速价值的流动。仅仅单个小组运作好,甚至独立的多个小组也运作好,依然不能有效解决问题。大企业中每个角色和职责都是环环相扣,只要有环节和角色没搞定,价值就无法顺畅流动起来。

2. 组织敏捷性

组织敏捷性称之为敏捷的垂直压缩、扁平化管理能力。核心是在"员工—主管—经理—部长—总裁"这种多层级的汇报和决策链条背景下,构建一个高效、快速的决策机制,从战略到执行,透明高效;从基层向上反馈信息,通畅,快捷;这都需要企业做到分层决策,组织扁平化,适度自治,权力和"炮火"授权到一线作战团队。这种变化,涉及组织的调整,不同层级决策范围和决策方式的变化。

华为IPD针对上述两个维度的敏捷性都有改进,实践表明,组织的敏捷性难度更大,但改进获得的收益也更大。

---

① Scrum,是一种迭代式增量软件开发过程,通常用于敏捷软件开发。

四、敏捷变革对 IPD 的主要变化

通过敏捷变革，华为 IPD 在以下几个方面与以前相比有了较大改变：

1. 商业决策与需求决策分离

涉及战略、商业的部分由 IPMT 决策，具体的需求交由产品管理和开发团队共同决策；需求包由从前在 Charter/PDCP 时一次大包决策，变成随着产品的开发过程，迭代滚动，依据商业价值排序，分拆为小包迭代决策，基于小包快速开发和交付。

2. 全功能团队建设

基于价值流，构建完整交付团队。从以前的模块团队，为单个模块的交付负责，转变为对服务/特性从需求到上线/发布全程负责。这要求团队成员技能上一专多能，决策上适度自治，拥有部分决策权和管道空间，能针对服务/特性的体验优化类需求在团队内自主决策并快速闭环。

3. 能力建设，内建质量

敏捷是基于能力的变革，要做到快速交付，就必须做到实时高质量，要求把质量内建到开发过程的每个活动中，强化架构解耦合自动化测试，通过工具自动化，将开发活动各环节质量随时可视化管理，最终支撑按节奏开发、按需发布的敏捷交付模式。

3.4 基于结构化流程的产品开发项目管理

3.4.1 什么是项目和项目管理

> 项目是为创造独特的产品、服务或成果而进行的临时性工作。项目是无处不在的，比如举办一次奥运会开幕式，修建一栋大楼，进行一次房屋

装修，开发一款新手机，管理一次产品发布等。项目具有以下主要特征：

（1）一次性，有明确的起点和终点，目标明确且一次性；

（2）独特性，每个项目涉及的工作任务不同，环境约束不同，工作存在差异；

（3）成果的不可挽回性，项目失败或没有达成目标不可重来。

项目的这些特征使得完成项目、达成项目目标具有非常大的风险和不确定性，项目管理不好或缺乏项目管理可能导致：不能按时完成，成本超出预算，质量不达标，返工，范围变更频繁，相关方不满意以及组织声誉受损等，因此项目管理非常重要。

项目管理是将知识、技能、工具与技术应用于项目活动，以满足项目的要求。项目从过程看，项目要管理5个过程（全生命周期）：启动、计划、执行、监控、收尾。从知识领域看，要进行范围、进度、成本、质量、资源、沟通、风险、采购和整体管理。项目管理是对项目整个生命周期全过程的管理，是一项系统工程，其本质是整合资源与能力，通过一个组织达成项目交付目标。

项目范围不同，相关的工作任务就不同。根据项目范围和工期要求，需要合理安排工作及时间进度计划，评估每项工作要花费多少钱，安排合适的人去做，保证工作过程质量和成果质量，避免返工。项目开展过程中需要管理所有信息，以便把正确的信息，在正确的时间，通过正确的方式传递给所有利益相关人。项目的独特性带来风险，项目进度和资源的安排都是基于假设和有约束的，必须采取对策管理风险。任何一项风险至少会影响项目的范围、进度、成本和质量四者之一。项目组织需要明确哪些从外部采购或获得所需的中间产品、服务或成果，包括工作外包或采购人力资源等。采购的及时、质量、成本都会影响项目目标的达成，所以需要进行采购的各个过程管理。项目的5个过程和活动相互作用、相互影响，上述知识领域也相互依赖和影响，需要进行统一、协调和整合，平衡相互竞争的目标和方案，管理项目相互影响和过程，最终目的是要达成项目目标。总之，项目管理的重点是在项目的约束情况下，解

第3章 结构化流程与项目管理

决做什么、如何做、由谁去做、何时去做、怎么按要求做好的问题。

在华为产品开发领域，项目就是产品或版本的实现过程，产品或版本是项目的输出。产品是指满足客户需求的软硬件系统；版本是产品在不同时间段的特性集合，是在产品生命周期过程中依据特性对产品做的细分，包括产品的第一次交付以及后续升级的交付。一种产品可以有多个版本。因此，研发项目管理就是项目团队管理一种产品或一个版本按时、高质量交付的过程。

● 3.4.2 结构化流程是平台，项目管理是活的管理

华为IPD结构化流程类似高铁系统，定义了管理产品开发的整个流程体系。产品版本开发项目就像其中开出的一列列不同车次的火车，而项目管理就是一列列火车安全准点运行的管理过程，项目团队就是执行列车时刻表，保证正点安全到达的火车司乘团队。

IPD流程把项目管理过程与知识、技能、工具、技术和要求融入开发流程中，使得执行开发流程活动同时就在应用项目管理方法管理开发。图3-3 IPD流程袖珍卡中定义的活动就是规范化考虑了相互依赖的产品开发项目计划的WBS。开发领域需要制定开发和验证主计划，开展需求分解分配、系统设计、软硬件结构概要设计（HLD）和详细设计（LLD），以及构建模块功能验证（BBFV）、系统设计验证（SDV）、系统集成测试（SIT）、系统验证测试（SVT）、Beta测试、外部认证及标杆测试和资料开发等工作。项目管理中的制定项目计划，演变为IPD流程中渐进明细地制定WBS概要计划、WBS详细计划，并监控和管理项目。项目范围是为交付产品而必须完成的工作，客户需求决定了要开发的产品特性的工作任务和目标，因此，项目范围管理的核心就是管理实现客户需求的工作和交付。质量管理的活动和要求也融合在IPD流程的质量活动和里程碑交付件验收标准中（详见7.3.3）。项目采购管理活动也与IPD流程中的采购活动融合一致。项目的启动和收尾，阶段的决策将项目与风险控制和投资理念有机结合在一起。总之，IPD流程是结构化项目管理流程，是采用跨部门项目团队和项目管理流程来开发产品，是基于商业来管

理投资的。遵从 IPD 流程，基本上就应用了项目管理理论和方法。

项目管理是一种黏合剂，它用范围管理将产品需求关联起来，通过工作分解结构 WBS[①] 将开发流程和工作任务联系起来，通过活动与交付件的依赖将产品的架构、中间件、CBB 按开发逻辑集成起来，并通过 WBS 将工作任务与项目团队组织和成员衔接起来，使得工作责任清晰，任务目标和质量要求明确，项目团队能够顺利协同地开展工作，监控开发过程、进度和质量。所以说项目管理是项目团队和 IPD 大平台（结构化流程/CMM/质量管理等体系，技术平台、业务平台、能力平台）的桥梁和纽带，是开发项目经理管理开发的装备和手段，是产品开发活的管理。

没有 IPD 结构化流程之前，开发一种成功的产品，更依赖于项目经理的管理能力和团队成员的专业能力，比如华为早期的万门程控交换机、排队机和智能网等的开发，投入了大量的人力、物力、时间和精力。

有了 IPD 以后，不仅可以保证产品开发过程规范，交付的产品不会因人而导致差异太大，而且项目经理带领项目团队就可以基于 IPD 大平台，应用项目管理方法，发挥自己的聪明才智，大显身手，又快（进度）、又好（质量）、又省（成本）地不断开发出满足客户需求的产品。

产品开发领域的项目管理团队就是 PDT 团队，PDT 团队以 IPD 为作战平台，应用项目管理方法整合并动态管理客户需求，分析竞争产品和竞争对手，明确总体目标，正确分解总体目标，以此为依据做好分工和协同，并在关键里程碑时间点上对齐，按质量要求进行交付。其中关键是组织管理并激励团队成员，依托和利用 IPD 大平台既有优势，借鉴业界、华为前辈和兄弟 PDT 的优秀实践，充分发挥主观能动性，系统地开展工作，打造全流程、全生命周期"超越对手、满足客户需求"的有竞争力的产品。

IPD 流程是结构化项目管理流程，使得 PDT 团队可以根据项目独特性对执行的 IPD 流程活动进行调整和增减，因此 IPD 流程能适应各种场景的开发项目。同时通过开发项目的实践总结能为结构化流程的持续优化和完善，开发

---

① WBS，Work Breakdown Structure，工作分解结构，项目管理术语，是对项目团队为实现项目目标，创建所需可交付成果而需要实施的全部工作范围的层级分解。

场景化 IPD 流程提供输入。华为专门制定有研发项目管理手册（RDPM）指导研发项目管理工作的开展。

为了更好地管理复杂产品开发，华为将产品开发项目按工作性质分成开发、制造、服务等各项目，即大项目内套小项目的集成管理模式，以便于用 IT 工具管理项目进度、成本和协同对齐，如图 3-5 所示。PDT 团队结构也与之对应，核心组成员负责第二级，研发项目根据工作复杂程度还可以往下细分为硬件、软件等子项目，每个细分子项目由一个扩展组组长负责。这样，项目与团队和流程结构能很好地匹配，责任清晰，使得结构化流程下的项目管理更加便于协同和管理。项目管理团队结构化的分解模式（PDT 核心组、扩展组的组成方法），使项目经理及团队能管理更大的开发项目，将精力聚焦在开发满足客户需求，为客户创造价值的产品实现上。

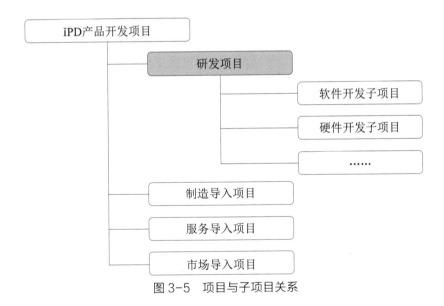

图 3-5　项目与子项目关系

● 3.4.3　华为开发项目管理实践

有了 IPD 流程和后续几章介绍的研发平台、质量、成本管理等，PDT 经理应用项目管理方法,管理产品开发更加容易。以下几点是项目管理在 IPD 流程基础上助力开发项目成功的关键要素。

一、项目 WBS 计划管理是项目管理的基础和关键

项目 WBS 确定了项目必须完成的工作以及把这些工作分解成更小、便于管理和完成的工作包(交付件)。WBS 是制定进度计划的基础和其他项目管理知识领域的基础。例如,资源是基于工作包来安排的,质量计划是基于工作包来制定的,风险是基于完成工作的假设和条件识别、评估和管理的,项目成本是核算在 WBS 上的,等等。项目的独特性就体现在 WBS 的差异上(这也是 IPD 流程定义不能太细和可以裁剪的理论依据)。因此,项目 WBS 计划管理是项目管理的基础和关键,项目经理及其核心团队必须抓项目 WBS 计划的制定、执行和监控管理。

在异步开发模式下,产品开发与所需的技术、平台、部件等存在很强的依赖关系,需要通过 WBS 来拉通对齐,才能集成交付满足客户需要的产品或解决方案。因此,项目 WBS 计划管理是项目经理最重要的管理工作。

在华为,IPD 项目 WBS 计划也称为 IPD E2E 项目计划,是基于 IPD 结构化流程定义的基线版本。产品开发项目通过 WBS 计划拉通各功能领域的目标及工作计划,以及各技术、平台、部件等异步开发里程碑的计划。

基于路标规划所对应的各产品、技术、平台、部件版本"火车计划",就像列车时刻表一样,是对客户的承诺,不能随意调整。因此产品开发 E2E 项目计划具有严肃性,一旦项目启动,项目计划制定后,PDT 团队就需要保证按计划完成项目,发布产品版本。除非项目范围或客户需求等发生了变化,才可以申请变更,即使这样,也要走规范的 PCR 变更程序。

项目是渐进明细的,WBS 计划的制定也是逐渐清晰和准确的过程。在华为,Charter 立项后,PDT 核心组在概念阶段根据项目目标、里程碑要求,基于结构化的 WBS 模板快速形成各领域步调一致的 E2E WBS 概要计划。在计划阶段,各功能领域代表带领扩展组成员评估要开发每个模块的工作量,拟制本领域的 WBS 详细计划,PDT 核心组集成形成 E2E WBS 详细计划,并

对关键里程碑点进行拉通对齐。一旦商业计划在 PDCP 获得批准，E2E WBS 详细计划形成基线，PDT 团队将按该计划管理项目的完成，后续变更要走规范的变更程序。因此，项目 WBS 计划的管理是产品开发项目进行 E2E 项目管理的基础。

通过多年的项目管理实践，随着项目团队能力的提升，以及持续对项目进度偏差进行度量牵引，华为开发项目进度偏差已改进到目前低于 5% 的比例，保证了及时发布满足客户需求的高质量产品版本。

二、项目经理和资源保障是项目成功的关键

项目成功的关键是要有资源，特别是合格的人。其中项目经理对项目成功起到关键作用，微信的成功和华为手机的成功都说明了这一点。费敏说："PDT Leader 是产品的'父亲'，他的 DNA 主要是你的。"可以说产品怎样取决于 PDT 经理怎样。华为对 PDT 经理选拔要求非常严格，要求来源于研发并具备周边工作经验，不仅是项目管理专家，而且要具备项目管理综合能力，很强的领导力以及产品商业决策能力，以实现产品的商业成功。这与 PMBOK[①]（2017 年第 6 版）新加入一章介绍项目经理能力模型基本一致。项目经理在华为是走上商业领袖或资源主管管理岗位的必经之路，这种机制保障了优秀项目经理层出不穷。

项目经理能力提升是项目成功的保障。在引入项目经理 PMP[②] 认证要求后，华为建立了自己的项目经理认证制度，对项目经理在知识、技能上全面按 IPD、研发实践进行了规范和提升。2009 年，华为开始系统性建设组织级的项目管理能力，建设了 PO（Project Office，项目办公室）、PMCoE（Project Management Center of Excellence，项目管理能力中心）的组织支撑；建立了职业化的项目管理专业技术任职通道。构建了全公司研发统一使用的项目及项

---

① PMBOK，Project Management Body of Knowledge，项目管理知识体系，由美国项目管理协会（PMI）定期更新。
② PMP，Project Management Professional，指项目管理专业人士资格认证。它是由美国项目管理协会（PMI）发起的，评估项目管理人员知识技能是否具有高品质的资格认证考试。

目群管理IT平台,在IT能力、组织使能上为提升项目管理能力打下了坚实基础。

找到了合适的项目经理,接下来就需要合适的团队人员来完成项目。华为采用矩阵型的项目组织架构,以平衡项目资源短期投入与资源能力长期建设的关系。项目经理提出资源需求,资源由资源部门主管负责项目资源的分配和协调。资源部门负责本领域人的知识及能力的提升。项目通过任命的方式,明确项目团队各领域的代表及成员名单。

华为一直处于高速发展阶段,资源短缺一直是产品开发领域普遍的现象。只有采用第2章组合管理和资源管道管理才能做好这项工作,既保证重点项目投入,又能满足项目资源需求。资源管道管理,如图3-6所示,其核心是把有限的资源调配到组合决策排序排在前面的项目上去。通过版本路标规划和调整版本错位开发计划,确保项目资源供给是平衡的(平滑增加、减少、保持不变);做好关键资源的分配计划,特别是在关键的大项目上要在最需要的时候把关键的资源放进去。通过度量资源利用率和释放率,牵引研发资源更好地为研发项目服务。简言之,就是聚焦战略,落实管道管理,优化资源配置。

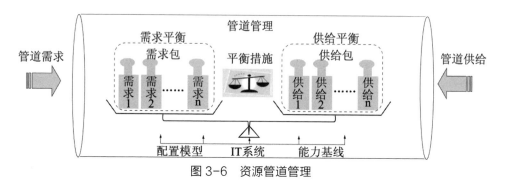

图 3-6 资源管道管理

三、合同管理是项目契约化交付的保障

合同管理是确保兑现对客户的承诺,实现按时、高质量交付的保障,PDT经理最核心的是把合同执行好。

华为对开发项目采用项目合同进行契约化管理。开发项目合同是华为投资方代表与执行开发项目的责任主体签署的正式和庄重的承诺。合同明确项目的范围、质量、进度、成本、财务、市场表现等交付目标和约束条件。项目执行团队（如 PDT）承诺按合同完成项目交付，IPMT 主任代表华为公司的投资决策团队（如 IPMT）对项目交付目标签字和承诺资源保证。华为实践证明，合同管理是项目契约化交付的保障。

开发项目合同管理，就是以产品开发项目合同为主线，对合同签署、执行与监控、变更、评估与验收等活动所进行的一系列管理，如图 3-7 所示。合同在项目的 PDCP 时，由 IPMT 与 PDT 正式签署合同；进入开发阶段，PDT 执行项目合同；在 ADCP 前，基于最新合同内容对项目交付件进行首次验收，对项目绩效进行评估。对于华为运营商产品和解决方案，由于运营商网络产品往往在产品版本 GA 后半年才有较大规模、较大数量的应用，所以在 GA 后半年进行二次合同评估活动。通过两次合同评估对项目进行综合性评价，评估投资目标达成情况。评估结果作为对项目执行团队的主要考核指标。

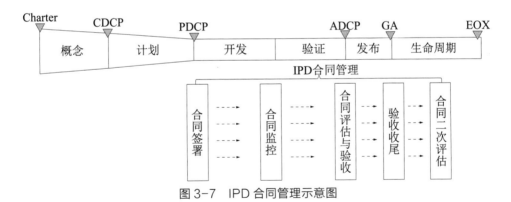

图 3-7 IPD 合同管理示意图

IPD 合同管理机制在产品开发领域建立了良好的契约化交付的项目管理文化。通过贯彻合同管理，明确整个开发团队的努力方向和要求，而且在管理跨产品、平台的协同上也会更顺畅。例如，5G 解决方案大规模项目交付，任何一个小项目都是依赖各大平台的，如果没有基于契约的依赖关系管理能力，就会寸步难行。通过合同管理，将部件与解决方案的配合关系、时空对齐要求进行了集成和明确，保证了大项目之下各小项目的灵活与最终解决方案的按时保质交付。

四、项目四算与财务管理支撑投资组合管理的落地

华为研发投入非常大,一个产品版本的研发投入平均上千万甚至上亿美元,所以对项目进行四算和财务管理非常重要。

所谓项目"四算"就是对项目进行概算、预算、核算和决算。项目管理要对开发项目全周期所需投资进行过程管理。在 Charter 时进行项目概算决策,在 PDCP 时进行项目预算决策,在开发到发布阶段例行开展项目投资核算,GA 时进行项目投资决算,如图 3-8 所示。

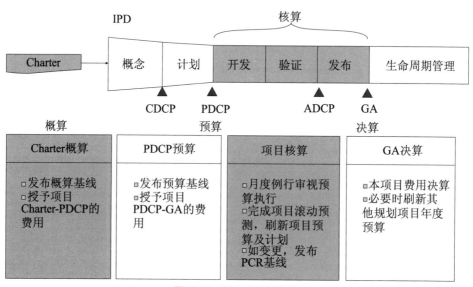

图 3-8 IPD 项目四算

项目渐进明细使得项目估算是逐渐准确的。项目开始,完成项目的概率低,风险和不确定性最高;随着项目的进展,完成项目的概率通常会逐步提高。因此,为控制投资风险,减少投资损失(这也是 IPD 流程分阶段的原因之一),项目投资通过阶段决策来逐步授权。Charter 立项批准授予项目到 PDCP 前概算,PDCP 通过后授予 PDCP 到 GA 预算。每个 DCP 点,投资决策团队根据事实对开发项目进行决策,决定是否可以进入下一阶段开发。决策通过,则提供投资。PDT 财经代表要输出产品/项目投资财务分析报告,包括产品规模(价

格和数量)、项目人力及费用、目标成本、产品损益评估等,用以支撑产品/项目投资决策。PDT对项目投资经费使用负责,实现预算范围内,项目按时、保质交付。项目四算确保项目投资在项目全周期可控可视,保证了投资资金的有效管理。

在华为,研发项目的产品投资分析要对齐年度商业计划(BP),通过宏微观预算互锁管理机制构建从产业投资到项目执行的闭环管理。"宏观预算"是指授予各IPMT/产业的投资总包和人力投资总额;"微观预算"是各IPMT将投资及人力宏观预算分解到年/月度的研发项目粒度。宏微观预算互锁就是基于投资策略对宏观预算与研发项目微观预算汇总进行偏差管理。

通过宏微观互锁,牵引BP规划的有效分解,并支撑各IPD项目有效决策,保障战略和投资组合管理的落地。在IPD项目DCP决策时,投资决策团队根据自身预算执行情况及项目优先级做出减少或追加预算的决策。宏微观预算互锁机制消除了基于项目需求的微观预算与基于投资经营的宏观预算的偏差,从而促进业务资源合理配置。通过投资组合与资源管理的平衡,支持投资方做正确的事,保证资源投入合适的项目并得到有效利用。

五、项目群管理支撑解决方案的高质量及时交付

伴随客户需求的满足走向助力客户的商业成功,开发逐步从交付单产品走向交付商业解决方案。从组成来看,解决方案是由多个网元产品(网元产品也可在市场单独销售)及软硬件或平台组成的。它们可能来自多个产品线,或者合作方,可能是现有的或采购的,也可能是要新开发的。解决方案项目管理比单一产品开发更复杂,而解决方案是一个有机整体,其组成部件一起工作,实现了解决方案的特定功能和特性,因此需要项目群管理,以实现解决方案本身和其关联的多个网元产品开发项目间的协同交付和集成。解决方案项目管理是围绕解决方案立项、解决方案需求管理、集成计划及依赖关系管理、解决方案契约化交付、系统设计与集成验证交付等措施开展的。

1. 解决方案立项

与单一产品开发项目立项不同,解决方案项目因为含有多个支撑网元产品的不同开发状态而变得复杂,所以解决方案开发团队(SDT)的项目经理需要在关注商业目标和商业价值的同时,协调各支撑网元产品的开发路标以及各部件产品的交付特性与计划,特别是各网元产品开发协同集成更是需要关注。投资决策团队基于战略,基于解决方案的商业投资价值、相关产品的开发进度和资源等做出立项决策。

2. 解决方案需求管理

需求管理必须进行完整全量管理,采用需求管理工具对需求进行全量跟踪,一棵"需求树"跟踪所有的原始需求和变更。在项目群内各项目间定期进行核对,确保解决方案下发的需求有效分配落实到各个开发项目组去实现。

3. 集成计划及依赖关系管理

SDT 对各网元产品开发的特性依赖、计划依赖进行统一协调和管理。采用多项目管理工具管理集成计划,让特性依赖、计划依赖清晰、可视、易管理。

4. 解决方案契约化交付

解决方案与各网元产品可以统一与投资决策团队签署一份合同,对交付目标、里程碑、质量、特性等做出承诺,也可以分别签署合同。通过这种契约化的交付管理,形成网元对解决方案的交付承诺,确保交付顺利进行。

5. 系统设计与集成验证交付

解决方案需要进行整体架构与系统设计,确定各网元部件特性、接口、开发方式、集成验证里程碑等,并据此制定 WBS 开发和集成验证计划。为保障解决方案层面特性的交付质量,采用解决方案测试验证拉通各网元测试的方式,进行系统集成测试验证。

通过上述措施,解决方案项目经理应用项目群管理能游刃有余地开展大规模"兵团式"项目管理,实现多产品联动的复杂解决方案高质量及时交付。

六、产品的商业成功是项目管理的最终价值体现

如何评价项目管理的好坏,除了是否达成项目质量、成本、进度等项目目标外,对于产品开发来说,更重要的是产品是否在市场上被客户认可,取得商业成功。因此产品的商业成功是项目管理的最终价值体现。

运营商网络设备的交付特点是通过一系列产品版本的不断交付和升级换代，使产品特性不断满足客户需求，功能不断丰富、性能稳定提升，持续为客户创造商业价值。产品的成功，取决于产品系列版本在生命周期的成功。一种长期存在的产品在其市场周期内的竞争力是需要由PDT团队在第一个版本开发项目基础上，通过不断地开发来持续保持产品在市场上的卓越表现和竞争力，因此，项目管理是常态化的。华为公司的产品绝大部分属于长线产品领域，生命周期长，只有PDT团队采用常态化的项目管理，管理产品开发及生命周期，加上产品路标规划与管理的闭环，才能持续保持产品商业成功。

下面是PDT基于IPD流程，应用项目管理方法获得产品成功的一个案例。

无线BTS3012 PDT挑战项目交付"不可能"目标，根本上提升GSM产品盈利能力

1. 背景：抓住GSM市场大发展的机遇

2007年前夕，正处于无线3G建设初期，网络的覆盖和稳定性还不足以支撑大规模数据业务；发达国家GSM网络进入更新换代、新兴市场进入高速发展阶段，数据业务逐步成为GSM业务重点。华为判断，运营商在2007～2010年间将海量建设GSM网络，GSM是必争之地！

2. 启航：设定目标，成立产品版本开发项目

2006年9月，考虑到技术积累不足、开发人数限制，PDT核心团队在申请BTS3012V300R006项目立项时，提出降成本13%、降功耗20%的建议目标。IPMT综合考虑市场商务诉求和GSM产品路标批准立项，同时要求PDT在PDCP前，根据市场竞标和商务谈判结论，以利润率维持在10%的水平为目标，重新审视和调整降成本目标。BTS3012双密度基站的降成本版本需在2007年6月发货，支撑在下一代基站推出前的2007—2008年发货。

3. 亮剑：面临市场变化重设竞争力目标，敢于挑战"不可能的任务"

当时，GSM产品成本是大问题。2006年9～10月，因产品成本超过竞争对手报价，华为不得不退出印度、孟加拉、巴基斯坦等国家的大项目争夺；

同时高端市场合同谈判价格降低幅度远超预测，导致高端市场盈利下降。市场竞争让 GSM 产品线感受到了巨大的生存压力。PDT 核心团队经过研讨，刷新 BTS3012V300R006 版本的核心目标，在 PDCP 决策时获得批准：降成本 40%，重建价格竞争力，支持市场突破和 2007 年当年盈利。

为了实现这一目标，开发项目面临的挑战主要是：

（1）技术难度大：为最大程度地提高集成度、降成本 40%，必须创新采用新方案、新技术、新器件。无线射频模块首次将电源/基带/功放三板合一。

（2）开发周期短：为了尽可能地发挥降成本效益，要求其中的高复杂载波模块半年内完成 TR5 开发阶段工作。

（3）海量发货压力：TR5 后的两个月内必须达到每月 1 万模块的海量发货能力，全面切换老产品，质量要求高。

（4）团队成员新：人力从各部门和项目组抽调，完全是个新团队。

PDT 正式成立后即召开项目开工会，PDT 经理和开发代表在开工会上做动员，对齐挑战目标：2007 年 6 月支持发货，8 月大规模商用，版本早一天发布可带来 300 万元的盈利；激发项目成员挑战"不可能完成任务"的动力；组织成员识别项目关键风险和挑战，对齐项目计划和策略，明确项目运作及开发沟通机制，要求团队间高效协作，问题快速闭环。

4. 执行：对齐商业目标，分解任务，联合各领域打造产品竞争力

【计划管理】要想达到 GSM 的盈利目标，必须保证 TR5 时间点不变，尽快进行新双密基站的切换。研发只有强化降成本措施、加大人力投入、提升效率，保证产品开发进度和质量。其他功能领域代表，要密切配合研发里程碑计划，拟制出各领域关键行动计划：如市场代表负责提前启动实验局找局，支撑实验局在 TR5 后快速启动；服务组开展服务降成本设计，提前安排两级技术支持。供应制造代表落实生产可制造性设计能力，缩短订单履行周期，提升量产能力；采购组提前对风险器件进行备货，提前组织采购专家团对多个方案进行采购。PDT 梳理了各领域的高等级风险，为风险拟制了应对措施并刷新了项目计划。

【范围管理】从立项到 PDCP 期间，PDT 团队对产品包需求进行分析，

第3章 结构化流程与项目管理

增加了降成本细化的若干需求，工作量增加近 400 人/月，并确定降成本措施包括的 900M 和 1800M 两个频段，优先保证 900M 的频段开发，以满足市场的需求。

【预算管理】PDT 经理和开发代表组织专家进行了人力投入分析。由于开发抢进度，同时需要开展 3 套样机和 1 套正式版方案开发试制，项目需要做多套物料计划，明确在充分利用现有仪器仪表的基础上拟制物料按月到货计划。通过分析详尽的费用预算计划和人力计划，PDT 确保资源可在 IPMT 投资范围内完成交付目标。

【目标成本管理】为了实现将降成本的幅度从 13% 提升到 40%，PDT 从系统设计、解决方案、采购、制造、服务等多方面采取措施：在系统设计方面"做减法"，将降成本目标逐层分解，全面简化电路模块设计；通过技术创新和精细化管理，降低电源模块功耗，以实现新双密度模块在相同条件下比老模块功耗下降 35%；让器件采购提前介入开发过程，在系统方案设计期间根据备选方案参与器件选型并启动招标；制造供应通过各环节优化以及产品设计简化，将制造成本降低 64%；服务分析识别交付过程中的"痛点"，提出即插即用、前向兼容、带板运输、自适应安装等可服务型需求，以降低服务成本。

【质量管理】鉴于项目交付产品需要海量发货，在达成降低成本目标的同时，必须确保版本质量。PDT 通过质量策划，结合关键客户标书、合同中的质量要求确定了 ERI（单板早期返还率）20%、DPMO（百万机会缺陷数）15 等各关键结果质量指标，以及内部过程控制质量目标。确定质量专项活动有：

（1）保证交付件 Review 和 UT（单元测试）充分开展；

（2）分析设计质量的 SE 进行专人保证：确保 SE 在 TR2 前的系统分析活动充分，确保需求分析、分配需求、设计方案的质量；

（3）转测试阶段组织一次"质量保证月"：识别隐藏很深的问题，确保版本转测试后问题较少，最终遗留缺陷密度低于基线数据；

（4）硬件的小批量验证质量保障：每周对器件替代生产小批量跟踪情况进行通报；

（5）器件替代在板测试质量保障：明确研发、测试、器件中心参与评审。测试设立器件，替代测试接口人和产品接口人接口。射频器件替代测试报告开展每个月两次评审，器件中心、测试、项目组相关人员参与，等等。

【变更管理】2007年4~5月间，900M双密度优化版本正处于最紧张的系统联调和生产转产阶段，项目组集中精力解决900M的问题，鉴于1800M的投入减少，模块复杂度更高。经过仔细考虑当年市场交付需要和发货目标，PDT申请项目范围变更，集中力量投入900M双密度版本的开发和交付，将1800M剥离，另行项目交付，获得IPMT决策批准。

【ESS早期发货管理】为了满足6月之后市场要货需求，必须尽快上网验证，同时控制放量节奏，避免批次质量问题。PDT详细制定了ESS（Early Sales & Support）发货计划，明确从TR5到GA前的发货量占全年的7%。

经过各领域的协同作战，截至2007年9月底，900M新双密模块试验局覆盖了全国十多个地市，覆盖了运营商的主要应用场景，对900M新双密模块验证充分。

5. 奠基：PDT在IPD支持下实现项目成功，产品竞争力构筑

在ADCP评审时，通过项目内部合同评估和验收，项目达成进度偏差4%、质量得分95、目标成本达成率95%、投资偏差7%的执行效果。项目开发当年，华为GSM出货量就超过35万载波，GSM载波成本获得大幅下降，GSM基站盈利能力大幅提升。

BTS3012新双密的推出让GSM成为一头奔跑的金牛，早1天发布，可以多赚300万，进度上创造并改变了无线的开发基线，技术上突破了数字射频高集成单板单面布局的瓶颈，供应上开创了无线"一条流"加工的先河。新双密一经推出，制造毛利率大幅提升，从根本上提升了GSM基站的盈利能力。

至2012年，BTS3012已累计为华为创造收入超过30亿美元，创造利润5亿美元。PDT基于IPD流程和项目管理，创造性地完成"不可能的任务"，交付了具有更低功耗、更小成本、更小体积、更高竞争力的GSM明星产品，为华为无线成为行业领导者奠定了坚实的基础。

七、小结

IPD 结构化流程框架及运作机制构建了一套市场驱动，客户需求导向的管理体系。有了这套体系，加上第 4 章讲的研发能力平台（架构、平台、CBB 及技术体系），项目经理可以充分利用组织积累的平台能力，聚焦价值创新，更好地施展才华。英雄辈出，体系健全，使华为制度化、持续性推出高质量产品与解决方案成为现实。项目管理能够动态响应变化的环境、市场以及业务形态，使 IPD 适应纷繁复杂的业务场景，并通过新项目的探索让 IPD 成为适应华为业务发展需要的有生命的管理体系。

第4章 研发能力及其管理

通过业务分层进行复杂业务层级间解耦，通过架构设计的进一步解耦形成产品级可复用的公共平台以及一系列的组件。尽量标准化、通用化形成 CBB 与器件优选库，以期最大限度地在全公司研发范围内被推广复用，并以此成为基于结构化流程的异步开发的基础：可复用的产品平台和标准化的软硬件组件部件与构件 CBB。异步开发可以大大减少开发工作量，缩短开发时间，降低开发成本和难度，同时提升开发质量和效率，并且以上各指标的改善是全业务流程的（IPD、LTC、ITR）和产品全生命周期的。基于架构设计之下的各交付件（平台、组件、构件 CBB）形式的封装，不仅有极大的商业价值，而且实现了信息安全的诉求，同时还极大地方便了各研发团队的协同和项目管理。通过在研发内推行 CMM，用过程的规范性保障软件开发的质量，同时构建敏捷工程能力，实现价值快速闭环。同时，通过内外部开源，减少软件重复开发，提升研发效率，以及快速开发有竞争力的算法，提升产品的竞争力。

本章描述支撑 IPD 的研发业务架构与策略以及产品开发模式和研发各主要能力要素，包括业务分层策略、异步开发模式、架构与设计、平台化战略及其价值、CBB 与优选器件库、开源、软件工程和研发能力管理体系等。

第4章 研发能力及其管理

4.1 业务分层与异步开发

业务分层是按业务类型和价值链关系划分的层次分类,是管理业务的基础,不同层次交付的开发将按照独立的、有竞争力的、面向客户的业务来组织、管理和考核。异步开发是用来支持各业务分层独立规划和开发的重要方法,是支持各业务分层的产品和技术进行独立的规划与开发的原则和方法。

通过业务分层把公司业务分类,每个层次有统一的管理模式,每个业务层次具有独立的开发流程,各业务层次相对独立运作并互相支撑,各个层次之间的交付责任、依赖关系明确并清晰。每个业务层次有执行者、管理者和决策者,分层管理决策,各层级异步开发,从而使公司管理更加有序、高效。通过异步开发的研发模式,在产品与技术规划过程中识别产品开发所基于的平台和能够共享的基础模块来达成提高技术共享,减少开发浪费、缩短产品开发周期以及提升产品质量的目的。

● 4.1.1 业务分层是管理业务及结构化流程的基础

业务分层是按业务类别和价值链划分的层次分类。直接面向外部客户销售的,且承担盈亏责任的业务层次,叫外部业务分层;面向内部应用的业务层次用于支撑更高的内部或外部层次，叫内部业务分层。在业务分层之中，不同层次交付的开发将按照独立的、有竞争力的、面向客户的业务来组织、管理和考核；同时每个层次都可以直接面向市场和客户进行销售。每个内部业务分层的运作支撑着上一个更高的内部或外部层次的运作，直至支撑上面某个外部业务分层在市场上销售获得收益。

华为标准的业务分层模型如图4-1所示，从上到下依次划分为集成服务、解决方案、产品、平台、子系统和技术六个层次。基于华为公司战略，产品以上层次为外部层次，面向市场和客户进行销售。

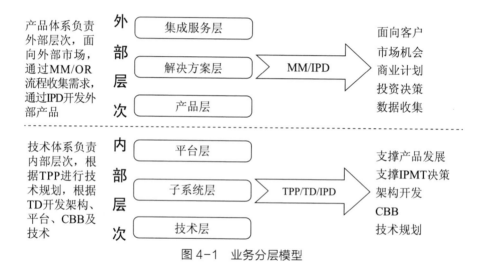

图 4-1 业务分层模型

业务分层使得各层次业务独立运作，拥有清晰的管理模式，可以充分寻求各个业务层次的商业和市场机会，充分发挥智力资产的获利能力，谋求公司利润最大化。对于功能复杂而且集中的大型系统及其管理体系来说，业务分层可以降低系统和组织的复杂度，使得各个要素分散化、专门化并且有清晰的界限，从而有效提升公司业务管理能力。所有业务层次都要根据其业务模型对竞争能力和获利能力进行评估，逐渐培养出在领先的地方投资、在不见优势的地方进行采购的观念。因此，业务分层是管理业务的基础。

每个业务层次都有独特的业务特点，具有各自的业务模式、流程、组织及管理方式，使得各业务层次模块可以独立规划和开发，从而及时地、具有竞争力地交付给相邻的上层。因此，业务分层是结构化流程和异步开发的基础。

在华为，每个外部业务分层都完全采用 MM 流程和 IPD 流程，同时还可以支持与华为之外的产品与解决方案进行集成，使得公司能向客户提供最优的解决方案和服务。内部业务层次采用技术管理体系进行管理。

业务分层是缩短产品开发周期、快速响应客户需求的重要业务管理机制。如果市场管理没做好、需求管理没做好、业务分层没做好，要想产品开发快速响应客户需求，完全满足客户的需求，是很难想象的。

4.1.2 异步开发是提升研发效率的关键

异步开发的目的就是使各业务层次能够异步规划和开发，因此要求平台和产品在需要时能够及时获得下层的子系统和技术。异步开发的好坏可以用平台和产品受下层子系统与技术的制约程度来衡量。制约程度有如下三种级别：上层不受制于下层；上层驱动下层；上层受制于下层。

异步开发能够大大缩短产品开发周期和上市时间，促进开发共享，提高生产率。实施异步开发前后对比如表 4-1 所示。

表 4-1 异步开发实施前后的对照表

分 类	实 施 前	实 施 后
需求/路标	需求没有按优先级排序，市场参与较少	统一的版本规划方法，通过市场的参与对需求进行排序，制定出各层次的路标及支撑关系
依赖关系	技术、ASIC、预研、平台、产品等因素之间的关系混乱，对产品的支撑不足	清晰的分层和路标，规划出相互支撑关系，通过依赖关系管理，提供对产品的良好支持
管理效率	产品之间的共享不足，尤其是跨产品线的共享	基于架构的分层和组件划分，对组件在产品线和公司两个层面进行整合，通过合适的共享来降低公司的开发成本
	难于实现异地开发和管理	良好的分层和组件式开发管理，使得异地开发非常容易
业务结果	产品交付周期长，进度和质量无法保证	通过技术的异步开发和"版本火车"的规划方法，能够大大缩短产品交付周期，减少变更，从而使进度和质量得到保证

推行异步开发，要确保每个业务分层在自身业务模型的驱动下，规划和开发本层次产品的同时考虑其他分层。这种考虑是通过技术创新速度和及时向市场交付有竞争力产品的需求来加以均衡的。

异步开发模式包括很多关键要素，只有这些要素很好地落实和实施并相互积极地作用，异步开发模式才能起到缩短开发周期，提高共享，减少浪费的目的。为了有效地实施异步开发模式，除对产品开发业务进行有效的业务分层以外，还需要对很多关键的产品开发要素进行变革。这些要素包括系统参考模型、平台参考模型、技术路标、版本火车、共用基础模块、技术管理体系、核心能力中心等。只有很好地管理好这些要素，并取得成效，整个异步开发才能取得效果。

异步开发的相关要素及相互关系参见图 4-2。

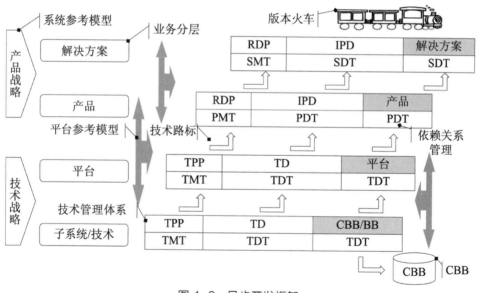

图 4-2　异步开发框架

系统参考模型和平台参考模型在产品和技术开发前提供对系统的整体视图和设计约束，为模块的划分提供了标准，从而保证产品和技术开发的独立性，并为技术共享打下基础。

第4章 研发能力及其管理

系统参考模型是针对系统的一个逻辑上的描述，是一个逻辑模型，它描述了系统所必需的功能组成及功能之间的逻辑关系。系统参考模型一般从概念、逻辑及功能角度来考虑问题，不涉及具体的技术和物理实体。系统参考模型通常是业界达成一致的认识，在一定程度上起到参考标准的作用，它能够指导对系统的功能设计，系统参考模型对平台参考模型的设计具有指导意义。

对系统的逻辑组成有了一个清晰的认识以后，就需要解决如何将复杂的产品开发分解成易于管理、相互配合又保持一定独立性的模块或技术的问题。易于管理就要求接口要尽可能简单，相互配合又保持一定的独立性就要求接口要标准化。架构是系统最高层次的设计，指导和约束系统下层的设计。平台是指基于领域内统一架构下的一组公共组件，可由多个子系统有机集成，具有自我完善、深度满足产品业务动态需求的能力。这些公共组件再加上产品特性，能快速形成产品。

技术规划识别CBB和平台，基于模型和架构进行模块划分，通过遵循高内聚、低耦合的原则来保证各模块开发的独立性，划分出来的各业务层次模块都可以独立地进行规划，确定每个模块和技术的路标。要保持产品的竞争力，必须保证产品所使用的技术具有一定的先进性，这需要针对每项技术（包括外购件）制定发展规划，以保持该技术在规格、性能、成本等方面跟得上技术发展的趋势。

虽然各产品的特性不同，有为特殊功能服务的专门设计，但是重用和共享的机会还是很多的。基础模块就是某一架构中的器件或器件组，与其他基础模块装配在一起组成一个完整的、适于销售的产品。供多个产品或模块使用的基础模块叫共用基础模块，即CBB。基础模块只有遵守平台参考模型，才可能在受该平台参考模型约束的不同的平台和产品间进行重用。

版本火车（Release Train）为产品路标及相应的依赖关系管理、产品和技术开发过程中的版本管理提供了手段和方法，它描述了各个模块/技术与产品之间的集成、依赖关系，使得各层的版本规划相互配合；"版本火车"意味着按计划发布，没有延迟。

异步开发的最终落实需要有相应的管理体系和组织来支撑。异步开发的基本理念就在于将产品的开发分解成不同层次的模块/技术，产品的三层由

IRB/IPMT/PDT 三层团队进行支撑。由于技术开发适当的提前于产品的需要，所以，技术管理体系中的相关团队就是负责完成这些工作或对这些工作的结果进行评审/决策的责任团队。核心能力中心就是解决 CBB 的开发和管理的独立资源，包括技术管理组（TMG[①]）、采购专家团（CEG[②]）和软硬件 CBB 开发团队（一般由 TDT 来执行）。

在华为微波产品中，ODU（Out Door Unit，室外单元）和中射频芯片不是传送网产品线自己做的，ODU 的开发团队是无线产品线的开发团队，中射频芯片的开发团队也是无线产品线的开发团队。华为已经打破了要做一种产品就必须在这个产品线做成一套解决方案的开发模式，充分利用公司的核心能力中心来提供相应的部件和能力，这就是华为公司的产品开发新模式。

业务分层促进技术共享，为异步/异地开发建立基础。产品开发将按照独立的、有竞争力的、有利于信息安全的和面向客户的业务（关键平台、关键技术、CBB、关键芯片/器件）进行组织、管理和衡量，技术上构筑信息安全，保障业务连续性。

徐直军指出，基于 IPD 最核心的观点，是我们把很多基础技术、基础平台、基础组件、基础构件都开发好了。我们一旦发现了某一市场需求，就会通过这个需求确定产品形态，就可以利用公司的平台组件、构件，把这种产品百分之六七十的工作量快速做完，剩下的就只有百分之三四十的工作量，产品自然而然就可以快速推向市场，开发周期很短。如果华为公司长期不在平台、构件、组件和总体技术体系建设上下功夫，不明确相关的资源投入比例，公司会丧失竞争力，会拉大与竞争对手的差距，是不可能实现同竞争对手同步推出产品的目标的。

● 4.1.3 云化和云服务化是业务分层与异步开发的发展

人类社会的进步势不可挡，如今，人类正在迈入以"万物感知、万物互联、

---

① TMG，Technical Management Group，技术管理组，是专项技术专家组成的团队。
② CEG，Commodity Expert Group，采购专家团。

第4章 研发能力及其管理

万物智能"为特征的智能社会。网络这一智能社会的基石,如同水和空气,已成为人们生活的必需品,人们对网络体验的要求日益提升,对网络覆盖的深度和广度的需求超越想象。网络对丰富人们的生活、帮助人类探索未知领域,将发挥亘古未有的巨大作用。

全球运营商的网络部署长期以技术驱动为主导,标准化的技术演进路线可以有效支撑确定性业务的价值实现。然而,随着未来业务发展方向的极大不确定性,过去的网络部署逻辑已被彻底打破。只有以"商业价值实现"为核心规划未来网络,才能在不确定的未来占据先机。云化网络将是运营商商业成功、应对不确定性未来的关键,其本质是以商业价值为驱动,通过云的理念和技术重构电信网络,让面向未来的网络具备敏捷、智能、高效、开放的特征。与此同时,云化网络将变革传统烟囱式的建网和维护模式,网络规划、部署、优化及运维,实现端到端打通及全自动化,最大化提升网络运营效率,降低运营成本。

全面云化战略的核心是从设备、网络、业务、运营四个方面全面升级基础网络,带来硬件资源池化、软件架构全分布化、全自动化的系统优势。在该战略下,整体网络将彻底转型为"以数据中心为中心"的架构,所有的网络功能和业务应用都运行在云数据中心上。为了达成这四个方面的全面升级,华为构筑了从传统架构向原生云的逐步演化过程,重新定义和扩展业务分层的含义。

网络云化的目标就是要在确定的网络连接层与不确定的业务应用层之间构筑一个云化的智能适配层,让基础网络能够在商业价值的牵引下与应用相互协同配合,支撑传统运营商转型并最终获得成功。标准连接层,即大带宽、低时延的泛连接网络。智能的适配层,提供开放的网络能力,建立标准连接层以屏蔽各种技术标准的不稳定性,从而使能敏捷创新。灵活的应用层、数字化业务与应用生态系统,支持敏捷创新。

借鉴互联网的 XaaS 商业模式,以 Cloud Native(原生云)为指导思想构筑各层业务的实现。Cloud Native 是在云环境下构建、运行、管理软件的新的系统实践范式,充分利用云基础设施与平台服务(IaaS/PaaS),适应云环境,具备(微)服务化、弹性伸缩、分布式、高可用、多租户、自动化等关键特征的实践。

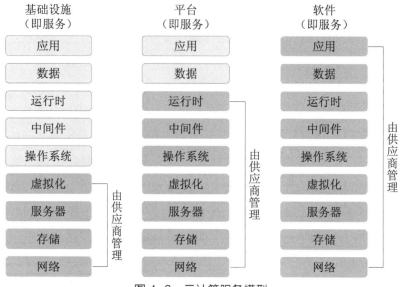

图 4-3 云计算服务模型

华为 SoftCOM 新一代网络架构是真正用 Cloud Native 的技术架构和理念来重构电信网络，实现电信网络的硬件资源池化、软件全分布化、运行自动化，提升业务创新、业务部署、业务发放等效率，实现用户的 ROADS[①] 体验。

4.2 架构与设计

> 架构是一个系统的总体设计，它描述了系统是由哪些元素组成的，这些元素之间的关系，这些元素的外部可见特征，以及这些元素为何如此划分和关联的设计思想(如高内聚、低耦合的划分原则，接口的标准化)。这些划分出来的元素通常叫模块，架构最重要的作用就是将这些模块之

---

① ROADS，是 Real time，On demand，All online，DIY，Social 的缩写，意指实时、按需、全在线、自助设置，享受信息服务和社交分享。

> 间的接口标准化,明确这些模块的规格。架构是各个模块独立的规划和开发的基础,好的架构使得这些模块可以灵活配置实现系统可裁剪。更重要的是,好的架构使得各个模块可以独自自我完善、独立升级换代,使系统易于扩展演进,不断迭代进化。
>
> 架构也是提高复用度的最核心的基础。架构决定了平台和CBB,产品或平台好与不好,全生命周期质量成本规格的优势,与架构关系非常大。架构及其平台,对同一类系列产品(如无线产品)的开发有很大价值,它决定了这一系列产品整个生命周期内的整体竞争力。
>
> 架构是系统最高层次的设计,它指导和约束系统下层的设计。高层设计不好,基础不牢,基因不好,后续的一切补救将会无济于事。

● 4.2.1　架构与设计是构建产品竞争力的源头

在架构与设计中构建技术、质量、成本、运维等优势,是华为产品与解决方案竞争力的基础。华为在架构与设计过程中,以欧洲市场的高要求作为产品发展路标,构筑安全可靠、绿色环保、用户极致体验、生态开放等方面的竞争优势;以印度市场低价格作为成本牵引,构筑研发、供应(制造)、销售、交付、运维等端到端成本优势。

华为要求高端产品一定要通过架构与设计,保障安全可靠稳定运行,这是华为公司最主要的责任。这里讲的"安全"与"网络安全"不一样,需要能保证通信网络稳定运行。因为往往一瞬间的失误,就可能引爆一颗"原子弹",然后就"粉身碎骨"了。华为不会为了领先谁而加班加点,因为即使真领先了,一旦出了可靠性问题垮下来,后退就是三年。

"绿色环保、节能减排"是华为公司作为一个企业履行社会责任的核心要素之一,也是产品与解决方案核心竞争力的要素之一。在架构与设计中,节能减排不仅要比较单设备能耗,还要从解决方案层面考虑,促进解决方案节能减排能力的提升。规划节能减排战略目标要综合考虑三方面因素:承接客户未来的降耗目标,相对竞争对手的指标领先幅度,基于自身能力的指标改进幅度。

产品的可供应性关键在于产品架构与设计。在产品架构与设计过程中需要与供应链体系紧密协作，在客户个性化、多样化需求和供应链标准化、规模效益之间取得平衡，有效开展产品可供应性设计和供应方案设计，实现ITO[①]最优。

技术的发展和器件的更新换代越来越频繁。例如，存储颗粒变化非常快，华为的产品只要使用一颗存储颗粒，就必须一直使用这个存储颗粒，但是一段时间后存储厂商不再生产，就会带来供货风险和成本增加。因此，在架构与设计时必须不断考虑加强板级模块化。板级模块化，就是把一些基本上不用变动的器件设计在主板上，把变化比较频繁的东西做成小模块，把这个小模块做成可贴的，改动就只需针对小模块。例如华为早期的产品CDMA450，设计专家就充分考虑了器件的生命周期，把高通芯片做成一个小模块，再把小模块贴到主板上。这样虽然高通芯片年年变，但只需改变这个小模块。

如果产品还达不到绝对的稳定，则一定要通过架构与设计提升产品的可服务性（或可维护性），使产品的安装和维护简单、便捷。让产品具备客户、维护人员或合作方人员能"自安装、自维护"的能力，是华为对架构与设计的战略要求。

架构与设计要能保证通过远程交付、远程维护、远程故障处理来提升效率、降低成本。市场一线只需要保留少量与客户沟通方案和计划的专家，工程实施更多通过GTAC[②]/TAC远程指导现场工程师完成。要保证按资料能实现安装、远程数据配置和网络调整、软件调测、软件升级、软件打补丁、日常维护和问题处理。尽可能把现场安装要做的工作在生产线做完，使得现场安装简单、简单、再简单。

对中低端产品，需要通过架构与设计做到像德国和日本家用电器那样，在使用寿命周期内永不维修。松下用较低端的零部件组装了全世界最好的电视机，在设计上有很多优秀理念。做到硬件不怎么维修，降低维护成本，就是很大的成功。软件升级则要向互联网学习，在网上能自助升级，这样就使公司内

---

① ITO，Inventory Turn Over，库存周转率或库存周转天数。

② GTAC，Global Technical Assistance Center，全球技术支持中心。

部管理得到很大程度的简化。

很多运营商客户特别关注OPEX[①]，OPEX实质就是可服务性。如果产品的可服务性做不好，运营商的OPEX就下不来。可服务性已经成为市场准入的一个基本要求。

华为正是通过可靠性、节能减排、可供应性、可服务性等方面的架构与设计，构筑起可靠、环保，以及低供应（制造）成本、低服务成本、低运行成本的产品综合竞争优势。

4.2.2 架构与设计是提升研发效率的关键

产品不仅要比拼功能、性能等是否完善、是否领先，还要看能以多快的速度推向市场，内部浪费能否降到最低。因此，研发效率也是产品成功必须考虑的一个重要因素。

华为历史上有不少产品曾经陷入了通过不断加班来响应客户需求的恶性循环。很多团队一直认为是由于客户需求太多、变化太快，所以加班多。但是也有很多产品加班不多，也能从容应对。深入分析才发现，这些产品的架构通常都更加合理：内部各小团队开发范围和职责明确，相互依赖比较少、联动情况少，系统容易扩展，适应客户新增需求的能力就强，应对客户需求变化的能力也会很强。而加班多的产品，往往忙于尽快着手开发需求，架构考虑不足，修改一个地方都需要多个团队讨论确认，逐渐形成一种恶性循环。要从恶性加班问题中真正走出来，必须从架构与设计开始，提升架构与设计的能力。

产品系统是活的、生长的，不是一次性交付，架构也是在持续演进的。不断增加新特性、新功能，不断更换开发维护人员，很容易导致系统架构逐渐"腐化"，耦合越来越严重。要保证产品有持续的生命力，必须不断开展架构解耦。

[①] OPEX，Operating Expense，是指企业的运营成本。

在 2007 年之前，华为无线网络产品线有 GSM、UMTS[①]、CDMA[②]、LTE[③] 多个制式的产品并行演进，相互之间缺少共享，开发效率低。后来组织专家进行多模共主控架构设计：一块主控板支撑 GSM、UMTS、CDMA、LTE 4 种制式，消除不同制式间的耦合，支持各制式独立演进、共基带、小基站多形态。该设计大大提高了开发效率和产品稳定性，推出产品版本的周期缩短了 4 个月。并且通过实现基站中设备管理、传输、运维子系统的架构归一，为客户提供了各制式基站运维的一致体验，典型场景下运维效率提升 30% 以上。此外还减少了 66% 的单板种类，显著降低了生产、发货、备件、安装、维护等端到端成本。最终多模共主控架构设计帮助无线 SingleRAN 产品领先竞争对手两年推向市场。

接入网家庭终端产品为了精简内部研发人力，对原来 4 个产品的软件进行了收编归一，同时采用组件化架构工程方法，对系统内各部分进行合理解耦，最终不仅减少了开发人力，而且交付市场的时间缩短了三分之一。

由此可见，要持续提升研发效率，关键要在架构与设计上下功夫，要通过架构的不断优化来提升效率、提升产品快速响应客户的能力。华为通过多年摸索、不断总结，把产品系统架构持续优化的经验概括为：产品与网管解耦、产品与平台解耦、软硬件解耦、模块与模块解耦，以及标准化、归一化、通用化、简单化。

◉ 4.2.3 架构与设计是平台战略的基础

华为能够后来者居上，走上业界一流的道路，靠的就是平台战略，平台战

---

① UMTS，Universal Mobile Telecommunications System，通用移动通信系统。一种第三代移动技术，用于发送速率达 2Mbit/s 的宽带信息。

② CDMA，Code Division Multiple Access，码分多址接入，是指一种扩频多址数字式通信技术，应用于 800MHz 和 1.9GHz 的超高频 (UHF) 移动电话系统。

③ LTE，Long Term Evolution，长期演进，是由 3GPP 组织制定的 UMTS 技术标准的演进，是 3G 技术的升级版本，严格地讲，LTE 只是 3.9G。

略的基础是架构与设计。华为采用领域工程模型和应用工程模型构建和应用平台。在领域工程活动中,通过架构与设计,持续构建可重用基础平台(包括基础组件、基础构件等)。在应用工程活动中,利用已有的平台,快速完成产品大部分开发工作,极大地缩短开发周期,快速推向市场。

平台的构建并不是一件容易的事,需要大量系统、深入的架构与设计工作。首先,要在对领域中若干典型产品的需求进行分析的基础上,考虑预期的需求变化、技术演化、限制条件等因素,确定恰当的领域范围,识别领域的共性特征和变化特征,获取一组具有足够可复用性的领域需求,并对其抽象形成领域分析模型。然后以领域分析模型为基础,考虑产品可能具有的质量属性要求和外部环境约束,建立符合领域需求、适应领域变化性的领域架构。再以领域分析模型和领域架构为基础,进行平台的识别、构建和管理。在应用平台的产品开发过程中,还需要将不能满足的产品需求返回给领域工程,通过进一步的架构与设计不断完善平台。

华为建立了一个强大的总体技术体系对架构与设计进行把关,确保构建出的平台符合战略布局,满足产品应用要求。通过公司、产品线等层面持续的架构与设计,华为所有的产品和解决方案,越来越向几个平台集中。这些平台包括关键技术、基础软件、关键芯片、关键器件等。

总之,没有踏踏实实的架构与设计,平台战略只是浮云,也无法真正带来产品的商业成功。

◉ 4.2.4 架构与设计必须以客户需求为导向,持续创新

主宰世界的是客户需求。这个世界需要的不一定是多么先进的技术,而是真正能满足客户需求的产品和解决方案,并且客户需要的大多是最简单的功能。

研发体系大多数人都是工程师,都渴望把技术做得很好,认为把技术做好才能体现自身的价值。客户不怎么用但技术很尖端的需求,却耗费很大的精力和成本做到最好,研发工程师容易出现这种倾向,必须改变思维方式,做工程商人,多一些商人味道。

架构与设计是研发的源头环节，在产品架构与设计上，需要坚持客户需求导向优先于技术导向，从一开始就从客户视角审视设计出的系统是否简单易用、稳定可靠。

为了更好地满足客户需求，必须在深刻理解客户需求的前提下，对架构与设计进行持续创新。积极吸收别人的先进经验，并充分应用公司内部和外部的先进成果，才会有持续竞争力。

在架构与设计过程中，有较大比例的创新活动。创新就有风险，就有可能犯错误。鼓励创新就要允许犯错。宽容失败、宽容失败的人，才有明天和光辉的未来。

华为强调以客户为中心，并不意味着从一个极端走向另一个极端，会忽略以技术为中心的超前战略。以客户为中心和以技术为中心，两者是"拧麻花"，一个以客户需求为中心，做产品；一个以技术为中心，做未来架构性的平台。

● 4.2.5 架构与设计中构筑 DFX 竞争力

产品要有竞争力，不仅要满足客户的功能性需求，还需要满足客户感知的、内部效率所需的质量属性需求。产品满足质量属性需求的能力在华为公司被称为 DFX（Design For X）能力。DFX 包括：可靠性、节能减排、归一化、可服务性、可安装性、可制造性、可维修性、可采购性、可供应性、可测试性、可修改性/可扩展性、成本、性能、安全性。

产品是否能够呈现期望的或被要求的质量属性，本质上是由架构来决定的。华为制定了十大核心原则来指导架构与设计：

（1）全面解耦原则：对业务进行抽象建模，业务数据与业务逻辑解耦，软件和硬件解耦，平台和产品解耦，系统各部件间解耦。

（2）服务化、组件化原则：以服务、数据为中心，构建服务化、组件化架构，具备灵活、按需组合的能力。

（3）接口隔离及服务自治原则：通过接口隐藏服务、组件的实现细节，服务、组件间只能通过接口进行交互，接口契约化、标准化，跨版本兼容；服务、组件可独立发展、独立发布、独立升级；服务自治，可视、可管、可控、可测、可维、故障自愈。

（4）弹性伸缩原则：构建全分布式云化架构，或借鉴云化架构思想，每种服务具备横向扩展能力，支持按需使用、自动弹性伸缩，可动态替换、灵活部署，支撑高性能、高吞吐量、高并发、高可用业务场景。

（5）安全可靠环保原则：构建最小权限、纵深防御、最小公共化、权限分离、不轻信、开放设计、完全仲裁、失效安全、保护薄弱环节、安全机制经济性、用户接受度以及加强隐私保护的安全体系，确保系统、网络和数据的机密性、完整性、可用性、可追溯；以业务系统零故障为导向，按需构筑分层分级的可靠性，通过故障的预测、预防、快速恢复，避免故障的发生；系统资源使用效率最大化，实现节能、节地、节材、环保。

（6）用户体验和自动化运维原则：面向业务获取和使用场景，构建实时、按需、在线、自助、社区化、方便易用的用户体验；支持远程、自动、智能、安全、高效地完成网规/网设、安装、部署、调测、验收、扩缩容、软件升级、打补丁、日常维护、问题处理。

（7）开放生态原则：面向生态场景，按需开放平台设施、中间件、数据、业务逻辑、UI等能力，构建开放生态，支持分层、远程、自动、自助、简单高效地完成定制、集成、第三方应用开发。

（8）高效开发原则：创建支持迭代、增量、持续交付的架构，支持部件独立开发、自动化编译构建、测试、集成验证，并易于高效修改和持续优化；支持开发组织小型化、扁平化，支持小团队独立高效并行开发。

（9）柔性供应制造原则：模块化设计，模块、物料归一化、标准化，支持自动化、数字化、智能化、随需应变的柔性制造。

（10）持续演进原则：架构并非一蹴而就，需要有效地管理架构需求，持续构建和发展架构，适应业务需求变化，适时引入业界最佳实践，及时重构，确保架构生命力和竞争力。

为体现对DFX负责的导向，华为将DFX结果作为架构与设计人员年度绩效考评的直接依据，根据DFX结果可以对架构与设计人员考评行使一票否决权。此外，华为还建立了设计实名制，强化架构与设计人员对产品设计的全生命周期责任。

华为通过制定架构与设计原则、绩效考评、设计实名制等手段，有效地保障了在架构与设计中就构筑起产品的 DFX 竞争力。

● 4.2.6 架构和设计要引入"蓝军"机制

"蓝军"是基于现有标准、现有的协议，用新的、颠覆性的实现方式，实现架构和实现理念解决"红军"没有解决的问题。"蓝军"的方案，和"红军"的方案相比只有 5%～10% 的差异是没有价值的，至少要 30%～50% 以上。不是细枝末节的改进，必须是颠覆性的。"蓝军"的成功体现在：输出打败了"红军"的方案，使得最终"蓝军"的方案变成了"红军"的方案。

选择大的产品方案、大的架构和平台时，也需要引入这种"蓝军"机制：两个团队同时做一件事，各自从自己的视角出发，最后来一起 PK，PK 的结果就能够找到最能满足客户需求、最有竞争力的解决方案。当然也不否定个别天才一个人就能构建一个好的架构，但引入 PK 机制能让这些天才们发挥出更大价值、在更大的范围内做贡献。

华为公司的硬件平台之所以进步很快，是因为其中一个关键因素是在架构设计中执行了蓝军机制，每一个硬件平台架构都是经过多方碰撞、多方争吵、多方 PK 最终形成的。海思、中央硬件、产品、整机等都会参与进来，使得每一个硬件平台架构都吸收了大量人的思想和精华，最终形成了硬件平台的竞争力，进而支撑了产品在硬件上的竞争力。

任何技术争论的评价标准都应坚持客户需求导向，而不能以个人输赢、部门利益为导向。鼓励架构与设计专家在方案和技术选择上进行争论，而且要创造争论的环境。但争论最终基于两点，一要满足客户需求、实现客户价值；二要实现公司的商业价值。在组织内部需要创造一种保护机制，让"蓝军"有地位。"蓝军"可能胡说八道，敢想敢说敢干，博弈之后要给他们一些宽容，没人知道他们能不能走出一条路。三峡大坝的成功要肯定反对者的作用，虽然没有承认反对者，但设计上都按反对意见做了修改。成功的组织会肯定反对者的价值和作用，允许反对者的存在。

4.2.7 架构与设计，打造一支强大的队伍

架构与设计是产品开发全流程的源头，它通过十倍法则影响着下游各环节的效率、质量。一个成功的组织需要通过加强架构与设计体系队伍建设，保障设计投入，持续改进全流程质量和效率。

架构与设计管理部是本领域架构交付以及人员管理的责任主体，是系统设计、模块设计业务管理的责任主体，是系统工程师、设计师、模块设计师等技术人员通道管理的责任主体。架构与设计管理部承担架构与设计体系能力提升、质量效率提升等行业管理的责任。

架构与设计人员是产品研发团队中的核心人员，是确保产品竞争力的关键角色。通过建立明确的架构与设计人员的成长路径（通常是：普通开发人员→模块设计师或开发项目负责人→架构与设计人员），一方面指导和牵引研发人员成长为合格的架构与设计人员；另一方面指导和牵引架构与设计人员在实践中自我学习、自我提升、自我发展，提高面向客户和产品全流程的设计质量和水平，最终从设计源头提升产品竞争力。

华为明确了架构师、系统工程师、设计师、模块设计师角色并正式任命，架构师对产品领域和产品的架构及其全生命周期负责；系统工程师和设计师共同对产品全系统设计及其全生命周期负责；模块设计师对模块设计负责。通过建立架构设计、系统设计、模块设计三个层面的设计体系，在组织、运作上相互衔接，全面覆盖产品各层级设计业务。

架构与设计体系实施实名制，让设计得好的、使产品有竞争力的架构和设计师们事后真正得到认可。实名制最大的好处，是当产品在全球开疆拓土时，当产品体现出强竞争力时，能知道是哪个架构师做的架构、是哪个系统工程师带领团队做的设计。让大家知道成功的产品架构与设计是他们的功劳，从而给予他们肯定和回报。

未来的价值向软件和服务转型。需要分析ICT行业软件的特点，实事求是地构建基于ICT行业特点的软件架构与设计能力，加强对相关人才的培养。谷歌、苹果是凭什么成功的？凭的就是软件。华为也需要构筑一支强大的软件架构与设计队伍，加大软件技术和创新上的投入。

● 4.2.8 架构与设计的最终衡量标准是商业成功

任何先进的技术、产品和解决方案，只有转化为客户的商业成功才能产生价值。

——任正非

唯有帮助产品取得商业成功的架构与设计，才是有价值的。

从1998年开始，华为第一代HLR产品因为可靠性的问题，质量事故连续不断。当时HLR的整体架构是基于IBM和SUN的小型机，Windows和Solaris操作系统，SQL Server和Oracle的数据库……从硬件到软件，没有一样核心技术掌握在华为手里。由于没有统一平台和架构，产品版本又多又乱，所有的人都在忙：一半人在搞需求，一半人在处理事故。

为了扭转被动局面，HLR V9版本从2005年年底启动新架构预研，2008年年初规模销售，至2013年累计商用局点1100套以上，覆盖118个国家，278个运营商，服务用户达26亿人以上。该新架构版本自推出后，无业务中断大事故，稳定性、可靠性远超友商同类产品，业界竞争力排名第一，获得了客户和市场一线的高度认可。

HLR V9新架构通过商业成功，证明了架构与设计的成功。

因此，各级架构与设计组织需要从商业目标出发，梳理关键架构需求、明确架构目标，保证架构与设计能够最终支撑商业成功。

4.3 平台

> 平台是指基于领域内统一架构下的一组公共组件,可由多个子系统有机集成,具有自我完善、深度满足产品业务动态需求的能力。平台是架构的实现,可以提供基本的运行功能,在平台的公共组件上增加客户化的特性就能快速形成产品,满足外部客户化的需求。
>
> 从长远来看,产品间竞争的核心是平台的竞争。因此,企业需坚持平台战略,加大平台的投入,以开放合作心态和全球化视野进行技术布局,做好平台的架构,构筑平台的竞争力,支持产品生命周期的长期发展。
>
> 好的平台可以给产品带来质量好、成本低、效率高、交付周期短等优势。要实现这个目标,平台需具备良好的架构,支持产品业务持续演进。同时,平台需要标准化、通用化、简单化,以方便支持产品快速高效的集成与装配,使得平台在企业内部得到更好的共享与重用。

4.3.1 从长远来看,产品间的竞争归根结底在于基础平台的竞争

技术日益趋同,客户需求日益多样化,只有靠基础平台的支撑,才能更快速地满足新形势下的客户需求。从长远来看,产品间的竞争归根结底在于基础平台的竞争。

华为的研发策略是各产品线全面实施业务分层,形成公司级平台、领域内平台、产品集成开发的三层开发体系。这就使得所有的产品和解决方案,越来越向几个基础平台集中,只有基础平台在业界具有竞争力,才能够持续支撑产品长期发展和持续取得商业成功。

任正非指出:"我们要加大对平台的投入,构建明天的胜利,未来的竞争是平台竞争。运营商、企业和消费者解决方案都需要大的平台,我们有充足的

利润，为什么不加大平台投入，超前竞争对手更多、更多……"

华为能够后来者居上，走上业界一流的道路，靠的就是平台战略。经过十多年的默默耕耘和艰辛努力，已经初步建成了有竞争力的软硬件平台、工程工艺能力、技术管理体系，打造了"百年教堂"的平台基础。

◉ 4.3.2 平台是成本、效率、质量以及快速响应客户需求的基础

企业实施平台战略可带来产品成本的大幅降低。随着公司产品销售规模的不断扩大及"厚平台、薄产品"的战略实施，公共平台和部件将得到越来越广泛地应用，其产生的价值越来越大，内部再持续地进行归一化管理，自然大幅降低了产品成本。

企业实施平台战略可带来研发效率高和交付周期短的红利。当市场一线发现了一个需求，研发通过这个需求确定产品形态，充分利用公司的平台组件和构件，很快就可以把这个产品百分之六七十的工作量做完，剩下的就只有百分之三四十的工作量，产品可以快速推向市场，满足客户的需求。

企业实施平台战略可提升产品质量。随着高质量的公共平台和部件的大量应用，自然提升了产品质量。平台战略的实施对平台、公共部件的质量也提出了更高的要求，如果是一件产品没有做好，其影响是局部的；如果负责平台建设的各业务领域有一处没有做好或所承担的行业管理没有做好，影响将是全局且深远的。平台部门肩负质量的责任十分重大，需特别重视过程质量控制以及上市上量的质量管理。

通过平台化、构件化的交付，降低研发成本，提高研发效率和产品质量，构筑信息安全，缩短产品上市周期，使得华为能以更低的运作成本更快地响应客户需求。

◉ 4.3.3 坚持平台战略，有前瞻性和持久地大规模投入

一件产品不能完全从零开始做起，要有丰富的平台支持，要有强大的工程

工艺能力和技术管理体系支撑，使得产品的成本、质量能在一个很好的平台体系上得到实施。华为公司长期坚持平台战略，持久地大规模投入，研究适应客户的各种需求，把握住客户的可靠性、节能环保、网络安全、可服务性等各种关键要素，构筑了华为公司在新时期的竞争优势。

如果企业长期不在平台、构件、组件和总体技术体系建设上下功夫，不明确相关的资源投入比例，就会真正丧失竞争力，会拉大与竞争对手的差距，是不可能实现同竞争对手同步推出产品的目标的。所以要敢于投入，不敢用钱其实就是缺少对未来的战略，要抓住机会，就一定要加大对平台的投入，在平台建设上有更多的前瞻性，确保竞争优势，以构筑长期的胜利。同时要把平台交付件和芯片作为竞争的有效手段，摆脱低层次同质化竞争，真正在产品上拉开与竞争对手的差距，构建技术上的断裂点。如果与竞争对手功能上是一样的，设计上是一样的，产品拉不开差距，市场竞争白热化，成果和成绩一定会大打折扣。

企业要加大对平台的投入，适应未来的平台竞争，平台的技术规划体系要有前瞻性，要不断地往前走，提前规划和准备好产品和解决方案所需要的一切技术，这个技术是广义的，包括工程技术。然后把技术能力和工程能力构筑到平台上，使之成为产品和解决方案的真正竞争力。

早在2010年，任正非就指出："未来五年数据流量可能会扩大75倍，那么原来的管道也会相应地扩大，未来数据管道直径不是长江而是太平洋，面对直径像太平洋一样粗的数据管道，如何建起一个平台来支撑这个模型？大家都想想看，这不就是我们的市场空间和机会吗？我们要抓住这个机会，就一定要加大对平台的投入，确保竞争优势。我们一定要在平台建设上有更多的前瞻性，以构筑长期的胜利。"

◉ 4.3.4　构建有竞争力的平台需要开放合作，全球布局，抢占制高点

为更好地满足客户需求，建设"百年教堂"，平台必须坚持开放与创新。一种不开放的文化，就不会努力地吸取别人的优点，是没有出路的。一个不开

放的组织，会成为一潭僵水，也是没有出路的。一个封闭系统，能量会耗尽，一定要死亡的。在产品开发上，一定要建立一个开放的体系，尤其是硬件体系，要开放地吸收别人的好东西，要充分重用公司内部和外部的先进成果。

——任正非

2000年年初，华为用400万美元收购了一家美国濒于崩溃的小公司，从而在长距离光传输技术和商业竞争力上成为世界第一。从这个例子看到，要努力去吸收已经成功的人类文明，多吸收别人的一些先进成果，不要过分狭隘地进行自主创新，否则会减缓前进的速度。因此，一定要转变观念，用先进的测试仪器，用先进的工具，用科学的方法来开发、服务和制造最先进的产品和平台，要敢于投入，要用现代化的方法做现代化的东西，敢于抢占制高点。

构建有竞争力的平台需有坚持开放合作、全球布局的心态。一是以全球视野布局海外研究所引进明白人，保持开放的心态，与引进的明白人合作好；二是技术体系的专家能够真正走出去，充分利用公司海外的研发基地，以及公司和大T（Tier 1 operator）客户建立的创新中心，能够接触到业界最前沿的技术，了解到客户真正的需求；三是充分利用产业链中的战略盟友，将有价值的供应商请进来，以开放的心态与请进来的专家合作，把业界的资源利用好。

构建有竞争力的平台需识别关键技术，提前布局，抢占制高点，支撑公司战略实施。当Marketing发现和识别出客户需求，企业通过决策要去满足这个客户需求的时候，支持该需求的所有的技术和工业体系就要提前准备好，也就是利用已经具备的技术和工业体系的基础能力，能够开发出有竞争力的平台、产品和解决方案来满足客户需求，这就需要提前布局。同时，平台的技术规划体系要不断地、时刻地做好Benchmark的分析和客户需求分析，随时发现布局的缺失，调整布局，持续地支撑平台、产品和解决方案的发展。

◉ 4.3.5　平台的成功，核心也是架构

随着企业"厚平台，薄产品"的战略实施，平台自然承担了产品大量的竞

争力特性以及 DFX 能力的重担，平台与产品一样，离不开架构与设计。

一个好的平台架构，会使平台具备良好的可扩展性，支持产品特性的代码最小集合剪裁，一个好的平台架构，同样会很好地支持产品业务的持续演进和竞争力的持续提升。

无线中射频基站平台，经过团队多年的持续努力，具备了良好的组件架构，有效地支撑了无线 2G、3G、4G 多种制式的演进，同时支撑了产品线 Single RAN 的战略落地，为客户节约了大量投资，提升了产品的竞争力。

只有产品商业成功了，平台才算成功了。平台要支撑好企业多个产品的商业成功，就需要良好的服务化架构和组件化架构为产品提供服务，实现产品的商业价值。平台的成功，核心也是架构。

◉ 4.3.6 平台需要标准化、通用化、简单化

平台的核心价值就是重用，为了在更多的产品中最大化的重用，平台并不是做得越多越好，而是简单化，并可以模块化，可拆卸，可组装，有效降低成本。平台在产品重用过程中，需要被不同的产品快速集成与装配，因此平台需标准化、通用化，构建类似建筑行业的研发工业体系，构建质量大厦的模数标准件。什么叫模数的标准件？简单说，就是建筑行业为了实现设计标准化所制定的一套基本规则，使不同的建筑物，各部分之间尺寸统一、协调，具有通用性和互换性，以加快设计的速度，提高施工效率，降低工程造价。平台也很类似，平台不仅能够提高效率，也能提高质量。产品未来开发的模式，要像建筑行业的集成，平台内大多数部件都是标准的、通用的，其质量是经过千锤百炼、早就验证过的，少部分是新开发的，这样才能做到又快又好，效率高。

2004 年以前，华为无线控制器领域产品处于"七国八制"状态，经常将已有的系统进行拼凑与改造，这样无形中导致了系统架构臃肿，处理环节多，流程复杂，产品之间无法共享，导致大量资源重复投入，迫切需要一个新的平台来支撑未来的发展。2004 年，相关人员分析了公司平台和业界平台的优缺点及技术的发展，明确了新平台标准化、通用化、简单化等方面的目标，经过

持续几年的打造，最终新平台成功支撑了无线控制器领域多个产品，满足了产品 8～10 年的发展需要，同时降低开发成本 60% 以上。

2012 年年初任正非在市场工作大会上指出："我们在管道的硬件设计上，将推行标准化、通用化、简单化，使之与业界通用。像 IT 一样，实现软、硬件解耦，软、硬件各自升级。这样，一旦公司出现危机时，客户不用搬迁我们的硬件设备，就可以直接使用爱立信、阿朗、诺西的设备扩容，以减少客户的损失与风险，这反而促进了客户对我们的信任。"

● 4.3.7 平台建设要耐得住寂寞，板凳要坐十年冷

从事基础平台研发的人，就像一百多年前建教堂的人一样，默默无闻地无私奉献，人们很难记起哪一条砖缝是何人所修。基础平台，要经历几代人的智慧不断累积、优化，这些平台累积，不是一个新公司短时间能完成的，因为企业已把过去的平台成本不断地摊完了，新公司即使有能力，也要投入相等的钱，才能做出来。拥有这样巨大的优质资源，是任何新公司不具备的，这是大公司的一个制胜法宝。试想：大公司创新不如小公司，干劲不如小公司，为什么胜的还是大公司？

十年之前，国产手机做得都很差，自研芯片更是不值一提。十年之后，国产手机集体崛起，但在自研芯片这条充满崎岖的道路上坚持前行并且干出点模样的奋斗者却屈指可数。放眼国内乃至全球手机市场，拥有自研芯片的终端厂商寥寥无几，华为是其中的典型代表。华为于 2004 年专门组建手机芯片研发队伍，希望摆脱对美国芯片的依赖。华为从 2008 年推出手机芯片，2017 年推出首个人工智能移动计算平台麒麟 970，到 2018 年发布全球首款 7 纳米芯片麒麟 980，华为一直在手机芯片这条"不归路"上坚持着。麒麟芯片通过十余年的坚持，逐渐从青涩走向成熟，实现了多项创新和突破，在手机芯片市场实现"逆袭"。转眼间十余年过去了，凭借多年来的持续投入和不懈努力，华为麒麟芯片获得了越来越多消费者的支持，成为华为手机目前稳坐全球智能手机市场第三把交椅及拥有差异化竞争优势的核心力量。

平台建设一定要耐得住寂寞，板凳要坐十年冷，特别是基础研究。

◉ 4.3.8 平台要从封闭走向开放，通过内部开源释放生产力和创造力

为了满足企业内部信息安全保护的要求，平台往往会以闭源方式向产品交付，即以目标码的形式交付产品，产品看不到平台任何源代码。

在这种模式下，一方面，当产品在面对"疑似"平台问题时，都会依赖平台来协助定位，而平台支撑往往是一对多，很容易成为瓶颈，甚至因内部耦合原因会出现平台需跨地域协同作战，容易导致问题解决周期长，产品与平台间的协同效率低；另一方面，源代码会成为平台部门的私有财产，严加看护，产品方在获取源代码不顺畅的情况下，就会出现重复做相同的"轮子"而产生重复浪费。甚至出现平台内部垄断和不够开放导致竞争力不够的情况。

要解决以上协同效率低、重复开发、不够开放等问题，平台要从封闭走向开放，在保证核心资产信息安全的前提下，进一步推进软件架构和代码更多地在内部进行开源。如平台向产品交付时，适当地把与产品密切相关的模块源代码开放。当产品发现"疑似"平台的问题时，可以直接找源码，不需要再协调平台来配合支撑，大大缩短了问题定位时间；当产品出现一个快速交付的需求需要平台配套修改，而此时平台暂时无资源来支撑时，产品方的开发人员可在平台版本上提交修改，满足快速交付的要求，从而促进产品与平台协同效率提升和减少重复开发。

平台要进一步对平台架构进行解耦，方便工程师快速独立构建和独立验证，为内源模式打下良好基础。另外，通过内部管理优化支持内源模式落地，如通过优化企业任职和干部选拔机制以及采用专项激励基金等方式，鼓励和吸引全公司的开发高手来帮助平台改进和做贡献，构建起一个开放的环境和氛围，解放被束缚住的生产力和创造力。

4.3.9 平台要进一步向生态开放，关键连接是开放的 API

一个不开放的组织，会慢慢成为一潭僵水，一个封闭系统，能量最终会耗尽，在产品开发上，同样需要开放，需紧紧围绕业务架构，在业务层面走向开放，并不是什么都去做，而是能激活别人来做。在行业数字化转型中，不少领头羊的企业在构筑联接、云、大数据、人工智能等方面的竞争力的同时，也在利用技术、数据、资本等各种手段吸引和获取垂直行业的优质生态资源，通过能力开放，吸引更多的开发者参与生态建设。

平台在企业内部走向开放的同时，也需要进一步向生态开放，支持企业的生态布局。即产品和平台通过开放的应用编程接口（Application Programming Interface，API）的方式对外开放能力，生态中的开发者利用该 API，将其上层应用与开放的能力融合，构建差异化的创新解决方案，助力企业客户数字化转型和商业成功。

为了向开发者提供良好、一致、稳定的华为 API 的体验，华为通过明确"API 管理六项原则"，来支持开发者生态建设。

（1）价值原则：制定明确的可衡量的 API 价值指标，牵引价值提升。

（2）稳定性原则：通过 API 版本化管理，避免和减少对开发者的影响，保证 API 稳定性。

（3）易用性原则：API 设计要面向开发者，提供从学习、开发到应用发布全过程的良好体验。

（4）安全性原则：制定 API 相关的风险控制措施以保护数据和监控访问。

（5）一致性原则：API 应按统一的格式规范、发布渠道对外呈现，以保持一致的开发者体验。

（6）服务支持原则：遵循统一的流程规范，为开发者提供良好的服务支持。

华为通过在产品和平台落地"API 管理六项原则"，为生态中的开发者应用 API 时提供良好的体验，有效支持了开发者生态建设、企业客户数字化转型和公司云化战略落地。

4.4　CBB与优选器件库

共用基础模块（CBB）是指那些可以在不同产品、系统之间共用的零部件、模块、技术及其相关设计成果。在产品开发中鼓励共享和重用CBB，可以带来诸多好处：对研发能减少重复开发，节约开发资源，缩短开发周期和上市时间，减少模块种类，提高产品质量；对制造降低库存，减少废料，降低制造成本，改进供应连续性；对采购可以降低采购成本，提高采购效率，降低采购风险；对服务可以降低维护成本。

优选器件库（简称优选库）是为指导研发设计选用物料时提供必要的物料信息的处所。优选库提供针对某物料编码以及该物料编码下厂家型号给出的推荐选用的等级评价、器件维护等信息。

CBB和优选器件库是由架构与平台设计决定的，是内部业务分层最基础的层次，这两个层次的管理对象如同基础积木块一样，在支撑产品快速开发和交付，保证产品质量和与周边协同上起到非常关键的作用。

◉ 4.4.1　开发和重用基础模块，简化产品设计复杂度，保证质量

基础模块（Building Block）是系统中一组实现特定功能、性能及规格的实体单元，对外以接口的方式呈现，接口包含了该模块所提供的功能和调用它时所需的要素。基础模块是构成系统的单元，是基于系统架构逐步抽象出来、定义并开发的。它一般是自上而下分解获得，因此基础模块是可能被分开开发的管理单元，支撑团队重用模块，利于团队间协作开发及研究。

在系统设计中，为提高整体设计效率和设计质量，缩短开发周期，鼓励基础模块设计成可重复使用的CBB，CBB是系统构建的核心资产，可以跨产品、产品族、产品线共用。CBB具备如下特征：共用性，即可以支持不同的应用

系统或产品；具备灵活方便的二次开发能力；与产品或应用系统间界面清晰，可实现上层应用的技术无关性；可以异步开发；具有明确功能规格、性能指标；具有可靠性、可用性、可服务性；有完善的可维护、可测试特性；有完善的资料手册。

产品开发过程中，只有从成本和效率的角度关注高价值CBB，才能为公司带来高价值或产生重大影响。

自研的高价值CBB必须满足下列条件之一：占公司或产品线硬件发货额80%，软件发货代码总量80%的产品所应用的CBB；按生产物料成本高低排序，在产品中占生产物料成本排序前30%的CBB；按开发CBB投入资源（费用）高低排序，投入资源排序前30%的CBB；对公司或产品线产品发展影响较大/有战略意义的软硬件平台或子系统/技术模块；系统核心部件典型应用模块或典型应用方案，如关键器件典型电路；技术体系规划和推荐的重点CBB。

对于外购件，高价值CBB包括以下内容：价值下跌很快且采购成本很高的外购件，如CPU、主板；对产品制约很大、有较大采购风险的外购件；供应商独家供货的外购件；对采购成本影响较大的外购件；对总体方案有较大影响的关键器件。

CBB是实现平台战略过程的结果，CBB作为技术开发货架技术的重要内容要超前于产品开发，识别并开发能够重用的部件并将其封装成CBB是技术体系的主要职责。CBB管理过程不是一个独立的流程，而是提供一个对分布在所有流程中的CBB所有活动进行管理的框架。CBB管理主要分为5个阶段：规划、开发、使用、维护和监控阶段，分布于技术规划、技术开发、产品开发、解决方案开发、新器件采购等各个流程中。在这些过程中产生基于架构开发的CBB、遵循技术趋势和技术标准开发的CBB、基于已开发系统后向整理的CBB以及结合供应商的技术发展趋势所提供外购件CBB。

● 4.4.2 构筑优选器件库，降低风险，降低成本，保证质量

在零部件层面的共享和重用就是标准化、归一化的建设，建立优选器件库，

第4章 研发能力及其管理

确保产品设计选择优选的零部件，建立产品全生命周期竞争力。

华为一直在抓零部件归一化建设的问题，比如电池、音频器件等要归一化，在不同款终端上能通用。归一化能提升竞争力、提升效率、降低成本，最主要的是归一化之后，能解决供应风险、库存风险。一种产品滞销了，另一种产品可以重用。海量复制，不仅能保证质量的稳定性，也能降低成本。

为保证归一化管理的落实，必须从物料的选用到生命周期过程予以管理和控制。把握物料的生命周期节奏，控制物料新需求及编码的无序增长，推行标准化、归一化设计，建设优选器件库，减少产品零部件种类，提升产品可采购性，享受工艺技术进步带来的产业链价值，增强产品成本、质量优势，保障产品的市场竞争力和供应能力。

不同阶段，需要定义不同的原则。引进物料时加强产品线的需求收集和规划，匹配行业发展趋势，合理有效制定物料的路标，严控非标物料引入，实现物料的汇聚归一，引导产品未来的物料选用。应用物料时做好优选库建设，识别行业主流物料，在满足产品业务有序发展的同时，保障物料质量，提升汇聚，支撑采购议价能力，使产品享受成本优势；产品设计选型优先从符合器件路标的器件和优选库中选择，并遵循各领域技术标准及规范；产品设计中严格控制非标物料新申请和选用，禁止使用禁选器件，向主流靠拢，开发环境中屏蔽禁选器件，使开发人员在设计过程中无法调用禁选器件。退出时，器件主动匹配单板演进规划，识别低效/长尾物料，并跟随单板改板/退出计划，有版本、有节奏地实现主动退出。对海量单板定期演进再生，淘汰衰落期、退出期器件。

对于优选器件库的管理，主要体现在如下几个方面：

建立C-TMG（公司级技术管理组）组织并充分发挥C-TMG（包括CEG/TQC/器件可靠性/各产品线代表等角色）成员作用，了解各产品（线）需求、器件发展趋势、成本，C-TMG内部充分评审，采购维护优选库，对准确性、及时性负责，批量维护由行业管理与TQC（技术认证中心）共同发起。

C-TMG根据领域技术发展趋势、公司应用需求、牵引汇聚方向，联合各产品线、采购等部门共同收集产品需求、物料规划，从综合成本、技术、质量、供应等各方面选取最符合华为产品需要的物料集，建立优选库，使产品向推荐的主流、量大物料汇聚，实现产品的成本优势，建立路标库，引导产品未来的选用规划，实现与业界主流的匹配。

各产品线在产品开发过程中，需在路标库和优选库中选择已有编码。若需选用或申请路标库和优选库外的物料（包括拆分编码），必须通过评审。

4.5 软件工程，从CMM到敏捷

> 软件工程是指用工程化的方法定义、开发和维护软件的工程技术和学科。应用该方法能在预算和进度范围内，交付满足客户诉求的软件产品。在华为，软件工程包含从需求到设计、编码、验证和维护的全生命周期工程活动，是软件开发的能力基础。

为了有效组织和管理这些工程活动，华为引入了CMM（软件能力成熟度模型），对软件开发的过程进行清晰地定义、实施、度量、控制和改进。高成熟度的过程，保证了软件交付的可预测性和高质量。随着时代的发展，为了更快地响应业务变化和客户诉求，华为又引入了敏捷开发实践，通过组建全功能团队，基于一个主干实施迭代开发，构建持续交付流水线，达成快速交付客户价值的能力和成果。

● 4.5.1 软件工程是实现大规模软件开发的基础能力

20世纪90年代中期，华为一般二三十人开发一种产品，约定俗成的开发过程非常简洁，开发速度很快，但因为只关注编码和测试，而缺乏一些关键的活动，例如计划管理、配置管理，导致了一些严重的问题。20世纪90年代末期，已经需要上百人开发一种产品，沟通与交流的复杂性大大提升。在这种情

第4章 研发能力及其管理

况下,如果对研发过程分为哪些活动、每个活动要达成的输入与输出要求没有一个统一明确的标准,就会带来各种问题。

只有将软件研发过程中的工程活动进行清晰地划分,明确每个工程活动的目标、要求,以及工程活动之间的相互关系,再辅之以配套的管理活动,才可能协同上百人团队成员高效工作。华为将研发过程分为如图4-4所示的14个相互关联的活动,其中线段表示执行的活动,节点表示活动的输入输出文档。这张图表达的不是各活动之间的时间顺序关系,而是活动之间的输入输出关系。

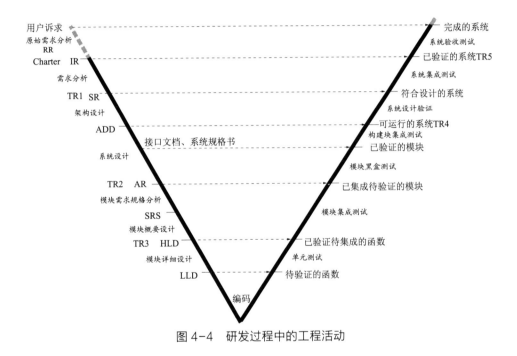

图 4-4 研发过程中的工程活动

下面是每个活动的简短描述:

(1)原始需求分析:真实记录来自客户不同场景下,原汁原味的用户诉求。

(2)需求分析:将产品在不同使用环境下的需求综合整理成对产品的系统需求,并在需求细节上反映客户的期望。

(3)架构设计:给出产品的基本组成结构,使得当前、甚至某些未来的需求能够基于这个结构实现。

（4）系统设计：基于架构设计给出系统结构分解，并使得模块的设计能够独立进行。

（5）模块需求规格分析：给出分配需求的功能分解、分配需求实现的可行性、分配需求之间的功能和数据关联。

（6）模块概要设计：相当于模块的架构设计，内容包括子模块分解、状态机设计、模块全局数据设计等。

（7）模块详细设计：高层设计到函数，并以函数为单位，给出函数的黑盒要求，复杂函数给出设计思路。

（8）编码：准确实现模块详细设计的内容，并保证代码清晰、简洁，使代码具有可测试性、可扩展性。

（9）单元测试：验证模块函数级别的输入输出行为，确保编码活动准确实现模块详细设计。

（10）模块集成测试：从函数开始逐层向上，拼装为一个统一模块，并保证关键分配需求是按概要设计实现。

（11）模块黑盒测试：验证模块的黑盒输入输出行为，确保模块准确实现模块分配需求。

（12）构建块集成测试：从模块开始逐层向上，拼装成一个统一的系统，并确保不同部件之间的接口、状态机能够相互配合。

（13）系统设计验证：验证系统的功能是否实现，并同时开展安装类、调试配置类、告警类、升级指导书、版本说明书等资料的测试，以保证系统功能符合设计要求。

（14）系统集成测试：验证系统非功能特性（如DFX）是否正确实现，确保系统准确实现所有设计需求（含功能和非功能需求）。

（15）系统验收测试：确认产品满足产品包需求中给出的不同应用环境下的需求。

定义了每个工程活动的输入输出要求还不够，还需要说明如何将输入转换成输出，这正是工程方法存在的目的。将工程活动的输入转换为输出的方法、技巧、子活动的分解，支撑每个工程活动的具体实施操作。工程方法和工程活动是松耦合关系，同一类工程活动，可以有多种实现方式，比如需求分析，可以写标准的软件需求规格（SRS）文档，也可以用 Use Case 描述，还可以用实例化需求方法。这种方法与活动解耦的设定，增强了软件开发的灵活性和适应性。

光有活动定义、工程方法还不够，还需要通过计划管理来协调各活动之间的关系，针对不同产品的交付场景，挑选和组合最适合的工程与管理活动，以达成产品高质和高效的交付目标。在华为，这个过程被称为"质量策划"。通过质量策划活动，明确研发产品交付的关键目标，识别风险，将工程活动和管理活动有机串联起来，确保产品目标最终达成。

定义并实施软件工程活动、工程方法和管理活动，大规模软件开发就能有序、高质、高效。

● 4.5.2 CMM 的核心是用过程的规范性保障软件开发的质量

一、CMM 是从"土八路"到"正规军"的必由之路

为了使软件能够更快速地响应客户需求，并提供规模化、高质量的产品给客户，使产品在市场上更具有竞争力，华为从 1998 年就开始关注并考虑将 CMM 模型引入软件开发过程。按照 CMM 模型的要求，在 IPD 基础上，华为建立了一整套软件开发质量保证体系 IPD-CMM。

2000 年，华为建立起符合 CMM2 级的软件流程体系 IPD-CMM V1.0，CMM 开始在公司部分试点项目启动探索；2001 年，华为公司印度研究所的试点项目率先通过 CMM4 级认证；2002 年，结合印度研究所实践发布了符合 CMM4 级的 IPD-CMM V2.0 流程体系，随后在公司范围内全面深入地开展 CMM4 级实践推广和 5 级探索；2003 年，在充分实践的基础上，发布了符合 CMM5 级的 IPD-CMM V3.0 流程体系，并在全公司推行。同年，华为公司北京研究所、南京研究所通过 CMM4 级认证，印度研究所通过 CMM5 级认证。2004 年 10 月 16 日，位于深圳本部的华为公司中央软件部一举通过 CMM5 级

认证。2005年，华为开始推行IPD-CMMI。到2006年，100%覆盖所有研发领域。

二、Mini Project 是华为 IPD-CMM 的"播种机"和"使能器"

CMM 的实施，使得华为软件研发从"土八路"走向了"正规军"。但如何将单个试点项目的成功克隆到公司所有项目中，是 CMM 能否落地生根的最大挑战。Mini Project 作为华为在 CMM 实施方面的重要创新，为推广实施 CMM 立下重大贡献。

CMM Mini Project 培训是华为经过多年实践和摸索，总结出来的一套有华为特色、行之有效的培训课程，面向所有研发中高层管理人员和软件开发人员。通过7天时间，进行一个虚拟的软件开发项目，让所有的学员以演练的方式，严格遵守流程、工程方法及模板等要求，进行端到端的实战开发，完成一个真实可运行的程序（比如电梯程序，代码行统计分析程序等）。所有员工在 Mini Project 培训中所用到的流程步骤、工程方法、工具和模板等都将与实际工作中完全相同，可以使新员工在实战中学习和领会开发过程和方法，在实际开发时可以尽快上手。

这种以实战演练贯穿始末的 Mini 培训模式，已经成为华为培训的宝贵财富。从软件开发领域拓展到硬件、资料等各个领域，获得广泛应用。尤其是面向高级管理者的"总监 Mini"培训更是让管理者学会了什么是 CMM，让"野战军"出身的管理者进入"军校"深造，逐渐步入"正规军"的行列。各级管理者理解什么是质量管理、明确在 CMM 中他们应该承担的责任和作用，是实现整个组织质量文化转变至关重要的一环。

华为 Mini Project 的成功绝非偶然。首先，它凝结了印度质量专家多年 CMM 实施和质量工作经验，最初的课程设计都是在模拟印度研究所真实交付项目基础上提炼而成；其次，"狗食理论"（公司/团队使用自己生产的产品以发现问题，驱动改进）在 Mini Project 培训开发中得到充分应用，"己所不欲，勿施于人"，所有课程都是负责课程开发的责任人首先在自己的项目中进行了真实应用，只有课程开发者自己充分认可并体验的流程和方法才会真正落地生根。

三、持续改进是 CMM 生命力的源泉

试点项目证明了 CMM 方法论价值的存在，Mini Project 培训加 QA 的引导和审计保证了方法论的落地和成长，但是所有 CMM 项目的执行是否不依赖于 QA、PM 的责任心和能力而一样获得成果，则必须进行独立的验证，这就是内部质量审计制度。

结合 CMM 内部审计，华为形成了一套系统、成熟的软件管理思想和方法，使得软件项目开发过程可视、可控、可预测，孕育了"质量是我们的自尊心"的质量文化，建立了丰富的华为过程资产，包含组织软件过程、项目数据、能力基线、工具库、风险库、经验案例库和缺陷预防库等。华为内部数据表明，实施 IPD-CMM 与未实施前相比，软件开发周期缩短了 30%，生产率提高了 2.2 倍，同时也提高了软件交付质量，软件遗留缺陷密度降低了 90%。

印度专家告诫我们："基于 CMM 的持续改进只要停止一个月，就会前功尽弃。"但是到底应该如何改进？经过深入的思考后，华为认为，需要综合应用内部审计、度量分析、根因分析等方法，建设并实施以"持续改进"为目标的研发管理体系。只有这样，才能确保 CMM 的推行和改进不依赖于个人与外界的影响而自发地主动进行，从而赋予 CMM 持久的生命力。

◉ 4.5.3 构建敏捷工程能力，实现价值快速闭环

华为敏捷经历了项目级、版本级、产品级、商业级敏捷几个阶段实施与探索，实施过程中，我们深刻体会了"与 CMM Process Based 不同的是，敏捷是 Skill Based"这句话背后的含义。我们充分认识到敏捷转型的关键是团队意识的转变和核心工程能力的积累。下面是各阶段敏捷实施的关键能力。

一、项目级敏捷的核心是"迭代开发"

项目级敏捷主要聚焦单个项目组的开发与测试阶段能力改进，其核心就是固定时间箱的迭代开发。每轮迭代包括计划、开发、测试、回顾四项活动，

以启动迭代计划作为一轮迭代的起点，以完成迭代回顾作为一轮迭代的终点。开发中最重要的是保持迭代的固定节奏，如果出现本轮迭代结束时间到，但 User Story 还没开发完成（设计、编码或者测试中），也要停止本轮迭代，将未完成的任务移动到下一轮迭代，参与下一轮迭代的需求挑选（未完成任务，往往作为下一轮迭代高优先级任务），以保证每轮迭代的交付是一个稳定的、通过测试验证的可用版本，防止团队"带病迭代"。

这里"带病迭代"是华为专有术语，特指对迭代中发现的问题没有及时解决，不断遗留到下一轮迭代，缺乏有效的原因分析和计划调整，导致版本问题不断累积，质量风险不断增加的开发模式。"带病迭代"导致开发不能构筑在一个稳定的质量基础上，进而增加了问题发现和解决的难度，往往导致版本延期，人力不能平滑使用，最终降低产品的竞争力。要解决"带病迭代"首先就要明确迭代目标，清晰定义迭代出口标准，转变管理者意识，从单纯重视功能交付到关注可用的软件才是真正的进度衡量标准。其次要正确评估团队交付能力，根据团队真实"管道"，匹配最高价值的需求，制订合理的迭代计划，而不是一味地向团队压需求，长期过载必然导致质量下降。最后要对团队成员赋能，加强持续集成和自动化测试能力建设，持之以恒构建基础工程能力。

二、版本级敏捷要做到"One Track"

版本级敏捷关注从版本的立项到实验局发布环节整体效率的提升。随着业务发展，产品出现大量定制和分支版本，导致版本间同步工作量巨大，重复浪费严重，因此版本级敏捷的重心就放到共主干（One Track）开发能力构建上。所谓 One Track，就是整个产品软件在多版本开发过程中都采用一个主干版本给全球客户应用，而且保持版本前向兼容的开发模式。

要做到 One Track，需要从 IPD 流程和工程两方面同时入手。流程方面，要提早规划版本"火车节奏"，制定产品生命周期管理以及版本优化收编策略；制定版本并行开发/维护分支统计规则并持续可视化管理；同时优化组织阵型，设置主干 Owner，简化版本运作模式。工程能力方面，首先，要明确绿色主干要求，定义主干健康度指标，持续交付流水线；其次，要开展服务化架构改造，产品服务间通过 API 调用，松耦合，支撑主干小批量快速交付；再次，设计方面要持续管理好接口，落地兼容性设计，保证升级不中断业务，确保客户体验。总之，做到 One Track，要求目标明确，主管当责，持续运营。

三、产品级敏捷重点是"流水线"（Stream line）

产品级敏捷关注从立项到版本规模发布的整个 E2E TTM 缩短，它是基于 One Track 基础上，将整个产品包按照业务诉求和价值，通过持续规划方式，渐进明细为多个小批量需求包，应用流水线持续开发方法，持续交付多个商用 Release 的产品开发模式。

产品级敏捷的核心是价值流水线持续流动：持续规划，持续开发，持续发布。持续规划要求商业决策与需求决策分离，投资决策团队关注投资收益、资源约束、长期经营指标等；产品需求决策授权 RMT，RAT 持续进行需求分析与按价值优先级排序，进而支撑需求小批量持续落入持续开发流水线。持续开发注重构建服务化架构和自动化测试能力，松耦合架构支撑多服务并行开发，自动化持续交付流水线实时验证版本质量，保证开发具备稳定的交付节奏和可预期的质量水平，支撑开发与发布解耦，做到按固定节奏开发，按市场需要发布。持续发布需协同各功能领域制定年度功能领域策略和版本计划，按上市诉求和 Release 计划开展对应的导入活动，配置器、资料等匹配 Release 快速发布；功能领域代表参与到持续开发流水线中，导入 DFX 要求，开展 DFX 验收，实现功能领域敏捷。再匹配全功能团队，兼顾生态与合作伙伴，最终构造一条不间断的研发价值流。

四、商业级敏捷探索 JAX 和 DevOps 价值闭环

为了应对智能时代大数据、云计算和物联网等新产业带来的挑战，华为启动了全面云化、数字化转型。匹配转型战略，研发模式也在敏捷开发的基础上，进一步探索联合客户共同敏捷 JAX 以及运营驱动开发的 DevOps 模式，以达成业务价值交付的敏捷性。

JAX 的核心是协同客户及合作伙伴一起创新与交付，提升整个产业链的

竞争力并促进商业成功,主要包括三个联合:联合敏捷规划(JAP),联合敏捷交付(JAD)以及联合敏捷运维(JAO)。联合规划,共同识别行业"痛点",联合创新,应对挑战;联合交付,通过远程开放实验室,在迭代过程中就对方案进行早期验证和灰度发布,提升特性价值,缩短上市周期;联合运维,第一时间定位并恢复问题,提升最终用户体验和满意度。

DevOps是针对公有云等自运营服务产品的开发模式,和以往最大的不同是软件开发拓展到运维运营端,团队通过服务自运维,最大程度加快了价值的流动、反馈和持续改进。为了达成DevOps,除了组织、文化和流程的调整,工程能力方面更要在架构、部署流水线、自动化测试以及运维监控方面做好准备。在华为,我们组建了为E2E经营和交付负责的服务化组织,构建满足Cloud Native要求的微服务架构,定义并持续建设满足SHARP(Single-Holistic-Alive-Reliable-Productive)要求的持续集成、持续交付(CICD)流水线以及自动化为基础的测试金字塔体系。并在进一步探索强化服务反馈和持续改进的自动化、高效、智能的运维、运营系统,以应对云时代的机遇与挑战。

4.6 开源

简单地说,开源就是源代码对公众开放。不同的开源软件(Open Source Software)均可以在其相应的开源社区中供人自由下载,并欢迎大众自由地参与到社区的开发中,也允许商业机构进行再次开发并按照相应的开源协议进行发布。

从纯粹的技术视角来看,企业可以通过使用开源的策略,如免费使用开源软件或者共同参与开源软件建设,从而减少在软件开发上的投入,提升研发效率,以及快速获取有竞争力的技术算法,提升产品的竞争力。

从商业的视角来看,在ICT行业,开源正在成为掌控事实标准、构建产业生态圈、开放式创新的有效手段。企业可以充分利用开源社区的发展规律，结合本身的业务战略，在合适的时期，实施对外开源的策略，构建生态圈，整合行业力量，共同实现商业成功。

4.6.1 开源是打造产业生态、实现公司战略目标的重要手段

从客户来看，未来更多企业会采用 ICT 外包和云服务，这将有利于促进公有云机会，运营商更趋向用互联网的模式采用开源软件自己建设公有云。事实上，越来越多的运营商已在标书中明确开源的要求。

从行业来看，随着硬件的通用化和可编程能力的发展，软件化成为大势所趋，如软件定义网络（SDN）、软件定义存储、软件定义数据中心等。开源也开始向网络领域渗透，行业中不断有新的开源组织产生，比如：ODL（Open Day Light）、OpenStack（云计算）等，它们都会对我们的未来产生深远的甚至颠覆性的影响。

回顾一下 Android 的开源发展历程，Android 最早是由一个创业公司的 Andy Rubin 主导开发的智能手机操作系统，其商业模式是卖操作系统，没有其他赚钱的模式。Google 收购 Android 操作系统的原因是 Google 发现在移动互联网快速发展的趋势下，一定要占领移动互联网的入口，所以 2005 年 Google 收购了 Android，然后直接把它开源了。Android 平台通过开源获得了快速发展，Google 也通过 Android 开源快速占领了智能手机的搜索入口，从而提升 Google 广告的商业价值，给 Google 带来了丰厚的收入。

再看看 Linux 开源的案例，站在 IBM 的角度，如果微软把桌面及服务器操作系统全部统治了，那么整个服务器的服务与集成市场就和 IBM 没有太大的关系了。所以，IBM 于 1999 年投入 10 亿美元大力支持 Linux 开源社区，以及大力推进 Linux 在企业领域的应用和快速发展。Linux 开源打破了 Windows 的垄断，推动了 IT 产业的价值向集成与服务的领域转移，为 IBM 带来超过 100 亿美元的集成与服务商业机会。

所以，开源对于一个商业组织来说，需围绕其商业战略构建开源生态、参

与各种开源组织及活动，并不断优化企业内部的开源管理架构以适应行业发展。

● 4.6.2 开源的发展规律及企业参与策略

任何事物都是有发展规律的，开源社区也是如此。通过洞察大量的开源社区的发展历史，开源社区通常可划分为萌芽期、升温期、收编期、商业应用期和成熟期五个阶段。

萌芽期：是开源新技术产生和产业生态圈的初期。该阶段通常由技术创新能力强的高校、研究机构或企业发起，需要深入跟踪了解技术特点和判断产业生态圈技术演进方向。

升温期：多个开源项目涌现，处于百花齐放阶段。在该阶段，除了需要关注技术外，同时需要关注其未来应用场景和客户互动，跟踪影响社区方向和参与生态圈发展。

收编期：经过不断地发展，开源项目持续被收编和融合，形成事实标准和主流社区，此时开源社区通常以基金会形式运作。在该阶段，企业需积极加入联盟和参与社区贡献，参与和影响社区软件架构、方向与节奏的定义。

商业应用期：开源的商业环境已形成，合作伙伴一起做大生态圈这个"蛋糕"，并慢慢推动新技术走向成熟和商用。在该阶段，企业一方面需加强社区贡献力度，提升社区贡献度排名；另一方面积极了解客户需求，构筑基于开源社区的客户化商业解决方案。

成熟期：开源已形成稳定的商业环境，生态圈内良性竞争，开源技术已成熟服务于社会。在该阶段，社区的格局已经形成，企业重点在于面向客户的商业版本与客户化方案的构筑和商用。

企业需适应开源社区发展规律，积极参与，实现企业的战略目标和商业价值。

● 4.6.3 开源带来研发效率和产品竞争力的大幅提升

企业一方面可以直接利用开源社区已有的成熟技术成果构建产品与解决

方案，另一方面也可以采用与开源社区合作开发的方式，来开发产品非核心业务或非竞争力特性，从而减少研发人力投入，提升研发效率。华为各领域结合业务特点，利用开源构建产品与解决方案，在过去的传统 CT 时代，积极参与 Linux Kernel（嵌入式操作系统）等开源项目，CT 领域应用的开源代码占比超过 30%；进入 ICT 时代，更进一步地参与 OpenStack（云计算）、Spark（大数据）、Hadoop（大数据）、OpenDayLight（SDN）、Andriod（手机操作系统）等开源社区或项目，其中，IT 领域应用的开源代码占比达 70%，手机终端领域应用的开源代码占比达 90%，大大减少了研发投入，提升了研发效率。

开源也为企业提供了全球优秀人才为我所用，以及获取业界创新信息的另一扇窗口，企业可利用开源社区的优秀成果来提升产品竞争力。华为网络产品线 Fenix 平台引入开源社区最新的无损压缩算法代码，整体性能提升 31%，在客户 POC（Proof of Concept，概念验证）比拼测试中超越友商 25%，助力某大 T 与华为联合发布云化 BRAS CU 分离（宽带远程接入服务云化产品—控制面与转发面分离）架构，拿下多个价值省份的实验局。

在开源大趋势下，企业需学会充分利用开源社区的优秀人才和成果，来大幅提升研发效率和产品竞争力。

● 4.6.4 开源的使用需加强质量管理

企业在开发过程中可充分利用开源社区的已有成果，减少软件开发人员的投入，从而带来研发效率的大幅提升。在使用开源的过程中，企业需要通过以下几点，做好开源的质量管理：

使用"严进宽用"策略，优生优育。"严进"即开源管理团队对开源软件进行充分评估，选择那些能满足业务需求、代码质量高且安全风险小、社区活跃度高的开源软件/项目，并将这些社区的软件纳入企业的软件库来管理；"宽用"则是软件库中的开源软件可以在企业内所有产品中共享共用，产品团队在技术选型阶段，从软件库中挑选满足要求的开源软件，不需再评估，可以放心使用。

对开源软件需要进行生命周期管理，牵引和推动产品使用"优选"软件，禁止使用"禁选"的软件，实现归一化管理，降低成本和风险。

避免"侵入式修改"，解耦开发。为了使开源软件功能更强，满足商用要求，直接在开源软件的原生代码中修改，这种方式称作"侵入式修改"，它势必会增加产品中开源软件版本切换的成本。

用好开源，合法合规，企业需要重视开源的质量管理。

◉ 4.6.5 开源要与标准联动

传统的 CT 行业，通过标准来构建产业生态。IT 行业，开源是构筑事实标准、建设产业生态圈、领先战略竞争对手的有效手段。ICT 融合将使开源与标准之间关系更密切，目前已经看到标准与开源的联动趋势，两种同时存在，以支持生态系统，因此需在商业决策的指导下实现开源和标准的联动。

例如，Apache CarbonData 是一个关于大数据查询的开源项目，由华为开发并贡献至 Apache 基金会（大数据领域最权威的开源组织）。在开源项目运作中，开源项目团队与企业标准团队通力协作，最终将其成果导入 ISO/IEC WG9 20547-3（大数据参考架构）草案和 IIC（工业互联网联盟），为国家标准和行业标准做出贡献。同时华为也是容器格式标准社区（Open Container Initiative，OCI）的初创成员，在容器运行、镜像格式、镜像工具等多个规范中都有显著贡献。目前，OCI 的规范已为主要云计算厂商所采用，华为也是唯一一家在该组织中拥有关键席位的中国公司。

标准团队也要持续参与相关开源社区，在开源社区的贡献可以不仅是代码，文档、邮件列表等都是讨论需求、架构及规范边界的有效平台。标准团队要和开源团队一起及时发现业界的产业变化，或预判产业即将发生的重大变化，识别标准和开源联动机会点并及时上报企业高层决策，以便制定最佳的开源策略和开源社区的有序管理，逐步提升企业的产业影响力。

4.6.6 开源要和商业利益相结合

ICT 融合背景下，构造开放生态系统已经成为未来商业竞争的关键。开放是战略，开源是重要手段。

在面向千亿链接的物联网时代，华为利用轻量化架构和智能化应用等优势，开源 LiteOS，为社区提供完整的、标准化的物联网操作系统。通过开源社区运作建设 NB-IoT 生态联盟，加速了终端领域智能化进程，在商业上已为德国 DHL（物流运输）等企业提供服务。

纯粹的开源贡献不是商业组织的做法，对于一个商业组织来说，开源须和商业利益相结合，不能为了开源而开源。

4.7 研发能力管理体系

在华为公司的早期阶段，研发组织成熟度较低，能力也较弱。为了快速提升，在研发组织内部设有行业管理，这是华为公司的研发组织跟西方公司的研发组织的一个不同点。现在各研发组织逐渐成熟，在已经成熟的领域里，已经不需要过强的行业管理了，于是把行业管理逐步转变为能力中心。

研发能力中心的目的是保障华为的研发队伍在面向未来的挑战中具备强大的竞争力，通过建立组织机构，获取并聚集相关的人才资源，通过专职队伍的全方位跟踪与跟进，将业界最新研究成果，转化为华为可落地的研发能力组件，快速补齐或提升公司关键业务的能力。研发能力中心承载了华为公司 20 多年来研发管理方面的经验、能力、历史和教训，担负着提高全公司的研发能力、研发效率的使命。在公司层面，华为的研发能力统一由 2012 实验室来支撑，它担负着提高全公司的研发能力、研发效率的使命，汇聚大量公司级专家开展各类研发能力的规划与研究。

华为的研发能力分为技术能力与非技术能力。其中，技术能力是指产品本身涉及的各类专业技术，如软件操作系统技术、数据库系统技术、硬件工程技术、DFX 技术、材料技术、芯片技术、信息处理技术等，它们是通过技术管理体系（TMS[①]）来进行管理。非技术能力是指研发理念、流程、方法论、工具、基层团队的组织运作模式等。它们是通过研发能力提升委员会进行管理，包括定方向、形成共识、做出决策等，同时依托 2012 实验室开展建设和应用。相关成果由 2012 实验室组织部署实施到各研究所的一线研发团队，各研究所承担了研发能力落地的职责，各研究所的质量与运营部、人力资源部履行的也是能力中心（COE）的角色，推动整个研究所业务团队的研发能力提升。

华为研发技术能力中心的设置和建设是分布式的。除了 2012 实验室的硬件工程院、软件院、海思半导体与器件业务部之外，各产品线、各研究所也承载着不同领域能力中心的职能。比如无线网络产品线是射频技术能力中心，固定网络产品线是 IP 和光技术能力中心，网络能源产品线是电源技术能力中心，俄罗斯研究所是算法能力中心，法国研究所是美学能力中心等。

华为研发技术能力的管理是通过技术管理体系来保障技术管理工作有效运作的。技术管理体系是以 ITMT 为核心，包含 ITMT、C-TMT、C-TPMT[②]、PL-TMT、Sub-TMT、专业领域 MC、专业领域 TMT、C-TMG、PL-TMG、TDT 等团队。技术管理体系团队结构如图 4-5 所示。

ITMT 主要负责在公司战略指引下，洞察和把握业界技术发展趋势，负责公司技术投资决策，建设公司技术体系，构建公司现在和未来的工程与技术能力，支撑公司研发能力提升，确保产品发展需要的工程和技术能力提前 Ready。通过主动产业链经营构筑技术断裂点，实现产品市场竞争力和客户需求响应速度业界领先。

C-TMT 是 ITMT 的支撑组织，在 ITMT 授权下，在技术管理、决策、仲裁及评审活动中为 ITMT 提供专业支撑和推动。

---

① TMS，Technical Management System，技术管理体系。

② TPMT，Technology Portfolio Management Team，技术组合管理团队。

第4章 研发能力及其管理

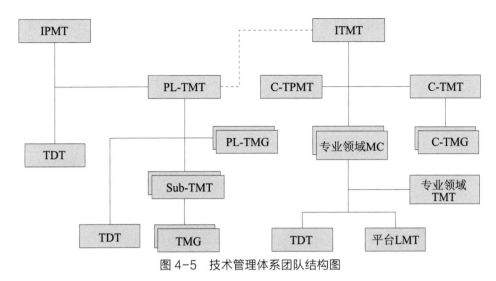

图 4-5 技术管理体系团队结构图

注：图中实线表示直接业务领导关系，虚线表示业务指导关系。

PL-TMT 是产品线技术与工程专家委员会，是产品线创新、技术开发投资、关键技术断裂点构筑责任主体，负责产品线现在和未来的工程与技术能力的构建及与业界同步，确保产品线发展需要的工程和技术能力得到保障，避免因技术能力不足或复用水平弱而影响产品市场竞争力和客户需求响应速度。

TMG（技术管理组）是各层级专项技术专家团队（C-TMG 是公司级、PL-TMG 是产品线级），是专项技术领域的最高技术权威。

各类技术能力以技术研究项目的形式开展组合管理，由 ITMT/TMG 进行里程碑的决策与管理。具体操作方式如下：

（1）对面向满足客户需求的下一代新产品和解决方案、新商业机会进行探索与研究，利用项目方式联合各能力中心共同参与，实现关键技术准备、原型验证和标准/专利布局，并推动公司做产业化立项。

（2）打破产品线界限，识别出公共的、基础的以及公司发展需要的关键技术，建立相应的实验室，构建技术研究的能力中心。

（3）引进业界专家，借鉴业界成熟模式建设基层研究团队，不断提升研究能力，让有能力且有意愿的员工从事研究工作。

（4）针对面向未来的一些重要创新研究项目，如5G、下一代的IT等，华为与业界资源充分合作，利用全球各个主要国家和区域的高校和研究机构多年的积累，共同面向未来，开展研究和创新工作。

华为研发能力管理体系经过多年的运作，持续地提升了产品的竞争力，仍在持续不断建设和完善中。

第 5 章
创新与技术开发

企业存在的理由是满足客户需求，为客户创造价值。由于在市场经济中存在充分的竞争，受上面两个条件的约束，创新是必然的选择，否则无法在市场中一直活下去。

一切有利于更好地满足客户需求，为客户创造更多、更大价值；有利于改造内部运作效率和质量，降低成本；有利于更好地与客户做生意，方便服务客户；有利于提升客户体验，增加客户忠诚度的技术、管理、商业模式的创新都是必须的。它体现在客户更坚定地选择华为，综合体现在市场的卓越表现上。由于内部管理及商业模式的创新与改进，最终都要体现在客户对华为的综合感知和体验上，体现在为客户创造的价值上。因此可以概括地说：华为创新是紧紧围绕着客户需求进行的，即便是在客户需求和技术双轮驱动并强调技术牵引的时候，也必须回答技术如何满足客户需求，为客户创造什么价值。

创新是华为发展的不竭动力，华为已经从跟随者逐渐走到业界前沿，更加需要产品和技术创新来推动公司进步。华为将创新分成两类进行管理，确定性创新由产品线负责，不确定性创新由2012实验室负责。华为鼓励创新，宽容失败，加大研发投入，实现集体突破，弯道超车。

IPD将技术开发与产品开发分离，并单独进行管理，以便能更好地降低投资风险，实现异步开发。技术规划和技术开发流程是创新和技术管理方法，建立相应的技术管理体系是其有效运作的保障。

知识产权是拓展全球市场的制空权，必须重视研究标准和专利工作，并通过全球专利布局和技术及管理机制保护华为知识产权，在抓关键信息安全的同时促进信息共享，保证研发的效率。

第5章 创新与技术开发

5.1 创新与不确定性管理

5.1.1 创新是企业发展的不竭动力

自创新理论的鼻祖约瑟夫·熊彼特在1911年出版的著作《经济发展理论》一书中提出,创新是经济发展的根本动力以来,创新就成为经济学、管理学中被频繁引用的词汇。熊彼特认为,创新就是建立一种新的生产关系,也就是把一种从来没有过的关于生产要素和生产条件的"新组合"引入生产体系。熊彼特将"新组合"的实现组织称为企业,所谓的"经济发展"就是不断实现这种"新组合"的结果。这种新组合包括5种情况:(1)采用一种新产品;(2)采用一种新的生产方法;(3)开辟一个新市场;(4)控制原材料的一种新的供应来源;(5)实现任何一种工业的新的组织。这就是我们通常所说的产品创新、技术创新、市场创新、资源配置创新、组织创新,其中产品和技术创新是根本。

被誉为"现代企业管理学之父"的彼得·德鲁克深受熊彼特的影响,指出企业的目的是创造客户,企业的基本功能之一是通过创新来创造客户。一个企业只有不断创新,为客户创造新价值,客户才会不断给企业发展所需的资金,否则就会活不下去,更谈不上发展。

2000年,任正非在《创新是华为发展的不竭动力》一文中写道:"华为十年的发展历程,使我们体会到,没有创新,要在高科技行业中生存下去几乎是不可能的。在这个领域,没有喘息的机会,哪怕只落后一点点,就意味着逐渐死亡。有创新就有风险,但决不能因为有风险,就不敢创新。若不冒险,跟在别人后面,长期处于二、三流,我们将无法与跨国公司竞争,也无法获得活下去的权利。若因循守旧,就不会取得这么快的发展速度。只有不断地创新,才能持续提高企业的核心竞争力,只有提高核心竞争力,才能在技术日新月异、竞争日趋激烈的社会中生存下去。"

科技的进步,新企业的不断涌现,使得满足客户需求的产品和服务越来越丰富。谁能在激烈的竞争中不断创新,抢得先机获得更高的收入和利润,谁才能继续活下去。诺基亚因为不断的技术革新,推出更先进强大的新产品而站在顶峰,也因为后来的故步自封、创新乏力,导致在与苹果的智能手机竞争中跌下神坛。柯达曾经是传统影像行业的霸主,也因为因循守旧,不愿放弃胶卷市场,丧失数码技术优势而最终破产。

只有不断投入研发,才能保持创新优势。华为坚持每年将10%以上的销售收入投入研发,从不因短期经营效益的波动或短期的财务目标,而减少在创新方面的投入,逐渐从跟随走到技术领先,保持了三十年的高速发展。

1997年,任正非在《抓住机遇,调整机制,迎接挑战》一文中指出:"我们抓住机遇,靠研究开发的高投入获得技术领先的优势,通过大规模席卷式的营销在最短时间里获得规模经济的正反馈的良性循环,摆脱在低层次上的价格竞争,利用技术优势带来产品的高附加值,推动高速的发展和效益的增长。"

◉ 5.1.2 华为创新管理理念

一、鼓励创新,宽容失败,但反对盲目创新

一个企业,无论大小都要敢于创新,不冒险才是最大的风险。华为大力鼓励创新,这是唯一生存之路,也是成功的必由之路。

科研不可能、也做不到100%成功,100%都成功就意味着没冒一点风险,没有冒险就意味着没有创新。创新就要敢于试错,允许冒险就是允许创新。允

许创新就要允许功过相抵，允许犯错误，允许在资源配置上有一定的灵活性，给创新空间。不允许功过相抵，就没人敢犯错误，就没人敢去冒险，创新就成了一句空话。高科技行业机会是大于成本的，因此华为鼓励创新，给创新以空间。

鼓励创新，必须宽容失败，特别是面向未来模糊区的探索，要更多地宽容。宽容失败，就是对失败的项目和人要正确评价。失败是成功之母，是宝贵的财富。科研项目不成功，说明此路不通，只要善于总结失败中的成功基因，避免未来在这个方向上大规模的商业投入而造成不必要损失，这样的失败也是值得的。看待历史问题，特别是做基础科学的人，更多地应看到他对未来产生的历史价值和贡献。

"在确定性的领域我们可以以成败论英雄，在不确定性的领域，失败的项目中也有英雄，只要善于总结。所以在评价体系上，不要简单草率。"任正非针对失败，多次谈了自己的上述观点。

但创新是有边界的，盲目创新，发散了公司的投资与力量。创新一定要围绕商业需要，不是为了创新而创新，是为客户价值而创新。

2013年，任正非指出："要防止盲目创新，四面八方都喊响创新，就是我们的葬歌。"

从统计分析可以得出，几乎100%的公司并不是技术不先进而死掉的，而是技术先进到别人还没有对它完全认识与认可，以至于没有人来买，产品卖不出去，却消耗了大量的人力、物力、财力，丧失了竞争力。华为是一个商业组织，要成就的是自己的梦想，不是人类梦想，没有先进技术不行，但也不能去洗盐碱地。在产品技术创新上，华为明确要保持技术领先，但只能是领先竞争对手半步，领先三步就会成为"先烈"。因此，华为反对盲目、没有边界、没有价值的创新。

二、以客户需求和技术创新持续为客户创造价值

任何先进的技术、产品和解决方案，只有转化为客户的商业成功才能产生价值。华为以前是跟随者，创新一直是紧紧围绕客户需求进行的。现在华为逐渐走到了业界前沿，需要通过技术进步来创造和引领客户长远、隐形的需求，

为客户持续创造价值。

早在 1995 年任正非就说过:"唯有思想上的创造,才会有巨大的价值。为使公司摆脱低层次上的搏杀,唯有从技术创造走向思想创造。"那时华为就成立了中央研究部,目的是要逐渐培养一批敢于打破常规,走别人没有走过的道路的一代"科学疯子""技术怪人"。

2002 年,任正非提出:"对于投资,我们有两个牵引,一个是客户需求牵引,一个是技术牵引,我们不排斥两个牵引对公司都是有用的,也不唯一走客户需求牵引或是技术牵引道路。"2004 年,任正非强调说:"整个公司的大方向是以客户需求为导向,但实现这个目标要依靠技术,所以必须保证技术创新的合理费用投入。"

2011 年,华为逐渐走到行业领先,于是明确提出了"双轮驱动"战略:要以满足客户需求的技术创新和积极响应世界科学进步的不懈探索这两个车轮子,来推动公司的进步。

2014 年,任正非在与消费者 BG 管理团队午餐会上指出:"投入未来的科学研究,构建未来十年、二十年的理论基础,公司要从工程师创新走向科学家与工程师一同创新。"

2016 年,在白俄罗斯科学院会谈时,任正非解释了华为做科学研究的原因:"华为公司实际上还是一个工程技术公司,不是一个科学基础研究的公司,为什么我们要进入基础科学研究?因为电子技术和信息技术的发展速度实在是太快了,我们等不及科学家研究完成果、发表完论文,根据论文理解去做工程实验,最后才指导工程,这个时间太漫长了;在科学家基础研究过程中,我们不得不在科学家提出问题时,就开始研究用工程的方法去解决,这样我们就能更快地响应社会发展的速度,我们才能生存下来。"

华为已进入无人区,为了保持领先,不仅要做基础研究,也要做理论创新。"如果我们在理论创新上不突破,就不可能有科研发明的源头,我们是不可能成功的。"任正非在接受新华社采访时回答说,"理论创新才能产生大产业,技术理论创新也能前进。一条基础理论,变成大产业要经历几十年的工夫,我们要有战略耐性。"

第5章 创新与技术开发

三、开放合作，一杯咖啡吸收宇宙能量

华为的核心价值观中，很重要的一条是开放与进取。华为一致主张要建立一个开放的体系，这是符合热力学第二定律——熵原理的：在相对封闭的组织中，总呈现出有效能量逐渐减少，而无效能量不断增加的一个不可逆的过程。

任正非在很多地方、很多场合反复强调，如果华为不开放，最终是要走向死亡的。"如果企业文化不开放，就不会努力学习别人的优点，是没有出路的。一个不开放的组织，会成为一潭僵水，也是没有出路的。我们在产品开发上，要开放地吸收别人的好东西，要充分重用公司内部和外部的先进成果。"所以华为坚持开放的道路不能动摇。

一个公司再大，能力也是有限的，并不是所有技术、产品都要自主开发。搞开发，单靠内力成本太高，因此要借用外部的力量。开放与合作是企业之间的大趋势。未来世界谁都不可能独霸一方，只有加强合作，你中有我，我中有你，才能获得更大的共同利益。

"我们在创新的过程中强调只做我们有优势的部分，别的部分我们应该更多地加强开放与合作，只有这样，我们才可能构建真正的战略力量。"任正非在与2012实验室座谈时解释道。

搞研发就不能关起门来搞，要开放，多参加国际会议，多交朋友，多喝咖啡。不同领域带来的思想碰撞及互相启发，能擦出创新火花，能释放很多"能量"。在未来探索的道路上，华为提出要"一杯咖啡吸收宇宙能量"。

"我们要以大海一样宽广的心胸，容纳一切优秀的人才共同奋斗。要支持、理解和帮助世界上一切与我们同方向的科学家，从他们身上找到前进的方向和力量，容忍歪瓜裂枣。一杯咖啡吸收宇宙能量。"任正非说。

徐直军指出："我们为什么不能利用全球各个主要国家和区域的高校和研究机构多年的积累，与他们一起来面向未来，来从事研究和创新工作呢？华为有能力和意愿把这些资源充分利用起来，我们希望深入各个国家的创新和研究的圈里，与业界资源充分合作，共同面向未来、从事研究和创新工作。我们面向未来的一些重要创新研究项目，像5G、下一代的IT等，不应该只局限在

华为内部的资金和资源的基础上,而是要利用全球各个国家和区域的资源和资金,来开创研究和创新工作的全新局面。"

现在,华为把能力中心(研究所)建到了战略资源聚集地区,以各种方式灵活地与世界上顶尖科学家和教授合作,保持对未来敏锐的洞察力。华为要防止出现"黑天鹅",即使出现,也希望飞到"咖啡杯"中。

四、鲜花插在牛粪上,在继承的基础上创新

创新往往需要借助别人的肩膀,在继承的基础上不断优化。人类文明都是在继承的基础上发展的。华为不提倡什么东西都自主创新,一是没有这么多资源和能力,否则企业就会穿上"红舞鞋";二是不要过分狭隘地自主创新,否则会减缓华为的领先速度。所以,华为要开发合作,联合创新,像海绵吸水一样不断吸取别人的先进经验。

早在1998年《华为的红旗到底能打多久》一文中,任正非就明确指出:"创新不是推翻前人的管理,另搞一套,而是在全面继承的基础上不断优化。从事新产品开发不一定是创新,在老产品上不断改进不一定不是创新,这是一个辩证的认识关系。一切以有利于公司的目标实现成本为依据,要避免进入形而上学的误区。"

2010年,任正非强调指出:"华为长期坚持的战略,是基于'鲜花插在牛粪上'的战略,从不离开传统去盲目创新,而是基于原有的存在去开放,去创新。鲜花长好后,又成为新的'牛粪',我们永远基于存在的基础上去创新。在云平台的前进过程中,我们一直强调'鲜花插在牛粪上',绑定电信运营商去创新,否则我们的'云'就不能生存。"

"如果说我们的系统能够做到很好的开放,让别人在我们上面做很多内容,做很多东西,我们就建立了一个大家共赢的体系。我们没能力做中间件,做不出来,我们的系统就不开放,是封闭的,封闭的东西迟早都要死亡的。'众人拾柴火焰高',要记住这句话。"任正非叮嘱道。

5.1.3 不确定性管理

不确定性是指影响公司业务发展的各种外部与内部不可预期因素的统称，包括外部宏观环境、产业发展、技术趋势等变化及事件发生的不可预知等，也包括内部组织运营管理、执行结果等的不可控。

彼得·德鲁克在《创新与企业家精神》一书中指出：经济活动的本质在于以现在的资源，实现对未来的期望，这意味着不确定性和风险。企业核心任务之一就是降低企业风险。进行不确定性管理，有助于识别并管理公司未来发展面临的各种关键不确定性和颠覆性风险，做好提前布局和有准备的应对，支撑公司战略目标的达成。

华为不确定性管理目标是要尽可能做到有机制去管理、有预案去应对。其基本原则如下：

（1）不确定性管理是公司战略管理的重要内容之一，纳入DSTE（从战略到执行）流程管理，在每一轮战略规划中刷新和迭代闭环；

（2）采用情景规划作为不确定性管理的基本方法，围绕主航道识别和管理公司未来发展所面临的关键不确定性和颠覆性风险，提前布局和做好充分的应对策略；

（3）采用"统一识别、分层管理"的方式开展，确保公司在不确定性管理上整体一盘棋，既合理分层又有效协同；

（4）各层级规划部门作为不确定性管理的支撑机构，支撑各层级管理团队有序开展不确定性管理，并对相关组织进行必要的赋能。

面对未来技术的不确定性，华为采取多路径、多梯次、多场景的方式寻求突破。任正非说："对于产业趋势，不能只赌一种机会，那是小公司资金不够的做法。我们是大公司，有足够的资金支持，要敢于投资，在研究与创新阶段可从多个进攻路径和多种技术方案，多梯次地向目标进攻。在'主航道'里用多种方式'划船'，这不是多元化投资，不叫背离主航道。现在的世界变化太快，别赌博，只赌一条路的公司都很难成功。因为一旦战略方向错误，损失就会巨大。我们做战略决策的时候，不能只把宝押在一个地方。"

华为提出要发挥"敢为天下先"的精神，经济大形势下滑时，加大投入，实现反周期成长；在市场下滑时，要加大研发投入，错开相位发展。抓住机会，敢于在世界竞争格局处于拐点的时候，加大投入，实现"弯道超车"。

当决定在某一战略方向发展时，也在相背的方向，对外进行风险投资，以便在自己的主选择出错时，赢回时间。当市场明晰时，立即将投资重心转到主线上去，敢于汇聚多支队伍的力量，不惜使用"范弗里特弹药量"，进行饱和攻击，寻求突破，快速攻克，领先世界；在有清晰长远目标思路的条件下，敢于抓住机会窗开窗的一瞬间，赢取利润。

不确定性管理，大企业最需要预防的是颠覆性创新。颠覆性创新也叫突破式创新或EBO（Emerging Business Opportunity），通常是整合技术、产品、市场、产业链等因素的商业创新，不是单纯的技术研究或产品开发，而是对现有商业模式、解决方案比较重大的改变。比如数码技术颠覆胶片技术，苹果智能手机颠覆了诺基亚，Uber、滴滴打车颠覆传统出租车行业。华为认为颠覆性创新既是威胁也是重要商业机会，应对这种威胁的对策是一杯咖啡吸收宇宙能量，同时一旦发现机会，快速决策，依靠大公司资源优势，采用快速原型验证EBO的技术和商用可行性，快速决策后移交产品线进行规模化开发商用。

随着移动、万物互联、人工智能、云计算智能社会的到来，创新不断涌现，未来扑朔迷离，充满不确定性。华为在2011年成立了2012实验室，负责对未来技术的研究探索、创新和不确定性管理，并且加大了研究占研发费用的比重，未来要达到30%，其他的70%用于确定性的技术和产品开发。

5.2 技术开发与研究

◉ 5.2.1 技术开发的特征

广义的技术是指为实现社会需要而创造和发展起来的手段、方法和技能的总和。华为定义的技术是指在产品开发与生产过程中所涉及的软硬件技术及工艺、装备等工程领域的专有技术。它可以是能被许多产品应用的设计方案，例如 ASIC、算法组件、软件代码、样机、具有特定功能的单板、提供特定功能可重用的硬件或软件模块等，不直接对市场商用交付。

先进的技术通常决定了产品的竞争力：更多的功能、更好的性能、更低的成本等。但如果一个产品包含太多新技术，开发的难度大，能否开发出来具有非常大的不确定性，一旦出现暂时无法攻克的技术难关，产品开发将无法进行下去。在开发过程经常会出现新的问题需要解决，这使开发时间往往难以预计。

在引进 IPD 之前，华为将复杂的技术研究（预研）与产品开发过程糅合在一起。没有单独技术路标规划，采用市场跟随策略。在没有了解清楚技术成熟度及新技术应用可能带来高风险的情况下，如果直接进行产品开发，就会导致产品开发大量延误，开发成本大大超过预算，甚至有些产品因为新技术无法实现而导致项目的失败，带来研发费用的大量浪费。

华为现在将技术开发与产品开发进行分离，当技术达到一定成熟后才转移进行产品化开发。这样既可以降低技术风险，使开发过程可控，减少开发经费的浪费，也便于更好地实现异步开发。当技术达到可行时能快速转化，进行后续产品商用开发，缩短了产品开发和投放市场的时间，提高了产品开发的成功率。

将技术开发与产品开发分开，能使技术开发人员集中精力关注底层技术、模块、子系统和系统/平台级技术，而不被与技术无关的工作所干扰。

当一项项技术或 CBB 独立开发出来放在货架上时，可提供给多个产品和解决方案选用，就能实现技术共享和重用，避免了重复开发，大大提高了开发生产率。

⦿ 5.2.2　技术开发流程

技术开发不同于产品开发，不是关注技术的商用性。技术开发只需要关注被开发的技术能否突破或实现，技术是否可行，不需要做到商用级、可以量产的程度。因此，技术开发流程与产品开发流程有很大差异。

华为技术开发（Technology Development）流程，简称 TD 流程，也是采用统一的、可重复的结构化流程方法，这样能与产品开发统一语言，便于产品开发团队 PDT 和技术开发团队 TDT 的沟通与协同。通过设计、开发，技术达到成熟度要求（技术迁移标准）后，技术成果迁移给 PDT，在产品开发中作为构建模块按异步开发的模式渐增构建到产品（或平台）中，继续完成开发、验证到发布阶段产品商用的后续开发过程，以实现技术成果快速转换，缩短了开发周期。

技术开发流程的结构与产品开发非常相似，也是包括一系列安排有序的技术开发评审（Technical Development Review，TDR）和 DCP 点，用来管理技术开发活动。它包括概念、计划、开发和迁移阶段，以及迁移后的生命周期技术维护阶段，没有产品开发的验证、发布阶段，如图 5-1 所示。

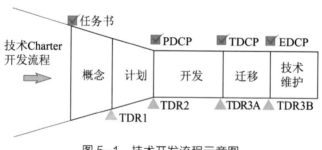

图 5-1　技术开发流程示意图

ITMT 或 IPMT 收到技术 Charter 后进行评审，通过后组建 TDT 进行技术开发。

在概念阶段，TDT 需要清晰定义技术开发需求，确定一个最优的备选概念、制定初步商业计划和开发计划，确保技术风险可以被有效地管理。

在计划阶段，TDT 要完成技术方案设计，包括系统设计、软件设计、硬件设计、整机设计等其他子系统的方案设计，同时确定开发计划，提交 ITMT 进行 PDCP 决策批准后才可以投入大量的资源进行技术开发和验证。风险太大或方案不可行，ITMT 可以否决终止项目或重新确定技术方向，避免浪费开发经费。

第5章 创新与技术开发

在开发阶段，TDT 要完成技术开发活动，解决出现的技术问题，技术一旦验证可行准备迁移；技术不可行可提请决策暂停或终止。开发过程如有产出，可提交标准或专利。

迁移 DCP（TDCP）决策通过后进入迁移阶段，TDT 正式将技术成果及相关文档迁移给用户 PDT，并支持产品/平台的 Charter、设计/开发、系统联调、生产验证等活动，解决出现的相关技术问题，直到应用此技术的产品成功上市。迁移是否顺利，是快速技术转化，保证缩短产品开发周期的关键之一。技术成功商用后进行技术迁移，结束评审（EDCP，End DCP），通过后技术成果货架化，技术开发项目关闭。

技术维护阶段，TDT 保留的技术人员要支持配套产品上市后网上问题的解决，建立技术成果共享渠道，为用户产品提供技术成果运用支持和升级维护等。

技术开发根据开发的技术对象不同，流程是可以裁剪的，比如纯软件模块开发项目，硬件相关的活动或工作没有就应该取消，因此结构化的技术开发流程同样是灵活的。华为 TD 流程适用于硬件、软件、算法、逻辑、CBB、整机、产品工程工艺、测试工具等公司各技术开发项目，也适用于工程样机（包含原预研样机）的开发。

◉ 5.2.3 研究的特点

技术开发的目的是将技术尽快应用到产品上快速推出市场，所以技术开发关注的是中短期技术。研究是对战略方向有关的前沿、长期技术进行技术研究，包括概念/框架研究、关键技术先期研究（包括理论分析、仿真、实验等）、或直接参与重要标准中的课题研究。

华为要研究的是业界已经在研究或还未开始研究的东西。只有这样，才能与业界研究同步，真正产生新的理念和概念，同时获得"山腰、山顶"的专利，在产业界发现机会、创造机会，解决业界和客户面临的问题。因此，研究的首要成果是产生专利（并不是新型发明或实现型的专利），通过专利保护所发明的技术，为公司保驾护航，然后通过专利技术标准化，走向大规模产业化，提升专利价值，为未来产品的关键技术提供解决方案和知识产权 IPR 保障。

"研究"最大的特点是难度大，研究的过程和结果是难以预料的，即使投入大量人力物力，也可能失败。因此，研究采用阶段评估或叫螺旋式管理方法，以便及时确定研究是继续下去还是重新确定方向，从而减少研发经费的浪费。

研究 Charter 通过后组建团队，需确定研究课程要开展的工作和计划，确定研究方案和研究方向，然后按照方案逐一开展研究工作。每个方案都需要验证方案是否可行，必要时可以申请相关专家进行论证，确定是否调整方案或方向。管理团队按项目阶段目标评审研究阶段目标实际达成情况，确定是否进入下一阶段及目标。用形象的比喻就是"摸着石头过河，走一步看一步"，这样可以减少研发损失。一旦研究取得关键突破或要调整方向，可以立即提请决策团队决策，及时进行研究成果验收或增加资源。研究成果可直接应用于技术开发、产品或平台开发上。

● 5.2.4 技术规划流程

技术规划流程（Technology Planning Progress，TPP）是技术管理体系的一个流程，为技术规划活动提供了一种管理方法。用于指导公司所有产品线、各业务部门的技术规划，完成技术布局，从源头上推动公司的 CBB、业务分层、异步开发等方面的实施。技术规划要明确技术路标与产品路标的有序关联关系，并说明哪个（或哪些）技术将用在哪个（或哪些）产品或解决方案的哪个版本上。通过对技术项目的投资，促进技术共享，降低研发成本、提升产品质量和开发生产率，缩短产品开发周期和上市时间，保障信息安全，从而促进公司战略的成功，长远地为公司创造最大价值。

技术规划重点关注产品以及市场对技术发展和技术开发的需求，从中提炼出华为技术发展和技术开发的路标规划，作为公司或产品线本年度或未来 3～5 年的技术发展指引，同时对技术项目进行优先级排序以便研发投资聚焦。

技术规划流程分五个阶段：启动阶段、环境与价值分析阶段、制定技术策略和路标阶段、融合优化阶段和执行阶段。其目的是输出中长期技术战略规划（SP）和年度技术规划（BP）。SP要明确未来3～5年的技术战略和战略控制点、重大的技术投资方向；BP明确未来1～2年的具体技术项目清单和路标。SP给出未来的路标节奏，指导BP落实具体路标。中长期技术战略分解到年度技术规划中落实，年度技术规划通过技术Charter开发落实。

● 5.2.5 技术Charter开发流程

通过年度技术规划输出技术/研究项目清单，规划批准后，按照规划项目清单中的计划日期，启动技术或研究项目Charter开发。Charter评审通过后，成立TDT启动技术/研究项目。

技术Charter开发流程与第2章介绍的Charter开发流程非常类似，分为4个阶段：环境与价值分析、需求定义、执行策略、Charter移交。其目的是确保开发出高质量的技术项目Charter，减少废弃项目带来的投资损失。

应当指出的是，研究项目需要技术专业委员会评审后才提交IPMT或ITMT评审，以便把握研究的正确方向，减少走弯路带来的浪费。

技术Charter开发流程，适用于所有技术、架构、平台、子系统开发项目和技术研究项目。

● 5.2.6 研究、技术开发与产品开发的关系

技术规划、技术开发、研究和产品开发是有逻辑输入输出关系的，清楚的关系有助于责任组织高效地协同运作，更多、更快、更省地将产品推向市场。它们之间的关系如图5-2所示。

技术规划与MM流程确定的商业计划要有机协同，以支持公司战略的实施和及时推出有竞争力的产品和解决方案。技术规划驱动进行中长期研究和短期技术的开发。研究输出专利和标准或关键技术，中短期技术进入技术开发，成熟的直接用于开发的产品上，所以研究成果作为技术开发、Charter开发或

产品开发流程的输入。

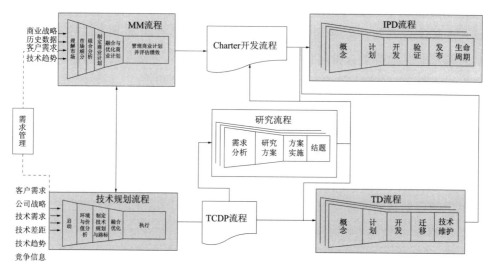

图 5-2　规划、研究、技术开发、产品开发流程关系

技术开发为产品开发提供产品需要的技术和 CBB，成熟技术货架化之后供产品选用。技术到达要求的成熟度迁移进入当前产品开发中，但如产品依赖于正在开发中的技术，其技术开发迁移决策点时间最好不能晚于产品开发 PDCP 点时间，即决策确定产品开发大规模投入前。否则会给产品开发带来很大的不确定性，造成开发进度延误。如果技术不可行，IPMT 就可以及时做出正确的决策，减少投资损失。

5.3　技术管理体系

技术管理体系（TMS）保障了华为公司创新、研究和技术开发的有效管理和运作。它对公司各个层面的技术战略、发展、规划、开发、推广应用负责，贴近外部市场需求和各产品线的业务需求，为公司各业务领域的产品开发提供高性能、高质量、低成本的先进核心技术和平台解决方案，规范公司软硬件及产品工程架构体系，支撑产品持续健康地发展，提高公司的核心竞争力，加强公司信息安全，使公司产品在核心技术上逐步达到世界级领先水平。

5.3.1 决策和支撑团队

TMS 如产品开发管理一样，包括决策团队、执行团队、支撑团队和一套运作体系。随着公司业务越来越多，管理范围越来越广，横向扩展成立了更多专业的技术分委会或小组，纵向延伸成立了专业领域管理委员会或子领域技术管理团队，协助 ITMT 管理公司和产品线的创新、研究和技术。

TMS 团队结构如第 4 章图 4-5 所示，ITMT 负责公司技术投资决策，IPMT 负责产品线产品相关的技术管理和决策，某专业技术领域的业务管理与决策由专业领域 MC 代表 ITMT 负责。研究领域的业务管理与决策则由研究 MC 代表 ITMT 负责。

C-TMT、PL-TMT 分别是支撑公司、产品线技术决策的组织。

5.3.2 技术开发团队

TDT 是执行团队，负责执行 ITMT/IPMT 批准的平台与技术的开发和交付、断裂点构筑，关注立项目标的达成。

根据技术的复杂程度，技术开发往往需要多人甚至成百上千人参与，需要按照跨部门团队方式组成。由技术开发涉及的功能领域代表组成核心小组，同专业成员按需要组成扩展组，分别完成项目定义的技术开发工作，贡献自己专业的价值。

技术开发的目的和工作任务不同，因此技术 TDT 团队成员组成与 PDT 有很大差异。团队由来自对项目成功最关键领域的核心成员组成，如图 5-3 所示，包括 TPTDT（技术规划）、SE（系统工程师）、RDTDT（开发）、TETDT（测试）、

PTDT（采购）、UETDT（用户）和 TQA（质量）代表。开发和测试往往有自己的扩展团队（小组）。技术开发不直接面向外部客户，因此用户代表来自内部用户，即使用该技术的各个产品/平台的代表。硬件技术的开发需要制造代表负责样机的试产，复杂的硬件技术可能还需要专门的配置工程师（CME）负责产品配置管理。整个技术开发团队由项目经理（LTDT）负责管理整个技术开发过程，确保技术开发项目目标的达成。

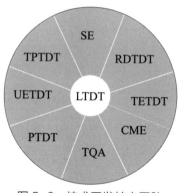

图 5-3　技术开发核心团队

技术开发团队运作也采用重量级团队模式，以保证开发的高效。

● 5.3.3　实体组织

技术开发团队是项目组织，为了支撑 TMS 有效运作，还需要实体组织支撑。

总体技术办是支持 ITMT 和 C-TMT 运作的实体部门，接受 ITMT/C-TMT 委托负责推动并落实 ITMT/C-TMT 各项职能，同时开展跨产品线平台架构规划设计等工作。

产品线总体技术部是 PL-TMT 的实体支撑部门，接受 PL-TMT 委托负责推动并落实 PL-TMT 各项职能，同时开展产品及产品线平台架构规划设计等工作。

如第 4 章所讲，2012 实验室是集团整体研发能力提升的责任者，是集团的创新、研究、平台开发的责任主体,是公司探索未来方向的主战部队。通过技术创新、理论突破,奠定技术格局,引领产业发展;肩负以低成本向 BG 提供服务的责任,构建公共交付件竞争力。

2012 实验室下设中央研究院、中央软件院、中央硬件工程院、海思半导体与器件业务部、研发能力中心以及海外研究所。

5.4 知识产权管理

5.4.1 只有拥有和保护知识产权,才能进入世界竞争

知识产权(IPR),是指"权利人对其所创作的智力劳动成果所享有的专有权利",一般只在有限时间内有效。本书讲的知识产权包括但不限于专利、商标、版权、商业秘密和其他信息。

1995 年,华为从成功开发出具有自主知识产权的产品开始就深刻意识到,作为一个直接和国外著名厂商竞争的高科技公司,没有世界领先的技术就没有生存的余地。只有拥有和保护知识产权,才能在国际竞争中不受制于人,保持竞争优势。

承担制造的企业不能随意卖出别人的专利产品,必须获得授权许可或支付专利费,没有核心 IPR 的公司在国际市场上没有地位,就没有专利授予或互换谈判的砝码。没有 IPR 的代工企业,只能获得非常低的加工费,而拥有高科技 IPR,产品的毛利有可能达到 40% 或 50%,甚至更多,如苹果手机。因此,未来的企业市场竞争就是 IPR 之争。要成为大企业,成为世界级企业,必须拥有核心知识产权。没有核心 IPR 的国家,也永远不会成为工业强国。

要想拥有自主知识产权,必须鼓励和保护创新,保护原创性发明。没有知识产权的保护,不通过保护使原创发明人享受应得的利益,就不会有人前仆后

继、奋不顾身地去探索，就不会有原创发明。侵犯、盗窃知识产权的行为严重扰乱了健康的市场竞争秩序和环境，挫伤了企业投资原始创新的积极性，削弱了高科技企业的市场竞争力。

华为现在已是全球最大的专利持有企业之一，公司研发投入位居世界前列。保护知识产权是华为自己的需要，是企业良性发展的需要，也是人类社会科技发展的需要。

"保护知识产权要成为人类社会的共同命题。别人劳动产生的东西，为啥不保护呢？只有保护知识产权，才会有原创发明的产生，才会有对创新的深度投资及对创新的动力与积极性。没有原创产生，一个国家想成就大产业，是没有可能的，即使成功了，也像沙漠上建的楼一样，是不会稳固的。"任正非说，"我们要依靠社会大环境来保护知识产权。依靠法律保护创新，才会是低成本的。随着我们的研发能力越来越前沿，公司对外开放、对内开源的政策已经进入了一个新的环境体系。过去二三十年，人类社会走向了网络化；未来二三十年是信息化，这个时间段会诞生很多伟大的公司，诞生伟大公司的基础就是保护知识产权，否则就没有机会，机会就是别人的了。"

● 5.4.2 通过标准专利构筑华为核心竞争力

专利是发明创造的首创者所拥有的受保护的独享权益，是重要的知识产权之一。

> 核心专利指的是制造某个技术领域的某种产品必须使用的技术所对应的专利，其不能通过一些规避设计手段绕开，这是一个企业立于不败之地，获得最大商业利益的保障。核心专利有时候指的就是基础专利。一个企业只有掌握核心专利才能不受制于人，拥有专利特别是拥有核心专利是公司核心竞争力。
>
> 核心专利的成长过程是十分漫长而艰难的，即便是应用型核心专利的成长过程也至少需要7～8年，而基础性基本专利形成的时间则更加

第5章 创新与技术开发

> 漫长。因此，IPR投入是一项战略性投入，它不像产品开发那样可以较快地、在一两年时间内就能看到效果，必须提前布局，耐得住寂寞，长期地、持续不断地积累。

俗话说，"一流的企业做标准，二流的企业做品牌，三流的企业做产品"，这说明做标准对于领先企业的重要。所谓标准就是对重复性事物和概念所做的统一规定，它以科学、技术和实践经验的综合为基础，经过有关方面协商一致，由主管机构批准，以特定的形式发布，作为共同遵守的准则和依据。如果说专利是企业保驾护航的筹码，那么标准就是使专利价值最大化的手段，通过标准可以获得规模化、产业化最大的商业利益。高通公司有很多3G专利，已经成为3G事实标准，每一部手机都要向高通公司支付一笔专利授权费就是一个典型的例子。

"企业竞争的最高层次是标准上的竞争，谁把控了标准，谁就能在这个行业内处于'不战而屈人之兵'的地位。我们要从过去的follow（跟随）到think forward（思想领先）。在标准圈里有我们的地位、影响力和领导力。"徐直军在2013年标准大会上指出，"华为要集中优势兵力，参与到国际主流标准中。只要我们在主流标准中有基本专利，我们就可以在全球市场上解决市场准入问题。"华为要从做产品走向价值链的高端，做标准。

一个行业不可能是一家独大，客户不会只选择一家供应商，因此通过标准主导市场，获得多厂家支持，这是标准的最高境界。

徐直军指出："要与产业界紧密合作，密切沟通和交流，共同面向未来，通过创建、主导、全力参与标准组织与标准项目，来实现华为公司的诉求和影响力，构建我们的领导力。"

未来，华为要从跟随者时"搭大船、傍大款"，走向"造大船、成大款"，构建行业领导力。徐直军说："要在已有的大船里有所贡献、有所建树，也要与大款一起把船做得更大，一起更富有；同时也要参与面向未来的大船建设，自己成为大款，或与业界一起成为大款。在产业界应该要有华为发起和主导的几个标准组织并且运行得很好，这是我们'造大船、成大款'应具备的能力。"

截至 2018 年年底，华为加入了 400 多个标准组织、产业联盟、开源社区，担任超过 400 个重要职位，在 3GPP、IIC、IEEE-SA、BBF、ETSI、TMF、WFA、WWRF、CNCF、OpenStack、LFN、LFDL、Linaro、IFAA、CCSA、AII、CUVA 和 VRIF 等组织担任董事会或执行委员会成员。2018 年提交标准提案超过 5 000 篇，累计提交提案近 60 000 余篇。

参与标准制定的另外一个目的，就是要降低产品研发成本。徐直军早在 2008 年就指出："标准分成两个层面，一个是硬件层面，一个是软件层面。我们要推动硬件平台尽量保持一致，软件方面可以根据不同的技术体制、不同国家的具体情况的不同而差异化。只有硬件平台保持一致，公司才可以在硬件上获得规模化、产业化的好处，最大限度降低硬件成本。所以一定要借助全球规模化的优势，硬件要与国际主流标准相同，而软件版本可以有自己的东西。"

标准专利工作目标是：第一步，实现全球市场销售没有准入障碍（IPR 限制）；第二步，实现同行对手的零交叉许可；第三步，拥有与公司市场地位相匹配的标准和专利实力。

标准工作是为公司的商业成功服务的，衡量标准是否成功的标准只有一个，就是能否实现商业成功。IPR、专利和标准在华为作为各研究部部长的第一考核指标。

华为每年按照西方公司研究标准专利投入占研发总费用的比例的 150% 投入，人员投入也超过业界投入水平，并且逐渐加大研究占研发总费用的比例，目的是拥有更多的核心专利和成为行业标准。

华为长期坚持的高比例研发战略投入带来了丰硕的成果，截至 2018 年 12 月 31 日，华为累计获得中国授权专利 43 371 件，中国以外的国家授权专利 44 434 件，其中 90% 以上为发明专利，在全球累计获得授权专利 87 805 件。

● 5.4.3 信息安全与共享

信息安全是为保证企业智力劳动过程产生的信息的完整性、可用性和保密性所需的全面管理。

第5章 创新与技术开发

一、信息安全工作是关乎公司生存的头等大事

一个企业只有保护自己的知识产权,才能保护企业自己的利益,才能保障公司的可持续发展。

任正非在 2005 年信息安全工作会议上指出:"我们一定要为我们的生死存亡负责任,如果我们死了,我们什么都没有了。我们活着的时候少吃一块,拿一块来保护安全,我们就能活下去,所以安全问题一定要加强。"

信息安全工作是长期存在的,是关乎公司生存的头等大事。防范目标只能是战略竞争对手,否则将影响业务和研发效率。不能把信息安全置于业务发展之上,应在支持业务发展的基础上,加强科学防范。

二、抓信息安全要与商业战略紧密结合起来

不能孤立地抓信息安全,要与商业战略紧密结合起来。把平台、CBB 和芯片作为实现信息安全的有效手段,摆脱低层次同质化竞争。

2008 年,徐直军在研发系统信息安全会议上指出:"信息安全必须与业务紧密结合,不能孤立起来谈信息安全。如果孤立地谈信息安全,最终只是'修万里长城'。所以一定要把信息安全与商业战略紧密结合起来,如果我们的商业战略对头了,真正在产品上拉开了与竞争对手的差距,真正让竞争对手没法跟我们共享供应商,没法跟我们做的一样,就是最大的安全。"

只有信息安全有保证了,才有利于真正发挥中国的低成本研发优势。因此,只有从组织上打通技术线,大力发育总体技术、总体架构组织和专家队伍,才能从根本上巩固和扩大研发成果,提升华为的核心竞争力。

三、信息安全要沿着流程来构建,各级管理者是第一责任人

信息是在公司开展业务活动过程中产生的。要把信息安全构筑在流程中,在流程中定义哪些是信息资产及等级,是怎么产生的,怎么保证安全,谁是责任人。只有这样,才能从源头上建立起有效的防范措施。

费敏在 2008 年 PSST[①] 信息安全工作会议上指出："要想一个长期解决的办法，我们的信息安全需要系统性、架构性的制度，而不是脱离业务的临时建筑。小公司的开发力量不强，所以防护上主要针对代码和开发文档的保护，包括交付件等，我们也做得比较有效；但大公司本身的开发力量比较强，欠缺的是对方向的把握和关键技术，他们采取的策略主要是跟随加差异化，以减少判断失误带来的成本，我们在防护上要重点针对创意资产以及产品路标规划和关键技术战略控制点。"

徐直军强调："信息安全是内部管理要求，是围绕核心资产进行管理和保护。核心资产产生于哪里？是产生于流程中的。所以信息安全也要构筑在流程中。"

信息安全管理与业务管理和流程要有机结合起来，不能形成两张皮。华为明确各级管理者是本部门的信息安全第一责任人，各流程负责人是所负责流程的信息安全第一责任人。各级管理者和各流程负责人在信管办的协助下共同对所负责部门/流程的关键信息资产的识别、保护、共享、解密等生命周期管理负责，达到信息安全和业务流程的自然运作。

只有建立了明确的授权管理体系，才能管好信息安全。要加强授权管理的规则建立和落实执行，要明确谁可以被授权，谁来行权，如何行权。在关键信息资产行权过程中，要建立权限分离机制。对违反审批流程获取关键信息资产的，要进行问责和弹劾。

四、信息安全要抓关键促共享，信息安全是共享的基础

保密与共享是一对矛盾，需要把握一个度。过度保密会影响工作效率，过度共享会带来信息泄密隐患。公司信息安全的总体策略是核心信息对外要保密，对内要开放共享。

华为在保密、防护方面投入很大，采用业界最优秀的产品和技术，"修万

---

① PSST，Products & Solutions Staff Team，产品和解决方案实体组织，是研发实体组织进行日常商业决策与运营管理的平台。

里长城的城墙",建立公司先进可靠的网络安全系统。但是,如果对所有的信息都进行保护,实际上就是没有保护,有些信息想设防也是防不住的。

2014年,任正非在关于内部网络安全工作汇报会上说:"现在我们是全面保护,其实就只有薄薄的一层网。又不知道别人从哪里进攻,所以需要360度防御,别人拿刀尖轻轻戳一下,这层薄网就破了。然后我们又进行一层、两层、三层……360度包围,防御成本太高,而且任何静态防御都不可能防住动态进攻。"他接着又说,"过去我们内部不开放,造成重复开发,并且互相不交流,结果消耗了公司的很大成本。我们最终目的是要'抢粮食',结果没有抢粮食的工具,抢不到粮食,保密有什么用呢?所以在公司内部,只有逐步开放、开源,才能避免研发重复投资,才能避免市场得不到合理支持。"

因此任正非要求:"在围墙内,我们只对有商业价值的核心资产进行重点防护。非主要核心技术,要先内部开源。在特别核心技术上,业务部门可在开发设计上合理设计几个断裂点,然后我们只需要重点保护好断裂点,其实就保护了所有的技术安全。即使失密,对方也不能不断升级。断裂点不一定只是在技术上,也可能在整个世界的格局上设计断裂点。"

核心资产主要是指绝密/机密信息资产,它们对我司领先于同质化恶性竞争对手、在市场竞争中获胜起决定性作用,或对公司未来业务格局和规模发展有重大影响。

公司战略规划,已做到了而友商还没做到的核心技术,关键的设计文档,报价时的商务信息、正在拓展的项目信息等都是需要保密的核心资产。

源代码是公司的核心资产,也是持续为客户服务的基石。华为30年的发展经验证明,源代码的机密性、完整性、可用性、可追溯性,为客户网络稳定运行提供了长期保障。

信息安全关键是抓住核心资产的保护,其他的充分共享。2009年,华为公司明确指出,要从过去"修万里长城"式的信息安全管理转变成为围绕核心资产的信息安全管理,要防止反应过度,影响自己的商业决策和执行能力。核心资产的识别要站在战略竞争对手的角度来识别哪些是战略竞争对手真正需要的、能提高其竞争力的。真正的核心资产并不多,要避免全面防御,核心资产就在核心资产保护的环境下也共享起来。非核心资产的管理要遵循效率优先。

2008年，费敏在PSST信息安全工作会议上指出："信息安全工作既要有系统性（整体性），又要有重点。'系统性'使我们的工作融入业务并有组织和制度保证，能持久发挥作用，可以不断识别出重大问题和风险，并及时处理；'有重点'能保证我们的工作是有效的而不是'长城太长，形同虚设'。"

徐直军在信息安全部述职时指出："信息安全部门不去抓共享，那就全公司没有人来关注共享。我们设防是很容易，把门全部锁了都可以，但共享就困难了。从整体来讲，整个信息安全体系，要做右派，不做左派，业务部门本来就是左派，信息安全体系再做左派，那就左到一起去了。信息安全体系做右派，右一点，能够把业务部门的左派拉一拉，至少说平衡一点。在整个设计流程里面，在关键控制点设计里面，应该是尽量减少信息安全的内容，也就是说能够不作为核心资产的，就不作为核心资产。"

信息安全是共享的基础。抓好信息安全工作必须将信息安全和共享的两个职责放到一块，既考核信息安全，又考核共享。信管办还要考核信息共享的满意度。各级各部门不能只考虑围住了就行了，要让大家在不知不觉中明白：安全资产管好了，效率也就提升了。

市场环节在变，技术在发展，核心资产也会变。因此需要对核心资产定期审视，及时调整信息安全策略，采用先进的技术手段、管理方法和法律手段，保护公司的核心资产和利益，同时促进共享，提高效率。

信息安全是一个高科技公司非常重要的大事。在华为，信息安全是一个高压红线，每个员工都有责任和义务保护和合理使用公司信息资产，任何危害信息安全的行为都将受到追究，根据给公司带来的损失和严重程度，采取警告、罚款、降薪、降职、撤职、辞退、甚至采取法律手段保护公司利益和追究当事人的法律责任。

第 6 章 产品数据及其管理

企业为客户创造和传递价值的价值流中流动的是数据，数据在企业管理中至关重要，全流程准确、一致的清洁数据才能支撑实现卓越运营。华为公司三大主业务流程 IPD/LTC[①]/ITR[②]，全球夜以继日流动的是数据流、实物流及资金流，而且只有数据流准确了，才会有实物流的准确，才会有账实相符，才会有日积月累的高效运营。以 LTC 为例，日复一日，月复一月，一年下来经 LTC 流程流出来的就是公司的三张表（损益表／现金流量表／资产负债表），要从这样的视角和高度来理解数据对公司运营及管理的重要性和价值。产品数据是公司所有数据中最为重要的数据，是公司业务运营的基础，是产品质量管理的基础，是产品成本管理的基础，是网络安全、合规运营的基础，也是未来企业内众多大数据及其人工智能应用的基础。产品数据管理包括产品基本信息管理、Part/Bom 管理、软件配置管理、产品配置管理，产品配置由配置器承载，配置器是 IPD 与 LTC 的桥梁。数据也是公司的核心资产，通过数据宝矿的挖掘可以进一步产生价值。面向未来，产品数字化是公司数字化转型的基础，支撑公司实现数字化运营。

---

① LTC，Lead to Cash，线索到回款。它是华为从线索、销售、交付到回款端到端的业务流程。
② ITR，Issue to Resolution，问题到解决。它是华为面向所有客户服务请求到解决端到端的业务流程。

第6章 产品数据及其管理

6.1 数据

数据是信息的承载者,是指IT系统中能被识别和处理的物理符号,如编码、数字符号、图形、图像、声音等。

数据在企业管理中至关重要。华为公司三大主业务流程IPD/LTC/ITR,夜以继日流动的是数据流、实物流及资金流,以LTC为例,只有合同/订单数据准确了,发货实物才会准确,账实才能相符,日积月累,年度公司报表(损益表/现金流量表/资产负债表)才能真实、准确、一致、可信,因此产品数据对公司运营及管理的重要性和价值不言而喻。过去每个部门对数据各自定义,加上烟囱式的IT建设,数据在公司各组织间割裂、不一致,IT之间的集成不足,导致作业效率低下。IPD变革虽然进行了十多年,也有力地支撑了公司的发展壮大,但是在早期对数据的关注不够,没有系统地梳理产品的信息架构和数据的标准,也没有对业务流中的数据流进行系统梳理。没有基于梳理的数据来定义IPD流程各环节的交付件和数据,也没有基于数据流的梳理来定义IPD领域的IT应用架构和接口,导致前期IPD领域的IT和工具建设非常凌乱,不集成。IPD的经验与教训告诉我们,对业务流中信息的梳理是流程定义的前提,是IT应用架构定义的基础,也是IT系统开发的前提。主流程集成贯通,本质上是数据的集成贯通。数据管理在流程与IT中处于最核心的位置,因此需要对数据给以足够的重视。

对于每个业务对象，需要定义其满足全流程的信息架构，信息架构应基于企业全局视角定义，建立数据标准，形成数据共同语言。为了满足公司流程 IT 建设及数字化转型的需要，业务对象需要结构化和数字化。对于每个业务对象，要定义单一数据源，通过数据服务化，实现同源共享，以保证跨流程、跨系统的数据一致。

清洁数据成就企业卓越运营，清洁数据就是指高质量且可信的数据。工作中常见的现象是信息的入口没管理起来，使得进入流程中东西毫无用处。流程是通的，但因为里面的东西没有价值，所以流程也是没用的。信息很关键，一定要把住入口，确保源头数据的质量。数据质量与业务绩效之间存在直接联系，高质量的数据可以使公司保持竞争力。

除了流程和 IT 建设需要关注数据外，数据还是公司的战略资产，是公司经营和运营管理的基础。基础数据不准确，则各种经营管理所需要的报告数据也不准确，不能准确地反映业务实质，无法有效地指导经营管理。随着公司数据的积累，通过大数据和智能算法分析，可以进一步挖掘数据的价值。

6.2 产品数据

> 产品数据是产品生命周期内定义的数据总称，通常指产品从概念和定义开始，直到交付到客户手中获得客户满意，涉及产品的需求、架构，产品的子系统与模块，产品的实现、验证、营销、上市，产品的销售、制造、供应、交付与验收等，在整个价值创造和价值传递过程中，涉及产品的各种数据，统称为产品数据。
>
> 产品数据是产品与解决方案为客户创造和传递价值的载体，因此产品数据是公司所有数据中最为重要的数据。产品数据是公司业务运营的

第6章 产品数据及其管理

> 基础,是产品质量管理的基础,是网络安全与合规运营的基础,是成本管理的基础,也是未来企业内众多大数据及其人工智能应用的基础。

6.2.1 产品数据是公司业务运营的基础

IPD 为 LTC 构筑 DNA,产品数据是这个 DNA 的承载者,产品数据为产品销售、制造、供应、交付与服务提供唯一可信数据源,也是客户满意、产品销售、研发、制造、供应的基础。

产品数据是提升客户体验的基础,产品数据的产品版本、特性、价格、配置规格、资料等信息供客户进行产品选择,产品数据提供产品标识、产品认证、产品装箱单、产品报价清单、报关单清单、验收清单、产品安装使用文件、产品变更通知(PCN)等内容支持客户清关、入库、安装、验收、使用、升级、维护,产品数据内容的完整、准确、一致、及时、可溯、易获取等是获取客户订单、订单快速交付、让客户满意的重要条件。

产品数据是提升 IPD 作业效率的基础,需求、版本、架构、代码、工具、环境、目标程序、可执行程序、测试用例、原理图、PCB、清单、装备、结构电缆设计图纸、器件等产品数据,是 IPD 流程各业务节点的重要输出、输入,也是 IPD IT 作业系统实现集成自动化的基础。

产品数据是提升 LTC 作业效率和资产运营效率的基础,产品版本、Spart、BOM、报价项、配置算法、配置器等是 LTC 流程中计划、定价、销售、供应、制造、交付、验收、开票、财务预算、核算的基础,产品配置是华为公司实现业务卓越运营的基础。

6.2.2 产品数据是质量管理的基础

质量的定义就是符合要求,质量要求必须构筑在流程中。为了让每个环节的交付能够恰好满足下游的要求,就需要定义每个作业环节的输入与输出交付件及其质量要求，并基于质量管理的方法，确保每个作业环节达成质量要求。

产品数据就是 IPD 流程中每个作业环节的输入与输出，产品数据就要满足质量要求。

比如，产品需求管理实现需求不丢失、可追溯的质量要求。业务关系体现在数据对象关系管理，才能实现需求全流程可跟踪，需求不丢失，发现问题后才能快速定位，并举一反三，快速跟踪到问题涉及的其他产品版本，这已经成为质量管理对产品数据的基础要求。

产品版本全量特性管理实现产品版本兼容性。华为早期出现过版本升级特性丢失和产品版本兼容性差的问题，通过产品特性全量管理、特性与版本配套关系管理、特性和自动测试用例管理等产品数据的管理方法，产品质量有了明显提升。

产品变更管理实现产品齐套性。产品变更频繁，经常影响范围没有识别清楚，很多变更不配套，导致产品质量低，通过产品数据关系管理、不断学习优化，标准化相关部门接口，实现变更齐套，提升了产品质量。

● 6.2.3 产品数据是网络安全与合规运营的基础

产品数据是网络防篡改防攻击、漏洞管理工作开展的基础。随着全球对网络安全的重视，政府及运营商对产品的安全认证、网络防篡改防攻击、漏洞管理的要求越来越高，产品数据版本编译构建过程封闭、可追溯，实现任何时间、任何地点可以重新构建出与现网运行版本一致的二进制；产品软件实施完整性保护，避免软件被恶意篡改，保证了软件安全有效性；需求到代码双向可追溯、漏洞到客户快速追溯等数据管理，实现当漏洞被发现后，通过配置管理系统迅速排查出公司哪些产品版本、哪些客户受到了影响，降低客户网络被攻击的风险。

产品数据是贸易合规管控的基础，美国贸易合规要求，不允许将含美国知识产权的器件、软件销售到恶意国家，产品数据实现产品美国器件成分比例自动测算，并将控制规则严格落实到所有 IT 系统中，明确红线不可触碰；针对欧洲环境管控要求，所有销售欧盟的产品必须满足无铅、无有害物质要求，产品数据从器件到产品，集成供应商、销售、工厂信息，自动计算所有产品环保成分，确保发货产品满足欧盟环保要求。

◉ 6.2.4 产品数据是成本管理的基础

产品配置和配置器是产品成本管理措施落地的保证。成本的改进措施都要通过产品配置和配置器落地实现。一个成熟产品的配置算法开发，大量需求是来自于盈利/降成本措施固化需求，而一旦落实到配置器中，就意味着全球规模推行。

产品库存单元设计是降低物料管理成本的基础，产品数据通过标准化公用存货单元，实现库存成本减低，通过规范识别标准化包装，减少物流和库存管理成本；产品数据识别独家供应商，通过优选等级管理降低物料成本和独家供应风险；产品数据识别低效存货单元，减少物料管理成本。

产品数据统计分析是降成本的机会点，通过产品数据分析，可以发现配置的销售情况，为成本管理提供机会点，并能准确看到成本措施执行情况。

◉ 6.2.5 产品数据发展历程及管理范围

在数据领域，华为公司最先关注并有效管理的是产品数据。1993年，华为公司就成立BOM[①]科管理BOM，用BOM统一了研发、供应、计划、制造、交付的语言，持续进行BOM数据质量改进，使BOM准确率快速提升并持续稳步在99.95%以上，有效解决了计划没有可信BOM、制造经常停线、经常发错货、呆死料、独家供应器件无法识别等问题。

随着IPD引入并推行，产品数据开始建设文档和配置管理。在产品开发过程，明确文档管理要求；通过文档规划，明确了文档计划和责任人；通过文

---

① BOM，Bill of Materials，物料清单，详见6.4。

档检视流程,解决了文档质量可信;通过文档归档变更流程,实现了文档可信数据源。从根本上解决了技术性公司对人的高度依赖,专家升级、换岗、甚至离职,通过设计文档可以快速找到,从而落实了信息安全。

为满足规模生产、销售的需要,产品数据建设了产品配置和配置器,通过产品配置和配置器实现了大规模定制,既满足了客户界面销售配置灵活多变,又满足了生产流程化、标准化及重用共享。

为实现全公司信息源头的唯一可信,建设了 PBI[①],通过统一的产品信息及产品目录,解决不同业务领域定义不同的产品名称,导致销售收入、发货成本、项目费用投入无法计算到同一产品维度的问题,实现了产品维度财务统一口径。

为了实现需求可追溯、流水线开发及网络安全的要求,产品数据建设产品的需求、架构、代码管理。通过产品信息架构建设,实现从原始需求到初始需求,再到特性,最后到分配需求的全流程跟踪管理及验证。建设了系统逻辑结构,将设计文档结构化,实现需求可分解,功能可跟踪。通过开发实现单元管理,实现了源代码、第三方软件、开源软件、构建环境管理,有效解决了 UK 一致认证问题。

面向未来,随着云化、服务化、数字化技术发展,基于营/销/制/供/服/财领域用户体验诉求,业务对产品数据提出了数字产品和数据化运营的要求。通过构建完整满足全量的数据模型并落实到具体产品中,实现数字主线(Digital Thread)和数据孪生(Digital Twins),并最终实现数字化运营。

6.3 产品基本信息管理

产品基本信息指产品及其强相关业务对象(目录、组织、项目)的编码、

---

① PBI,Product Base Information,产品基础信息。

第6章 产品数据及其管理

名称等关键信息及关联关系。产品基本信息是一切产品相关业务开展的基础,被产业投资组合、研发、销售、供应、服务、财务等各领域广泛使用,贯穿企业的方方面面。产品基本信息管理的核心价值是统一语言和统一规则:主数据统一交易语言,维度数据统一报告语言,规则数据统一业务要求。产品基本信息架构是公司治理架构在产品领域的体现,受公司治理架构的影响和约束。

产品基本信息的管理包括产品维度基本信息管理、Offering 及 Release(版本)基本信息管理、研发项目信息管理三个主要部分。产品维度主要管理产品按各种维度的分类和组织,包括产业目录、销售产品分类、重量级团队。产业目录和销售产品分类由战略驱动制定及刷新,以指引投资、销售等业务战略方向;Offering 及 Release 由产品规划产生,指引具体产品的开发销售等业务开展;研发项目基本信息体现研发过程和研发结果的关系,以支持过程精益管理。

为保障产品基本信息的准确、一致、可信,华为从以下三个方面进行管理:

一、集中管理产品维度信息,统一产品相关报告语言

华为的产品覆盖从网络设备到个人终端、从硬件设备到软件互联网和服务等跨度极大的业务领域,其涉及产业众多,产品数量数以千计,市场遍布全球。众多的产业和产品需要良好的分类和组织,并在各业务领域统一分类语言以对齐报表数据。为此,华为制定了产业目录和销售产品分类以指引产业规划和不同市场的产品销售,并清晰定义了其与所负责团队的管理关系。

(1)产业目录(Industry Category)是公司面向投资决策等内部管理提供的包含所有 Offering 的分类和列表,是产业和技术规划的基础信息。产业目录按全公司的产业规划和布局视角划分,不区分客户群和市场。

(2)销售产品分类(Sales Category)是公司面向市场和客户提供的可销售产品的分类和列表,是一线销售及客户获取产品信息的基础分类。销售产品分类是区域和 BG 对产品视角进行销售预测、市场目标制定、全损益分析的基础。销售产品分类按客户、市场、商业视角划分,按不同 BG 分别发布。

二、集中管理 Offering 和 Release 基本信息，统一产品相关交易语言

华为作为产品公司，一切产业投资、规划、研发、销售、服务、财务等活动均围绕产品进行，故产品的编码、名称、版本等信息使用极广，极其重要，关系到各业务领域数据是否能对齐、系统是否能对接、信息能否流转。

华为以 Offering 的术语来描述所有面向内外部客户提供的"产品"，包括"解决方案、产品、服务、平台、子系统、技术"六种类型。

Release 是同一 Offering 在不同发布时间点的版本交付。每个 Offering 都会有一个到多个 Release。Release 的交付件由该 Offering 下的软件、硬件、资料等产品部件的特定版本按照既定的配套关系而组成。

三、集中管理研发项目信息，体现产品研发过程组织

华为的产品非常复杂，涉及软件、硬件、结构等，各部门分工协同，开发周期漫长。研发项目是 Offering 在开发的具体组织形式，其基本信息体现了研发过程与结果、研发过程与受益主体的关联关系，是研发精细化管理的基础。研发项目按管理复杂度可分解为一、二、三级项目。

6.4 Part/BOM管理

BOM 是长江的源头，源头污染了，下游不可能干净！正本清源，要从 BOM 做起。

——任正非

Part/BOM 是公司级的重要主数据，联接了研发、销售、采购、制造、供应、

第6章 产品数据及其管理

财经等多个领域的业务，是实现制造企业信息流畅通，进而实现物流、资金流畅通的基础。通过定义 Part/BOM 数据规范，管理 Part/BOM 数据的变更及发布，为各业务领域提供准确唯一的 Part/BOM 数据，实现各领域业务间高效、正确的信息化协同。

Part 即物料编码，是公司范围内对物料的唯一定义，在产品零件选用、物料计划、采购、验收、盘点、储存、发料、发货等业务中使用唯一定义的物料编码，避免一物多名，一名多物或物名错乱等问题。

BOM 即物料清单，由多个 Part 编码组成父子项关系，以结构化数据形式表达产品的物料构成、加工层次及顺序等；可根据不同应用场景构建不同的视图，是销售订单选配、制造任务发料／加工、物料需求计划、财经成本卷积等的重要依据数据。

Part/BOM 的管理在华为主要包含了规则／规范的管理及变更管理，如定义 Part 唯一性原则、Part 分类及属性管理、Part 编码规则管理、Part 版本规则管理、Part 生命周期规则管理、Part 模板及 BOM 类型管理、BOM 多视图管理等，这些规则／规范及变更管理规定，共同确保了为全流程提供唯一可信的基础数据。

一、编码唯一性原则

物料编码的唯一性，通俗是指同一种物料只能对应一个编码，同一个编码只能代表一种物料。唯一性原则是物料最重要的基本要求，失去唯一性，物料将会出现一码多物或一物多码的乱象，随之将导致物料管理混乱，如发生物料呆滞或物料短缺等问题。华为使用 3F 原则（Form、Fit、Function）作为编码唯一性的基本判断准则：当物料的 Form（几何形状）、Fit（装配尺寸）、Function（使用功能）均相同，则认为应该用同一个物料编码管理。3F 原则是我们所有其他的编码唯一性判断的重要依据。

二、编码分类及属性管理

华为产品涉及的物料种类多达千种以上，庞大的物料类别需要进行规范化管理，以实现物料在公司内外高效沟通及充分共享。华为参考 UNSPSC[①]、eCl@SS[②] 等国际标准，制定了集团内统一的物料编码分类结构框架，分为如下 4 层：行业（Segment）、族（Family）、类（Class）、商品（Commodity）。

华为的物料分类只反映物料本身的产品的物理（或自然）属性、产品的功能属性，不受业务类型、物料来源（自制还是采购等）、行政组织、供应商等因素的影响。

在分类结构框架下，华为细化定义了千余类物料类别的属性集管理机制：每个分类详细定义了此分类管理的属性都有什么（如数据类型、默认值等），这些属性在此分类内的使用标准是什么（如是否必填、是否合成为物料编码的描述等），等等。

集团内统一的物料分类结构及分类属性集管理，对外方便了与供应商、客户、政府（如海关）之间进行物料信息匹配，统一沟通的语言；对内保障了物料可高效识别及共享。

三、编码规则

华为已使用的物料多达几十万种，如果没有统一的编码规则，将导致公司内外沟通、识别障碍及 IT 系统应用不畅。为此华为构建了统一的编码规则体系，物料编码采用部分有含义的复合编码规则，采用"分类码+流水码+后缀码+特殊位"格式，最长 17 位。

除了物料编码外，用于描述物料编码对象的文档，华为同样构建了统一的编码规则，文档编码由"Item 编码+文档类型代号+扩展位+语言标识"组成，最长 28 位。

集团内统一的物料编码规则及文档编码规则，避免了不同业务应用不同编码规则后导致识别障碍及歧义等问题。

---

① UNSPSC，The Universal Standard Products and Services Classification，是第一个应用于电子商业的产品及服务之分类系统。

② eCl@SS，是用于划分和描述产品和服务类别的国际化标准。它按产品规格具备不同的构架层次，并能进行精确的描述和认定。

四、生命周期规则

物料编码产生后,还需要进行后续的"生老病死"全过程管理,以确保 Part 编码在业务活动及 IT 系统中严格遵从产品的研发、上市、退市等策略。华为通过"生命周期状态"和"受限状态"来标识 Part 编码的不同生命周期阶段,Part 编码的"生命周期状态"+"受限状态"共同决定了 Part 编码在特定时期内能做什么及不能做什么。

生命周期状态是 Part 编码的主控制状态;指 Part 在全生命周期各阶段中,通过关键里程碑点后被赋予的标识,状态值包括:Develop、Pilot、GA、EOM、EOP、EOFS[①]、EOS 等。

受限状态是 Part 编码可选的辅助控制状态,指 Part 编码被赋予生命周期状态(主控制状态)后,由于一些例外或非主流因素(如客户特殊需求、质量或供应风险等)影响,需要临时调整 Part 编码的业务有效性和可用性,额外标记的辅助状态标识,包含 Active、Inactive 等。

五、版本规则

物料编码的版本是物料技术状态变更的标识,通过物料编码的版本管理,可对技术变更前后的物料进行精细化管理,实现物料的有序切换及良好的库存控制管理。华为的 Part 编码版本包含大版本和小版本,大版本为一位大写字母,如 A、B、C 等;小版本为 2 位数字,如 01、02、03 等;大版本+小版本共同标识了编码的版本信息,如 A01、B02 等,版本之间的演进基本规则如下:

升级前后的版本间是双向替代关系:以小版本形式体现,如 A01 升级到 A02。

升级前后的版本间是单向替代关系:以大版本形式体现,版本标识为一位大写字母,如 A02 升级到 B01。

---

① EOFS,End of Full Support,停止全面支持。

六、Part 编码模板及 BOM 类型管理

除了使用物料分类进行自然属性的区分外，物料编码在应用场景上也需要进行特定的区分并显性标识，用于规范及约束物料编码在研发、供应、制造、财经等领域的业务及 IT 系统应用。华为主要通过编码模板及 BOM 类型来标识应用场景的区分。

华为参考业界 ERP[①] 的应用，主要考虑以下应用视角：来源（是自制还是外购等）、发料方式、加工模式、BOM 类型等，设定了一套 Part 编码模板，包括 PTO（按订单拣料）、ATO（按订单装配）、POC（PTO 可选类）、AOC（ATO 可选类）、AI（装配件）、PH（虚拟项目）、P（采购项目）、SI（供应项目）、SV（服务项目）、SW（软件项目）等。

BOM 类型用于定义 BOM 的子项是固定的还是可选的，及父子项的允许存在关系等；华为应用了如下 BOM 类型设置：模型 BOM 清单（Model）、可选 BOM 清单（Option Class）、标准 BOM 清单（Standard）。

BOM 类型作为一个关键属性在 Part 编码模板属性集中被设定，每个 Part 模板只属于一种 BOM 类型。

七、BOM 多视图管理

随着对数字化管理程度要求的提升，华为在多个业务场景下，需要具备同一个编码并行管理多套 BOM 的能力，如部分产品会选用多种核心器件设计多套方案，这些不同的核心器件的配套物料可能不同，导致相同的成品编码需要同时管理多套 BOM 清单；另外一个典型场景是单板升级，单板的 A 版本在量产时，B 版本已经启动研发试制，在此期间，量产的 A 版本 BOM 和研发验证中的 B 版本 BOM 需要同时存在及并行变更。

为了实现上述业务场景的管理需求，华为设计了多视图 BOM 架构，允许同一个编码除了管理主 BOM 外，可构建多套替代 BOM 并行管理，也可以创

---

① ERP，Enterprise Resource Planning，企业资源计划，是一种主要面向制造行业进行物质资源、资金资源和信息资源集成一体化管理的企业信息管理软件包。

建研发阶段的研发视图等,提供了同一个编码多套 BOM 并行管理能力,大幅提升了这些业务场景的系统自动化管理程度。

八、变更管理

Part 及 BOM 的变更管理,对内影响到计划、采购、制造、订单、物流等,对外直接影响客户的应用等,与基本规则同等重要,需要被规范化管理,华为建立了相应的工程变更管理流程及产品变更管理流程,实现了对 Part/BOM 变更的规范化管理。

工程变更(Engineering Change,EC)主要是指为解决产品开发及维护中出现的各类问题,如满足规格需求、品质改进、降低产品成本等情况下的变更中,涉及制造/供应/交付等的产品数据变化的变更。华为对工程变更建立了相应的 EC 管理流程,管理 EC 的发起、审批及追踪闭环等,以保障工程变更的正确交接及执行。

产品变更通知(Product Change Notice,PCN)是由华为发给客户的、描述说明已交付产品的变更内容及影响的正式的通知。在产品开发阶段及生命周期阶段,当出现影响到产品的性能或寿命的变更时必须通知客户。华为制定了可适配不同客户类别及不同变更类型的 PCN 管理流程,实现 PCN 从研发到一线到客户的信息及时传递。

依靠 EC 管理流程及 PCN 管理流程,华为实现了变更管理在公司内部及客户界面的内外闭环。

6.5 软件配置管理

配置管理是通过技术与管理手段,对产品生命周期不同时间点上的产品配置项进行标识,并通过配置管理系统记录配置项的开发、归档和

> 变更过程,控制配置项的版本变更,保证产品的完整性、一致性和可追溯性。
>
> 配置管理是软件工程的基础活动,是团队高效运作和质量管理的基础,是网络安全的基石。

一、配置管理是软件工程的基础活动

配置管理是实现产品持续构建、快速发布与部署的核心,是软件工程活动开展的基础。依据CMMI标准,在IPD流程定义了独立的"开展配置管理"流程,需求分析、架构设计、编码、编译构建、测试、发布与部署所有工程活动和交付件(代码、文档、版本等)都必须实施配置管理。

面向SDN/NFV(网络功能虚拟化)、云化服务化场景软件交付周期缩短的趋势,配置管理服务化是实现迅速且低风险的软件交付的关键。

配置管理对象上云管理,包括软件生产活动所需要的代码库、环境、工具和第三方软件等,也包括生产活动所产生的代码、二进制包、资料包等,实现了数据同源一致、数据共享、生产状态可视。

配置管理活动服务化,通过代码管理、构建管理、包管理、环境管理、发布与部署管理、病毒扫描与数字签名等服务,实现代码库环境极速创建、基础设施代码化管理、开源及第三方软件快速认证、数据在多环境的自动部署,使软件生产过程自动化流水线作业,缩短软件交付周期,降低投入成本。并且自动记录软件生产过程,包括版本所依赖的源码、环境、工具、平台组件、三方件等信息,实现软件生产过程可重复。

二、配置管理是团队高效运作和质量管理的基础

配置管理贯穿于产品整个研发过程,通过配置管理策划、配置管理对象识别、基线和变更控制、配置审核、发布管理等活动来识别自研代码和供应商部件,控制变更并记录修改过程。围绕这些活动建立了一系列规范和操作指导来规范产品的配置管理活动,实现需求E2E状态可视,产品研发各环节有序开展。

第6章 产品数据及其管理

通过配置管理系统,记录客户原始需求分解到 story 的过程,以及需求与代码、需求与缺陷、缺陷与代码的关联关系,实现需求 E2E 可视,可以避免需求漏分解、无需求或缺陷产生代码、缺陷与修改代码不一致等产生质量风险的活动;当产品发生网上问题时,通过配置管理系统可以快速找到网上版本对应的源码、环境,迅速修复网上问题;如果是由第三方部件引入的缺陷,通过配置管理系统可以查询出还有哪些产品版本使用了这个部件,通知到这些产品修复缺陷。

变更管理是产品研发过程中的重要活动,当交付件通过物理审核、功能审核后,配置项会进入基线状态,后续所有的变更都通过变更请求(CR)来跟踪,包括路标、计划、市场需求、研发需求与设计变更,由变更控制委员会评估变更的影响、成本,对变更请求进行裁决,确定变更实施活动,裁决的结果通过配置状态发布活动知会到相关人员,并跟踪闭环。这样可以避免由于变更带来的开发混乱,并且能确保需求与设计、开发、测试、资料等活动的一致性,避免产生质量问题。

版本发布是产品研发向客户交付的最后一道质量把控关口,禁止研发工程师不经过评审直接向客户交付软件,也不允许没有达到质量目标的产品向客户交付。为此,配置管理定义了版本发布管理要求,任何产品发布,必须经过严格的系统级测试和各功能领域专家评审,目的是能够交付给客户质量达标的产品。

三、配置管理是网络安全的基石

配置管理是政府安全认证机构和运营商对产品进行安全性评估的基础。配置管理对构建资源进行标准化管理,在构建过程中自动从配置库下载所需代码、第三方软件、构建脚本,并自动实施锁库,确保产品包组件来源的合法性和安全性;通过对构建过程的标准化管理和记录,确保产品构建过程的可复制 / 可还原、可追溯,随时随地可以通过源码构建出与现网运行一致的软件。

配置管理是防止软件被篡改的基础能力。软件从编译构建到部署至客户网络过程中,软件包要经过测试、发布、上载 Support、用服工程师下载、客户网络加载等多个环节。配置管理建设了公司级病毒扫描和数字签名中心,通过数字签名、病毒扫描服务自动地对交付给客户的软件包进行病毒扫描和数字签名，保证交付给客户的软件包不含病毒且所有环节软件包不会被篡改，避免恶意软件在客户网络运行导致被攻击。

漏洞预警是客户对华为公司的基本要求，当第三方软件/编译构建工具/华为自研组件等发现漏洞时，我们需要第一时间排查出公司哪些产品版本受到了影响、哪些客户受到影响，通过配置管理系统，可以追溯到产品与平台、开源及第三方软件、编译构建工具的使用关系。当漏洞被发现或者披露后，可以快速排查出受影响的产品版本和客户，第一时间做出响应，最大限度地降低漏洞对客户的影响。

6.6 产品配置与配置器

产品配置和配置器是产品的核心竞争力，通过"人无我有，人有我全，人全我快"的模式，实现了对准客户需求做配置，按照客户需求快速量身定制，快速发货，快速降成本，以满足客户对"质量好、价格好、优先满足客户需求"的要求。

在二十年前，普遍存在的观点是认为裁缝铺只能是小作坊形式，与全球标准产品来比，无法实现规模化收益。但近年随着DIY流行，企业应该能够提供给客户更多地定制，更有利于赢得客户。华为公司一直坚持"以客户为中心"，按照客户需要提供给客户合适的产品配置，使公司成为电信领域最大的"裁缝铺"。随着工业4.0到来，需要将裁缝铺发挥到极致，要实现一个自动化流水生产线，能生产交付出客户不同的订单。

配置器是连接"产品开发流"（IPD）与"合同及其执行流"（LTC）华为两大主业务流的桥梁与纽带，是"合同及其执行流"高效高质量运行的基础。产品开发生成的配置与目录价信息，通过配置器发布给"合同及其执行流"使用，并贯穿投标报价、合同履行、交付，以及最终回款全过程。

6.6.1 产品配置和配置器是产品的核心竞争力

产品配置是衔接研发、销售、制造、供应、计划、交付、财经及客户的载体;产品配置是研发交付给下游环节的载体,销售和客户确定要什么产品配置,制造、供应、计划按照产品配置进行加工供应,财经依据产品配置的收入、成本进行概预核决。

产品配置是承载客户需求与价值、公司商业模式的载体;使用几个标准配置供客户选择,还是满足客户 DIY 诉求,软件按价值报价、按年费报价,服务本地化报价,不同区域不同的销售清单管理等等,这些都要通过产品配置设计来承载。

> 配置器是产品研发与客户、销售与制造、供应与交付等的桥梁;产品依照复杂商业模式开发的产品配置最终实现在配置器工具中,配置器给销售和客户使用,按照客户网络规划计算出如每个站点的销售配置清单,用于采购订单(PO)下单、验收、开票,同时计算出所有清单,用于生产发货,保证产品物料齐套。配置器实现了复杂计算功能,极大地简化了销售、成套、交付人员的配置处理工作量。

产品配置与配置器是全流程准确一致、高效运营的基础;海关清关、客户验收单一致、单货一致等要求需要产品配置承担;配置器计算质量,决定了错货、漏货、多发货,影响项目进度和成本;产品配置的销售单元、存货单元设计影响计划、ITO、制造、物流周期等要素。

6.6.2 Spart 设计是商业模式的载体和全流程信息打通的关键

Spart 全称 Sales Part,中文名为销售编码,也称销售项。Spart 是华为与客户在合同界面达成一致的销售单元,承载价格并支撑验收,也是供应、交付、开票等业务环节与客户交互时使用的对象。对于服务产品,Spart 体现为 Service Component。

Spart 设计是商业模式设计的载体,要体现销售策略,考虑清楚什么要扩容、什么要持续收费。Spart 承载客户价值导向原则客户化、抽象化描述,体现客户价值导向；Spart 承载了销售灵活性原则，客户界面是选择，还是选配，体现客户满足需求优先；Spart 承载客户订单顺畅履行的原则，客户订单配置到清关、验收、合规要求，满足客户合规要求。

Spart 设计是供应交付履行高效的前提。产品实现快速供应的核心是标准化、模块化，面向客户的 Spart 是多样性，在客户多样性中提炼出标准化模块，实现存货共享、快速供应交付，所以 Spart 设计需要面向供应交付优先 Spart 大颗粒度设计，实现按订单生产加工简化。Spart 的物料清单 BOM 设计要考虑模块化、标准化，实现相同模块可以快速制造出差异化 Spart。

Spart 是订单履行全流程信息打通的关键，客户界面、海关清关等外部界面要求的单单一致、单货一致需求必须按 Spart 实现。公司内部销售、制造、交付、财经等环节必须统一使用 Spart，如果不同领域使用不同语言，就会出现大量数据转换工作。华为公司原来 C-S-B（客户编码—销售编码—制造编码）转换就导致大量低效工作。

◉ 6.6.3 销售目录是实现产品销售管控的基础

销售目录是公司实现"百客百店"的基础。在 PBI 中，公司需要一套产业目录实现语言统一、管理统一、统计口径统一，但一线面向不同客户、不同的合同，往往需要一个更简便的目录结构。同天猫、京东越来越重视每个人看到目录界面不同，销售目录要满足客户、合同的灵活需求。

销售目录是销售管控的基础，以前产品在配置器中要么全球可用，要么全部下架，但越来越多的需求是需要按照区域国家或大 T 合同来控制销售清单，销售目录可以控制产品族、解决方案、产品、Spart 的管控要求，实现销售区域范围、销售颗粒度的灵活销售管控要求。

◉ 6.6.4 配置器是衔接 IPD 与 LTC 的桥梁

配置器是打通销售、制造、供应、交付的桥梁，其主要功能包含以下方面：

(1）产品研发人员开发出产品的同时也规定了配置器的产品配置算法；
(2）网络设计人员利用配置器，按照客户的要求配置出需求的产品；
(3）报价人员利用配置器生成报价清单；
(4）商务评审人员在配置器上对报价进行商务评审、成本核算和利润分析；
(5）勘测人员输入勘测数据，配置器计算出对应生产物料的编码；
(6）工程实施人员在配置器上进行工程设计，生成图纸和报表；
(7）订单处理人员将配置器的数据导入ERP，形成指导生产的订单；
(8）生产工艺人员从配置器中提取指导生产安装的板位图等信息。

配置器是实现产品"简单留给客户，复杂留给自己"的工具。华为公司的配置器以自主研发的方式上线，包括三个主要模块：第一个是配置算法维护模块，由研发工程师对销售BOM维护配置算法；第二个是销售报价模块，提供给市场使用，有了研发维护的配置算法，报价人员只需要输入简单的报价参数，例如用户数、链路数、软件配置等，即可生成报价书；第三个是配置传递模块，它可以将市场一线传回的销售BOM，自动匹配到ERP订单系统中，并根据维护的配置算法，生成一套设备的完整发货清单。

配置器是华为公司体现强大的行销能力的一款利器，在产品灵活配置、降成本措施实施、与客户流程集成、功能优化等方面，都有非常大的优势。

6.7 产品数字化与运营

6.7.1 产品数字化

云计算、大数据、物联网、人工智能等数字化技术已经在各行业被广泛应用。通过数字化转型，应用新的ICT技术，各行业都在重塑用户体验、产品和服务及商业模式，进而实现企业创新和业绩增长。

华为提出"把数字世界带入华为",实现公司的数字化转型。公司数字化转型的基础首先是产品的数字化,通过产品作业过程、产品信息的全面数字化和联接,如数字化设计、数字化仿真等,缩短产品上市周期、降低验证成本;通过产品全生命周期大数据分析和数字化运营等数字化技术,实现可预测的市场营销、产品质量预防预测、决策效率提升等。

产品数字化是指为了实现物理产品在数字世界的数字化,对产品全生命周期进行数字化构建的整个过程,包括:产品对象数字化、产品作业过程数字化、产品运行态数字化。产品数字化是提升E2E系统竞争力的基础,其核心是:

(1)定义产品全生命周期数据模型和标准;

(2)数字主线生成产品数字模型,聚合联接产品全生命周期数据;

(3)数据服务化,数据同源、按需调用。

一、定义产品全生命周期数据模型和标准

过去大量的孤岛式IT系统,导致产品全生命周期数据割裂。在整个产品生命周期中,每个环节都有自己的一部分数据,但很多数据是孤立的,且缺乏标准,数据不一致,难联接;每个环节想要数据的时候,都发现想要的数据信息是分散的,需要花大量的时间,去清洗数据,然后组装在一起使用。这种做法非常低效,更多的情况是根本不知数据在哪,找不到、拿不到。即使拿到了,也不能确定数据的准确性;即使确认是需要的数据,求助对方开放一个数据接口,排版本也是一两个月以后才能完成的事。

从华为数据领域的语言来看,数据模型和标准主要是定义数据资产目录、数据概念模型、数据逻辑模型(数据对象间的主关系)及数据属性字段标准。其包含产品全生命周期范围内的所有数据,其从静态数据和动态行为描述整个数字化产品的全量信息。通过分析产品E2E业务场景和数据需求,定义产品数据模型和标准,如图6-1所示,生命周期的每个领域都是整个模型的一个视图。

第6章 产品数据及其管理

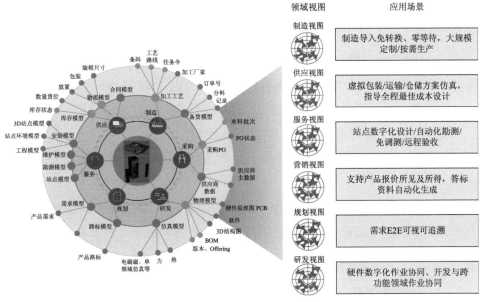

图6-1 产品数据模型和标准

二、数字主线生成产品数字模型，聚合联接产品全生命周期数据

数字主线（Digital thread）是利用数字化技术构建的，使能产品全生命周期和全价值网络数据高效聚合（如图6-2），并为各领域提供高效、同源、可信的数据索引、追溯、交互服务的数字化能力。

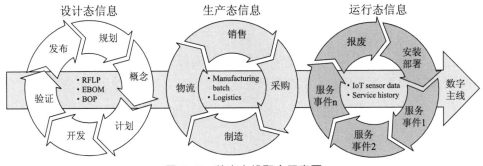

图6-2 数字主线聚合示意图

使能产品全生命周期和全价值网络数据高效聚合的意思是：

（1）使能产品 E2E IT 系统数据高效聚合，包含研/销/制/供/服、供应商/EMS（设备制造供应商）、合作伙伴等设计态和生产态的数据聚合。

（2）使能产品物理设备与数字世界的连接（IoT），包含测试装备、产品设备/网络设备等运行态数据聚合。

为实现上面所说的数字主线能力，数字主线需具备如下功能：

（1）定义和管理数字产品元模型（含对象/关系）。

（2）生成和管理数字产品模型，即产品 GA 时聚合所有产品设计态的数据包。

（3）定义和管理数字化产品（Digital Twins），如同使用模型印出来一个个具体手机相对应的数字镜像，高效聚合生产态和运行态的数据。

（4）高效低成本定义数据对应的属性、服务、事件、订阅。

三、数据服务化，实现各领域同源、按需调用

聚合的产品全生命周期数据，根据业务述求，设计成服务化 API（包含基础数据服务和主题数据服务），并开放出来，供其他的作业平台按需调用，灵活编排。数据服务化主要价值有：

（1）数据同源，便于获取、可信。通过服务化，将专业能力延伸并部署到作业平台或桌面，让用户对后台的能力提供源及数据存取无感，在提升用户体验的同时，保证了数据源的唯一、数据基础规则的统一。

（2）能力统一构筑，多处复用，数据解决方案快速上架。某项能力在一处构筑，通过开放服务的接口，需求方即拿即用，避免重复开发。

（3）服务可按需编排，支撑业务多态。相互解耦的服务，不同的业务场景，可按需进行组合，支持差异化需求的快速响应。

◉ 6.7.2 产品数据治理

数据作为业务过程和结果的直接体现，其管理内容与范围跟随业务变化而不断改变，其存储、呈现、获取方式跟随技术发展而不断演进。随业务和技术

第6章 产品数据及其管理

持续变化和演进,数据治理必然是长期的过程。

产品数据治理主要从组织、标准/政策、改进几方面进行,以保证数据工作方式的与时俱进与数据质量的长治久安。

一、组织设置划好"责任田",确保数据工作全覆盖

数据工作涉及多部门协同,其组织设置需涵盖三个方面:数据Owner负责业务所产生数据的质量并对结果负责;数据管家负责提供专业的数据管理方法并辅助数据Owner制定数据管理措施;评审管控组织负责专家评审,确保数据管理方向一致。华为已自上而下建立了全面完整的数据管理体系并在产品数据领域遵从落地。

持续的数据治理需要有业界洞察、业务规划、改进举措制定、改进活动执行等多方面的活动。在专业组织方面,产品数据建立了规划组织负责业界洞察和业务规划;建立了覆盖PLM(产品生命周期管理)、配置管理、产品配置三大解决方案的能力中心负责制定改进方案;建立了覆盖各产品线的数据管理组织负责执行;建立了技术专家委员会负责技术方面的评审决策和管控。健全的组织设置在华为产品数据治理工程中发挥了重要作用,保证了对业务变化和技术演进的及时响应。

二、标准政策定好基本法,确保数据产生和使用合乎规则

语言是沟通的基础,产品数据是产品业务的语言,需要有明确的标准定义和约束。产品数据针对产品/Part等各业务对象制定了一系列标准和要求,涵盖编码、命名、版本、状态等方方面面。基础规则的统一在业务流和IT打通、规避风险、合规遵从等方面有显著收益。

三、持续改进补齐短板,提升数据管理成熟度

伴随公司业务范围和体量的扩大及数据管理手段的进步,产品数据在架构、模型、标准、质量等领域持续改进,提升管理能力,扩展管理范围和深度。在架构方面驱动产品信息架构的建立和持续完善,以架构指引研发领域的

系统建设；在模型方面持续梳理 IPD 资产目录，明确数据 Owner、数据源的定义，探索全面产品数据模型管理；在标准方面深入 IT 底层物理表，不断完善数据标准覆盖率，确保所有数据有定义可依据；在数据质量方面建立全面的数据质量监控和度量体系，持续推动短板数据的质量提升和端到端打通。

◉ 6.7.3 数字化运营

企业的管理方式要现代化，需从定性走向定量，从"语文"走向"数学"，实现基于数据、事实和理性分析的实时管理。

数字化运营是企业在原始投入价值实现的过程中，基于一致、可信的数据和信息，开展理性分析和决策，进行运营管理和持续改进，实现企业卓越运营的过程。数字化运营是为了达成业务战略及目标，对业务进行量化分析改进的基本闭环管理方法。

一、数字化运营实现业务可视化实时高效管理

数字化运营的作用是企业通过建立一致的、可信的数据平台和信息分析系统，围绕管理诉求与业务流程活动进行量化设计、统计分析、预测改进，实现从投入、价值创造、到产出全过程的可视化，为沿着主业务流程的商业决策提供有效支撑，最终实现业务"现状可见、问题可察、风险可辨、未来可测"。

数字化运营可通过量化分析，实现业务可视化实时高效管理与改进。

 产品质量指挥系统建设

华为公司海量产品发往全球并上网后，如何对网上产品质量状态进行准确、及时的监控。当发生问题时，如何关联产品、单板、器件进行数据相关分析，及时做出正确的管理改进决策并对缺陷进行追溯清零，都是产品管理面临的重要挑战。

此时数字化运营可发挥其重要作用，首先可建立全球质量监控地图，监

第6章 产品数据及其管理

控各产品在每个地区部、代表处、客户的网上事故、网上问题等,进行整体监控,同时可提供更深入的工具支持分析改进:如通过产品监控到某单板返还率较高,可调用单板浴盆曲线进行分析,发现该单板近期市场坏件较多;调用单板故障图,查到该单板的缺陷器件;并可通过器件失效率曲线验证该器件的质量,同时可统计该器件所用到的其他返还率高、发货量大的单板,从而举一反三,锁定需要修改的单板与器件;最后启用单板器件一键式追溯,对有问题的产品、单板、器件进行追溯清理改进,对于已经发货单板,可以追溯到代表处、客户;对于入库的成品或者半成品及器件可以追溯到库房;对于正在加工中的单板,可及时进行生产拦截。

整个过程涉及几十亿的数据,50多个业务系统,根本无法进行人工分析。使用数字化运营进行数据的关联分析,可以极大地提升分析效率,满足产品管理与改进诉求。

二、数字化运营利用大数据技术具有更广阔的应用前景

近年来,随着数字化及人工智能技术的兴起,数字化运营由传统的指标设计、量化分析、指导业务改进,逐步向大数据、智能化、智慧化发展,在企业的各个领域有更广阔的使用前景,给业务带来更多的增值。

在网络营销方面,可在积累了全球网络拓扑图和网络数据流量基础上,对网络流量、用户增长、带宽容量等进行智能化分析,从而更好地为客户进行网络优化设计,提供更好的解决方案。

在研发流程执行时,既可以实现流程自动编排、裁剪及QA TR点自动审核,极大提升流程操作效率,也可在产品开发与测试过程中,通过建立代码、日志、缺陷之间的大数据组合分析模型,实现日志自动化分析,测试问题自动定位及代码的智慧修改。

在服务全网预防预测方面,可对网上某类单板进行寿命预测分析,对产品备件管理、产品EOX设计,单板替换开发等提供较好的大数据模型参考。比如原计划单板寿命为10年,分析发现该单板在8年时进入损耗期,返还率激增,可提前启动替换单板开发。也可以对某块单板精准预测损坏时间,作为网络维

护的重要参考，对风险单板进行聚焦管理，可极大地节省服务成本。该特性可作为产品解决方案增值服务，为客户带来价值。

在组织工作模式改变方面，随着移动办公的方便性，数字化运营可支持移动端，把E2E各领域数据推送到手边，可随时随地查询，用数据武装头脑。除了移动化，数字化运营未来还可改变会议模式，在会议讨论过程中，多屏协同，随时调用所需数据，主副屏配合展示业务分析数据，真正把会议室打造成作战室，与会者可参考各种数据进行讨论与决策，从而进行产品智慧决策与管理。

总之，没有量化就没有管理。随着产品数字化、各种自助分析工具及大数据和人工智能分析技术的发展，产品传统化运营转化为数字化、精细化运营的基础越来越好，前景越来越广阔，价值空间也越来越大。超越数据，实现价值变现的时代已经来临。

第 7 章
质量管理

质量是客户最基本的需求,是客户不会明显提出,但却是永远不会妥协的需求。在华为,质量就是满足客户要求,满足要求的标准是零缺陷,即意味着一次把事情做对。

华为视质量为企业的生命,质量是客户选择华为的理由。质量优先,以质取胜是华为质量方针。华为质量管理的目标是建立大质量体系,将客户要求传递到全流程、全价值链,共建质量,建立全员参与、一次性把事情做对并持续改进的质量文化,使华为成为ICT行业高质量的代名词。

大质量管理贯彻在华为IPD全流程和每个环节、每项业务活动中。每个环节、每项活动都有质量要求,IPD把所有质量要求和流程结合在一起,通过遵从流程,一次把事情做对,来保证工作质量和产品质量。

业务部门一把手是质量的第一责任人,必须关注做好部门业务和项目的质量策划、质量控制、质量改进,这是做好质量管理的关键。

质量与成本并不矛盾,道理显而易见:投资决策低质量与错误是最大的浪费和成本、一次把事情做对/不返工是最低的运作成本……沿着流程把质量搞好了,海量简单重复的事日常都按要求一次性做好,不良品率降低,不返工、不窝工,效率是最高的,成本是最低的。

华为的质量管理实践很多,关键实践包括:通过管理责任和绩效评价落实业务一把手的质量首要责任;通过IPD在流程中构建质量要求;每年开展以TOPN持续改进;每年质量问责(负向激励)和质量奖(正向激励)制度,让华为人人都时刻关注质量。

本章介绍质量相关的基本概念,华为对质量的认识、关键质量实践及华为如何围绕IPD流程构筑质量管理体系,实现产品高质量交付,满足客户要求、为客户创造价值的。

第7章 质量管理

7.1 质量就是满足客户要求

在工业化早期,质量定义为符合性质量,即检验产品是否符合工厂标准即可;后来发展到适用性质量,开始从客户角度来考虑质量的定义,质量意味着客户认为可用;再往后,在 ISO 9000 质量管理体系标准中,定义质量为客户满意度质量,即只有不断满足客户变化的需求,使得客户满意,才能够获得质量;ISO 9000:2000 版本、美国波多里奇奖、戴明奖、欧洲质量奖等将质量提升为战略质量和卓越经营绩效的层面,得到各企业较为普遍的认可。

> ISO 9000:2000 把质量定义为:"一组固有特性满足客户和其他相关方要求的程度。"质量体现了客户和其他相关方对供方提供的产品(或服务)满足其要求的一种满意程度。
>
> 质量是客户最基本的需求,在华为,质量定义为满足客户要求,即提供产品、解决方案和服务满足客户要求,为客户创造和传递价值,实现客户满意和卓越经营目标。这些要求包括明示的(如明确规定的)、通常隐含的(如组织的惯例、一般习惯)或必须履行的(如法律法规、行业规则)需要和期望。同时,客户对质量的要求是动态的、发展的和相对的,它将随着时间、地点、环境的变化而变化。

根据质量的定义,质量合格就是质量满足要求。那么,什么是满足了要求？其标准就是零缺陷，即基于质量要求的检验/验收没有不合格的缺陷。零缺陷是相对于客户和其他相关方的要求而言的，客户如果明确提出需要产品具备某项功能，而这项功能还存在缺陷的话，客户可能无法使用这项功能，产品交付给客户后就会导致客户强烈不满甚至投诉。如果客户确认这个缺陷即便不解决，也没有关系，或者不需要这个缺陷影响的功能（要求），那么就可以把这个要求去掉，剩下的其他要求还是要按照零缺陷的标准交付。因此，零缺陷与完美或绝对零缺陷不同，其区别在于是否是客户的要求。

需要说明的是，这里的"客户"既包括外部客户/最终用户，也包括内部客户/下道工序。因为客户对产品和服务的最终体验取决于形成此结果的过程中每个环节的工作质量，要实现最终客户的满意，就必须把"客户第一"落实到企业内部，即下道工序就是上道工序的客户，在流程每个环节把好质量关，按照零缺陷的标准，一次把事情做对，让每个环节的交付符合要求，做到"上游不把污水排放到下游"。

华为在发展初期就明确了"以客户为中心"的唯一价值观。在其发展过程中，质量管理的概念和内涵不断扩展，质量管理也从最初基于检测的生产过程质量管理，到基于流程和标准的产品生命周期质量管理，发展到今天面向全员、全过程、全价值链的全面质量管理。在这个过程中，如下几个里程碑事件对华为影响深远：

（1）2000年9月，华为组织召开了一次特殊的"颁奖"大会，将近年来由于工作不认真、BOM填写不清、测试不严格、盲目创新等所造成的大量呆死物料和"救火"机票作为特殊"奖品"发放给研发系统的几百名骨干，对华为员工进行了一次深刻的思想教育。这些"奖品"很长一段时间成为研发办公桌上最重要的摆件，时时提醒着每一位当事人及周围的人。这次自我批判大会是华为公司将质量定为核心战略的一个起点，是研发从幼稚走向成熟的分水岭和里程碑。

（2）2007年3月，华为公司70多名中高级管理者进行了质量高级研讨，以克劳士比"质量四项基本原则"为基础确立了华为的质量原则。会后美国菲利浦·克劳士比的著作 *Quality Is Free*（《质量免费》）在华为热销，主管送下属、会议当礼品,这本书在华为公司极受欢迎。从此华为内部统一了质量的认识和核心理念,即一个中心(第一次就把正确的事情做正确),四项基本原则(质量即符合要求、质量系统的核心在于预防、工作标准是零缺陷、质量用不符合要求的代价来衡量),逐步形成了全员参与,一次把事情做对的质量文化。

(3)2015年5月,任正非在公司质量工作汇报会上的讲话中首次提出"大质量"概念:"华为公司要从以产品、工程为中心的质量管理,扩展到涵盖公司各个方面、贯串端到端的全流程、服务于全球几十亿客户的大质量管理体系。"随后,华为发布《华为公司质量目标、质量方针、质量战略》。2017年,华为开始全面建设和实施大质量管理。大质量就是基于ISO 9000的全面质量管理,即对准客户需求,以战略为牵引,实施全员、全过程、全价值链的质量管理。

7.2 华为公司质量方针和质量文化

7.2.1 让HUAWEI成为ICT行业高质量的代名词

过去20多年来,华为一直坚持以"质量为企业的生命",努力提升产品质量和服务质量,赢得了客户的信任,也构筑了华为今天的成功。今天,华为的很多产品已经做到了全球领先,华为从通信设备制造商发展成为ICT解决方案提供商,业务范围扩展到了运营商、企业和消费者三个领域。面向未来,华为要成为ICT行业的领导者,必须在产品、交付和服务的质量上与行业领导者的追求和地位相匹配,因此华为提出"让HUAWEI成为ICT行业高质量的代名词"作为面向未来的质量目标。

2014年,徐直军在华为质量变革联合颁奖典礼上的讲话中指出:"客观地讲，我们过去的质量目标、方针等，并没有真正成为我们每个团队和个人共同去追求、去努力实现的目标。面向未来，我们要把质量目标形成指导我们行动的质量方针和战略，把质量目标、方针、战略及相关政策落地到流程中、构筑到组织文化中，使质量目标真正成为我们每一个团队和个人共同去追求、去努力实现的目标。"

在质量目标的基础上，华为提出了"质量优先，以质取胜"的公司质量方针。

- ➢ 时刻铭记质量是华为生存的基石，是客户选择华为的理由；
- ➢ 把客户要求与期望准确传递到华为整个价值链，共同构建质量；
- ➢ 尊重规则流程，一次把事情做对；发挥全球员工潜能，持续改进；
- ➢ 与客户一起平衡机会与风险，快速响应客户需求，实现可持续发展；
- ➢ 华为承诺向客户提供高质量的产品、服务和解决方案，持续不断地让客户体验到华为致力于为每个客户创造价值。

● 7.2.2 质量优先，以质取胜

2015年，华为明确提出：公司一切工作，要以质量为优先，研发、采购、制造、供应、交付……都要以质量为优先。华为对客户负责，首先要考虑质量；与供应商分享，首先也要考虑质量。所有采购策略中，质量是第一位的，不管是技术评分，还是商务权重等，都要以质量为中心。没有质量就没有谈下去的可能性。

要以用户体验为中心，不断提升质量竞争力，实现质量溢价。通过目标、标准牵引，构建质量比较优势，华为的追求是"质量高于日本，稳定性优于德国，先进性超过美国"。

一、时刻铭记质量是华为生存的基石，是客户选择华为的理由

从企业活下去的根本来看，企业要有利润，但利润只能从客户那里来。华为的生存本身是靠满足客户需求，提供客户所需的产品和服务并获得合理的回报来支撑。员工是要给工资的，股东是要给回报的，天底下唯一给华为钱的，

第7章 质量管理

只有客户。华为依存于客户而存在,因此为客户服务是华为存在的唯一理由。

华为通过向客户提供满足其需求的产品和服务来传递客户价值,获得客户满意的同时,华为也取得商业的成功。质量是华为向客户传递价值中最基础、最核心的价值,质量是客户最基本的需求,是永远不会妥协的需求。对于客户来说,质量就好比人对空气和水的需求一样,是生存的必须,是缺省必须具备的。如果公司的产品质量不行、产品不稳定,或是交付质量不好,客户是不会跟华为讨价还价的。

面向未来,华为明确提出要"以质取胜",以质量树立品牌,以服务赢得客户信任。"以质取胜"意味着华为视质量为企业的生命,把质量作为企业价值主张和品牌形象的基石,是华为对践行"时刻铭记为客户服务是华为存在的唯一理由"所做出的承诺。"以质取胜"意味着华为要面向最终客户的需求和体验打造精品,交付高质量的产品和服务,持续不断地让客户体验到华为致力于为每个客户创造价值,使客户高度满意并决定选择和推荐华为。"以质取胜"还意味着华为坚持质量第一,反对低质低价,倡导通过提升质量来降低生命周期总成本,倡导打造精品并按价值定价把产品卖到合理的价格,用合理的利润来持续提升品质,保证给客户提供优质的产品和服务。

二、把客户要求与期望准确传递到华为整个价值链,共同构建质量

华为深刻意识到要提升自己的产品和服务质量,不能独善其身,必须和客户、供应商及整个价值链共同合作、共同构筑高质量,这样才能实现华为的质量目标。

华为要与供应商和合作伙伴充分合作,把华为的质量要求和期望及客户的质量要求和期望与供应商、合作伙伴进行充分沟通、充分交流,使供应商、合作伙伴能够充分理解。华为也要与供应商、合作伙伴一起共同优化双方相关流程并实现对接,将华为的质量标准和要求融入到双方集成的流程中。华为还会加强对供应商的质量评估,促使供应商的产品和交付质量达到华为的质量标准,从而通过整个价值链的共同努力,来打造高质量的产品和服务。

在对供应商的管理上,华为有三点做法:第一,选择价值观一致的供应商,

并用严格的管理对他们进行监控。第二,优质优价,华为对每一个供应商都会有评价体系,而且是合作全过程的评价。质量表现优秀的供应商会获得更多机会,达不到质量标准且不愿意改进的供应商会被淘汰,保持高质量和持续表现优秀的供应商能获得溢价机会。第三,华为自身也要做巨大的投资,在整个生产线上建立自动化的质量拦截,一共设定五层防护网,分别为元器件规格认证、元器件原材料分析、元器件单件测试、模块组件测试、整机测试。一层一层进行拦截,如果某些供应商的器件质量出现问题,华为就能尽早发现并拦截。

三、尊重流程与规则,一次把事情做对

要确保最终交付给客户的产品与服务让客户满意,就必须遵从流程,树立一次把事情做对的理念,交付前明确客户的要求,交付后验证要求确保达成,不把问题留到下游。

流程是最佳实践的总结,既承载了价值创造过程,也承载了关键的质量控制活动,是确保客户要求能够得到满足,交付质量得到保证的基础。徐直军指出,IPD 流程这些年来最大的贡献,就是在产品领域不再依赖"英雄",而是基于流程就可以做出能满足客户要求、质量有保障的产品。所以公司在不断变革,公司业务不断地流程化,华为的质量要求不断地融入流程之中,其目的就是期望通过固化最佳实践,构筑"一次把事情做对"的系统框架,使得华为不再依赖"英雄"。实现这个目的的前提是流程被有效遵从,因为只有流程被有效遵从,固化到流程中的最佳实践和质量标准才能指导员工一次把事情做对,也只有秉承"一次把事情做对"的理念和追求,才不会把问题留到"下游",从而确保最终交付给客户的产品与服务让客户满意。

另一方面,遵从规则还体现在对法律法规的严格遵从。华为在任何国家推出任何产品或开展服务都要求确保交付的产品和服务符合客户的质量标准,符合美国、欧盟等相关禁运和贸易管制政策,符合相关国家对信息安全和网络安全的要求及当地所有的法律法规。

四、发挥全球员工潜能，持续改进

华为的追求是成为ICT行业的领导者并保持卓越，为实现这个目标，必须要求整个组织不断地进行持续改进。持续改进包括自上而下的改进（如TOPN），以及全员自下而上、自动自发立足本职工作的改进（如QCC[①]、员工改进建议）。

持续改进，在华为公司是有文化基础的，QCC、TOPN等思想和方法也被根植到各级ST[②]和广大员工中。华为在供应链、GTS[③]、产品与解决方案等多个领域很早就推行QCC，倡导员工立足本职工作，开展自下而上的持续改进。同时也要求各级ST每年都要找出需要改进的TOP问题，把这些TOP问题纳入到ST的例行议程中，开展自上而下的持续改进。另外，华为公司的核心价值观中的自我批判，其核心思想就是自我改进。

华为公司明确，各级ST是客户满意和持续改进的管理组织，ST主任是客户满意和持续改进的第一责任人。各级ST要以客户满意和业务目标为驱动，通过不断识别业务过程中的改进机会并实施改进，以持续提升质量、效率，降低成本、风险，最终形成持续改进的文化。

华为认为，持续改进还要真正激发出全体员工的潜能，让员工自发地去改进。为此在质量文化建设上要把"人"这个要素凸显出来，重点关注人的要素。

首先，在质量文化建设上，要让每一个员工都能切实感受到持续改进会得到鼓励和奖励，各级主管要发自内心地去鼓励和奖励那些能够主动发现问题、提出问题、改进问题的员工和行为，从文化层面去导向自动自发的持续改进。

其次，人力资源政策，包括绩效管理、激励政策等，要能够匹配质量文化导向，让那些主动发现问题、主动改进问题的员工和行为能得到认可和奖励；

---

① QCC，Quality Control Circle，质量控制圈，是由基层员工组成、自主管理的质量改进小组。
② ST，Staff Team，办公会议，华为公司实体组织进行日常业务协调与决策的平台，对组织内的运营事务进行日常管理。
③ GTS，Global Technical Service，全球技术服务部。

干部政策，尤其是基层干部的选拔，要让那些主动发现问题、主动改进问题的员工更容易被提拔。这样，通过文化的建设和政策的导向，能激发出全体员工的潜能，真正构筑起持续改进的质量文化。

此外，在构筑持续改进的质量文化的同时还要尊重专业，打造各领域的世界级工匠群体。2014年，徐直军在华为质量变革联合颁奖典礼上的讲话中指出："我们必须承认人与人之间是有差异的，在很多领域比如软件领域，不同的人产生的结果质量可能有天壤之别，我们要客观地看待这种差异性，尊重这种差异性。对于真正优秀的专业人才，我们要敢于破格提拔，让这些优秀的专业人才在各自专注的领域为客户创造更大的价值，这样才能真正支撑我们以质取胜。"

五、与客户一起平衡机会与风险，快速响应客户需求，实现可持续发展

随着信息化、互联网，特别是移动互联网的快速发展，无论是运营商还是企业，在响应他们的最终用户需求的时候都面临着前所未有的挑战。华为要成为ICT行业的领导者，就不能仅仅被动地响应客户的需求，而是要与客户一起共同应对挑战，与客户一起平衡产业快速发展所带来的机会与风险，从而实现可持续发展。

过去人们往往把质量与快速响应客户需求看成一对矛盾，缺乏与客户一起去平衡机会与风险的理念。华为历史上为了快速响应客户需求做过一些不稳定的版本，也有为了遵守TR5前严格控制发货的政策把交付时间点一推再推的情况，这些都不是真正"以客户为中心"的做法。而事实上，客户大多数情况下对产品和交付质量有严格的要求，但也有很多时候为了抢占市场，却希望能尽快验证最终用户需求以抓住市场先机，这种情况下如果还是僵化地执行质量标准而不顾客户的商业追求，也不是真正的"以客户为中心"，因为客户在这种情况下更期望华为能基于一定的质量标准快速交付，同时把可能面临的风险与他沟通清楚，支撑他做出选择和决策，然后与他一起共同去抓住机会、应对风险。

2014年，徐直军在华为质量变革联合颁奖典礼上说："未来随着经济、

社会、产业的进一步发展,随着大数据、云计算等新技术的应用,客户和我们面临的挑战会越来越大。所以面向未来,我们要与客户一起去平衡机会与风险,快速响应最终用户的需求,实现客户与我们的可持续发展。如果客户要求我们把质量做好,或者客户把质量作为最基本的隐性需求,那我们在产品和交付质量上就一定要满足客户的要求甚至超过客户的期望;如果客户以快速响应他的客户的需求为优先,并且愿意承担适当降低质量要求所带来的风险,那我们就要在满足一定质量要求的情况下力争快速交付,与客户充分沟通,在客户认可的情况下帮助客户实现机会与风险的平衡。"

六、向客户提供高质量的产品、服务和解决方案,持续不断地让客户体验到华为致力于为每个客户创造价值

华为承诺向客户提供高质量的产品、服务和解决方案,这是华为很早就提出来的,也一直在践行。面向未来,华为明确提出,把持续不断地让客户体验到我们致力于为每个客户创造价值,作为是否真正做到华为承诺向客户提供高质量的产品、服务和解决方案的检验标准,这个检验标准的核心就是"体验"和"为客户创造价值"。"体验"包括华为直接面向的客户和最终用户的体验,不仅仅是客户和最终用户对华为交付的产品和解决方案的体验,而且还包括客户与华为做生意的过程中或者购买华为产品的过程中,在端到端的每一个环节都能体验到华为的高质量,并且发自内心地认为华为提供的高质量的产品、服务和解决方案为他"创造了价值"。

华为要做到持续不断地让客户体验到我们致力于为每个客户创造价值,就要重新认识以客户为中心,不能再仅仅停留在倾听客户声音、满足客户需求的层次上,而是要真正站在客户的角度思考,与客户一起应对挑战,瞄准客户的需求,交付符合客户要求甚至超越客户期望的产品、服务和解决方案,为客户创造价值。同时,华为还要真正构筑起打造精品的理念和文化,以最终用户体验为中心打造精品,使客户高度满意并决定选择和推荐华为。最重要的是,华为要改变过去以产品、服务等有形、无形交付件为中心的质量理念,要从以产品、服务为中心的质量向以最终用户体验为中心的质量转变,要在IPD、

LTC、ITR 等端到端的业务流中，在每一个客户界面上的活动或者能给客户和最终用户带来感知的活动中，让客户和最终用户持续体验到华为的高质量，持续体验到华为致力于为每个客户创造价值。

● 7.2.3　建设在"一次性把事情做对"基础上"持续改进"的质量文化

在华为人看来，创新要向美国企业学习，质量要向德国、日本的企业学习。在华为的"大质量"形成过程中，与德国、日本企业的对标起到关键作用。

德国企业的特点是以质量标准为基础，以信息化、自动化、智能化为手段，融入产品实现全过程，致力于建设不依赖于人的质量管理系统。德国强调质量标准，特别关注规则、流程和管理体系的建设；大约 90% 的德国发布的行业标准被欧洲及其他洲的国家作为范本或直接采用。德国的质量理论塑造了华为质量演进过程的前半段，即以流程、标准来建设的质量管理体系。

日本企业的特点则是以精益生产理论为核心，减少浪费和提升效率，认为质量不好是一种浪费，是高成本。日本企业侧重关注"点"上的质量改进，高度关注"人"的因素，强调员工自主、主动、持续改进。这也帮助华为慢慢形成持续改进的质量文化。

华为认为高质量企业的根本是质量文化。工具、流程、方法，是"术"；文化是"道"。在以客户为中心这一永远不变的主题之外，任正非讲的最多的是"质量文化"。任正非举过一个例子，法国波尔多产区只有名质红酒，从种子、土壤、种植……形成了一套完整的文化，这就是产品文化，没有这种文化就不可能有好产品。

2010 年，徐直军在华为北京研究所大合唱暨颁奖晚会上指出："如果我们能自上而下围绕客户不满意的问题和客户的期望来持续改进，能自下而上让全体员工参与到持续改进，持续改进的机制、文化及氛围就会生根，就会发芽，就会促进公司不断地进步。"

从"一次把事情做对"质量文化开始，华为质量管理从制度层面进化到文化层面。质量的保证，不能仅依赖于制度和第三方的监管，这样的质量会因人而异，也不可延续。而全员认同的质量文化则能体现在每个人的工作中，确保交付的高质量和零缺陷。

文化的变革才是管理变革的根本，任正非在公司质量工作汇报会上的讲话中指出，大质量管理体系需要介入到公司的思想建设、哲学建设、管理理论建设等方面，借鉴日本和德国的先进文化，形成华为的质量文化。具体总结华为的质量文化，就是将"一次把事情做对"和"持续改进"有机结合起来，全员参与，针对非创造性业务活动在"一次把事情做对"的基础上"持续改进"。

7.2.4 建立以客户为中心的高效组织，业务一把手是质量的第一责任人

华为2010年就建立了一个特别的组织：客户满意与质量管理委员会（CSQC）。这个组织作为一个虚拟化的组织存在于公司的各个层级当中。在公司层面，由公司的轮值CEO（现为轮值董事长，下同）亲任CSQC的主任，而下面各个层级也都有相应的责任人。"这样保证每一层级的组织对质量都有深刻的理解，知道客户的诉求，把客户最关心的东西变成我们改进的动力。"这是一个按照公司管理层级设立的正向体系。

在华为还有一个源于客户的逆向质量管理体系。比如华为每年都会召开用户大会，在这个大会上邀请全球100多个重要客户的CXO和技术总监等来到华为，用几天的时间、分不同主题进行研讨，研讨的目的就是请客户提意见，给华为梳理出一个需要改进的TOP工作表单。然后华为基于这个TOP清单在内部建立质量改进团队，针对性解决主要问题。第二年大会召开时，第一件事就是汇报上一年的TOPN工作改进，并让客户投票。

要实现这两个源于管理层级的正向体系和源于客户的逆向体系的闭环管理，各层级的CSQC必须定期审视自己所管理范围的客户满意度，包括产品质量本身，也包括各个环节的体验，并且找到客户最为关切的问题，来确定重点改进项目，保证客户关心的问题能够快速得到解决。同时还要针对客户投诉

举一反三，不断改善质量管理体系，使得这一体系跟随客户的要求不断演进。

为落实"质量优先"战略，支撑公司实现"以质取胜"，华为明确各级一把手是质量的最终和第一责任人。作为第一责任人，管理者要做的主要是三件事：

第一，管理者要明确质量目标，满怀热情，坚定地支持质量目标的实现，这是管理者质量领导力的具体体现；

第二，要建立质量目标管理与激励机制；

第三，要建立质量问题回溯、问责与管理者质量末位机制，这是判断和评价各级一把手是否真正履行质量职责的依据和标准。

在华为公司的最高层，每年轮值 CEO 都会设定质量目标，实行目标牵引。轮值 CEO 设定目标的原则是：如果质量没有做到业界最好，那么就把目标设为业界最好，尽快改进。如果已经达到业界最好，那每年还要以不低于 10% 的速度去改进。

为建立起重视质量和质量诚信的文化，2010 年华为 PSST 发文《关于质量诚信与产品质量结果的问责制度》，鼓励在开发过程中勇于暴露问题并及时解决问题，回溯问题根因，确保问题不再重犯，同时年度依据产品质量诚信、质量结果问题对涉及的管理者进行问责。从 2010 年以来，先后多个产品的主管被问责处理；被问责的产品部门知耻而后勇，在质量意识、质量管理等方面有了大幅提升，不少产品的质量因此得到了显著的改善。

华为每年还会组织"华为质量奖"（华为最高级别的质量奖，包括组织奖和个人奖）评选，基于客户的视角和用户的使用体验来评判质量结果，通过隆重的质量奖颁奖典礼及宣传，提高质量影响，真正激励那些内心追求工作质量、工作输出好、客户评价好、上下游评价好的组织和个人，通过榜样的力量激发全员追求高质量。在近年的质量奖评选中，近半数获奖产品来自曾经被问责的产品，这也证明管理者的质量问责是加强管理者质量意识的有效途径。

7.3 把质量工作融入IPD和项目管理中

7.3.1 基于IPD主业务流的质量管理体系

要达成产品的质量,需要每一个人的工作质量和管理体系去保证。质量与业务不是两张皮,而是融在产品开发、生产及销售、服务的全过程中,每一个人对于最终的质量都有贡献。所以,华为的质量管理是融入各个部门的工作流程中去开展的。

质量管理体系(QMS[①])是企业管理体系中最重要的组成部分,它通过提供满足要求的产品、解决方案和服务,为组织实现战略和目标,达成客户满意及企业永续成功提供了一个系统的框架和蓝图。IPD是华为为客户提供满足要求的产品、解决方案和服务的主业务流程,因此研发的QMS也是构建在IPD基础之上。QMS建设和部署的主要活动,如产品质量管理、客户满意管理、持续改进等都必须从IPD流程和质量要求入手,并且最终回到IPD流程上,因此,IPD与QMS是统一的。

管理体系是基于流程的,离开流程谈质量就是空谈、就是搞运动,是不可持续的。在流程中构筑好质量要求和质量标准,确保质量要求和质量标准得到有效执行,并构筑满足质量要求和标准的持续改进的能力,就抓好了质量工作最实实在在的部分。IPD领域是华为"把质量要求和质量标准构筑在流程中"的优秀实践。在IPD流程中很少看到"质量"两个字,但只要认真履行了IPD流程,就能够做好质量管理,交付高质量的产品。

华为IPD流程管理体系是融合了QMS与IPD的流程与管理体系架构,包括管理职责,资源管理,产品实现,度量、分析和改进四个方面,构成了PDCA闭环和持续改进系统,如图7-1所示。

---

① QMS,Quality Management System,质量管理体系。ISO 9000定义为建立质量方针和质量目标并实现这些目标的体系。

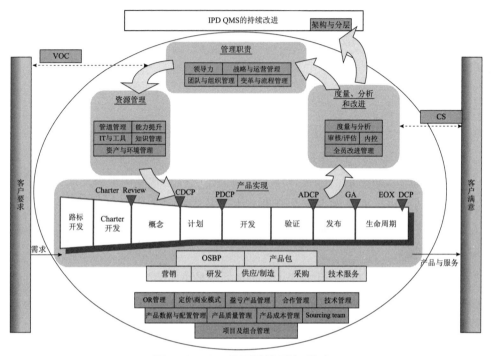

图 7-1 IPD 的质量管理体系框架

一、管理职责

华为各级管理者是各业务质量的最终和第一责任人。各级管理者首先要明确质量目标，满怀热情地坚定支持质量目标的实现。管理者行使带头作用，言传身教，尊重专业，遵守流程，对质量最终结果负责。质量结果作为干部选拔任命、激励、问责的关键要素。对于全员倡导"工匠"精神，一次把事情做对，持续改进。管理者要树立质量标杆和关键事件教育。

二、资源管理

华为开展适当的教育、培训、技能和经验传承，培育组织与人才，打造世界级专家队伍，保证人员能够胜任组织的要求；加强重量级团队建设，优化机制，提升团队成员能力，提升团队整体的决策质量和执行力，做正确的事情；

适时开展质量方法与质量意识的培训与教育，在项目中运用"做前学、做中学、做后学"等方法，总结经验教训，促进业务获得有效增长。

华为对全员的要求：

- 时刻铭记质量是华为生存的基石，为客户服务是华为存在的唯一理由；
- 积极发现问题，科学地解决问题，不放过任何一个可能影响用户使用的问题；
- 专业化交付，追求精益求精的工匠精神，一次把事情做对；
- 人人追求工作质量。不制造、不流出、不接受不符合要求的工作输出；
- 不捂盖子、不推诿、不弄虚作假，基于事实决策和解决问题。

三、产品实现

围绕着价值创造过程的产品实现是端到端的流程，开始于路标开发、Charter开发，历经概念、计划、开发、验证、发布阶段，直至生命周期管理结束。OSBP（Offering/Solution Business Plan，产品包/解决方案商业计划）和产品包开发是全流程中的两条主线，每个决策评审点和全流程都要紧紧盯住这两条主线。营销、研发、制造、供应、采购、技术服务、财务是支撑产品实现的关键功能领域。需求管理、定价/商业模式、盈亏产品管理、管道管理、技术管理、产品数据与配置管理、产品质量管理、产品成本管理、Sourcing Team、合作管理和项目及组合管理是重要的使能流程，共同支撑产品的高质量交付。

四、度量、分析和改进

度量、分析与改进是IPD质量管理体系PDCA闭环中重要的一环。度量、分析与改进的目的是：验证产品、解决方案和服务是否满足客户要求及业务目标，确保管理运作符合IPD质量管理体系的要求，保证IPD质量管理体系的适宜性、充分性、有效性和高效，并驱动公司持续改进。度量和分析、审核/评估、内控等所获得的信息应当作为管理评审的输入，通过IPD质量管理体系的持续改进来推动公司绩效的改进。度量、分析与改进包括产品与过程的度量分析与改进、审核/评估、内控、全员改进管理等模块。

华为公司质量测评体系架构第一层是客户满意度指标；第二层是反映产品应用、技术服务、生产交付三个方面全流程的结果指标，支持客户满意度指标的提升和改进；第三层是针对各业务过程的指标，这些重点关注的过程质量，保证全流程结果指标的实现。

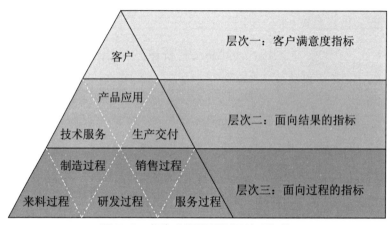

图7-2 华为公司质量测评体系架构

华为的质量测评体系中来自 TL9000 测量体系标准的指标定义，满足《TL9000 测量手册》相关章节要求，质量度量将内部测量与可获得的业界统计数据相比较，作为组织内部持续改进和管理报告的一部分；指标成熟后纳入现有的质量测评体系，关键质量 KPI 纳入一级部门主管个人 PBC，通过高层绩效测评进行监控与推动质量持续改进。华为公司对 KPI 指标每年改进要求如下：

上年度实际值		底 线 值	达 标 值	挑 战 值
有业界数据	达到或优于业界最佳	达标值为基础下浮20%	上年度实际值	上年度实际值为基础改进10%
	在业界平均与业界最佳之间		上年度实际值为基础改进0%～20%	达标值为基础改进10%～30%
	差于业界平均		上年度实际值为基础改进20%～30%	达标值为基础改进30%
无业界数据			上年度实际值为基础改进20%	

7.3.2 实现客户满意是 IPD 质量管理的总目标

客户是公司赖以生存的基础,"成就客户"是华为的核心价值观,为客户服务是华为存在的唯一理由。客户满意就是充分理解客户的需求并及时有效地满足,甚至超越客户的需求和期望。因此,实现客户满意和卓越的经营绩效是 IPD 质量管理的总目标。

以客户价值观为导向,各部门均以客户满意度为部门工作的度量衡,无论直接的、间接的客户满意度都激励、鞭策着华为改进。"下游"就是"上游"的客户,事事、时时都有客户满意度对工作质量进行监督。

华为要求把客户满意管理切切实实地纳入日常工作之中,各级 ST 把客户满意管理作为自己的例行工作来持续开展。经常审视到底使华为的客户满意没有,客户对华为有哪些不满意、抱怨和投诉,有哪些要求和需求,这些要求和需求处理了没有,闭环了没有,解决了没有。只有持续保证客户对华为是满意的,华为才能够持续的生存和发展下去。

华为客户满意管理框架包括客户声音获取,客户声音处理与客户声音闭环。在华为看来,客户感知质量与客户期望质量比较,差距越小,客户满意度水平越高;客户满意度越高,客户抱怨越少,客户忠诚度越高。因此客户满意管理的关键是以客户为中心,提供满足客户要求的产品、解决方案和服务,超越客户的期望;建立顺畅的沟通渠道,保持良好的合作关系,主动倾听客户声音,及时响应客户需求;透明传递客户声音的处理机制和处理情况,坦诚和透明地告知客户需要了解的信息;信守与客户的承诺,并基于客户满意持续改进。华为客户满意相关概念如图 7-3 所示。

徐直军在第二届 PQA 行业大会上指出:"我们一切工作的基础是在客户那里,我们要对客户满意负责,要深入各个现场真正地倾听和了解客户的期望、客户的要求、客户的抱怨,将客户需要我们改进的地方,最终落实到我们的日常工作中。"华为非常重视客户满意管理,为此专门内部发文落实相关工作的要求:

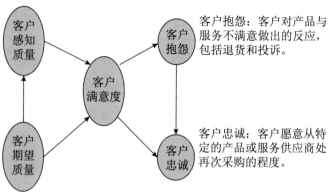

图 7-3 华为客户满意相关概念

（1）实施客户满意管理对管理者的要求：

➤ 管理者负责向全员阐述"以客户为中心"的重要性，每年至少一次向全员沟通客户满意状况及客户关注的主要问题；负责向各层各级沟通"以客户为中心"的工作要求及职责；负责建立本领域的客户满意管理组织。

➤ 管理者负责在本层级 ST 上进行客户满意度专项管理评审，审视客户满意状况，识别共性问题和改进机会，组建改进项目实施改进。

➤ 管理者负责要求本领域各级主管和员工持续在优先重点工作或 PBC 中回答"如何让客户更满意"；负责识别本领域的价值客户，开展针对价值客户的主动拜访、主动倾听；负责识别客户关键满意要素，将识别的需求和期望转化为组织要求，持续提升产品与服务质量。

（2）对客户抱怨/投诉管理的相关要求：

➤ 各相关部门总裁/一把手是本部门客户投诉处理的总负责人。

➤ 对客户投诉本部门的问题，处理责任人必须至少是三级部门主管，以保证能站在客户和公司全局的视角处理问题。

➤ 各处理责任人在接收到处理国内客户投诉问题后，必须在半天内致电安抚客户；如不能在安抚客户的同时给出承诺解决日期，在征得客户认可前提下，也必须在半天内再次致电客户承诺。

➤ 对海外客户投诉处理的时间要求，以投诉接口部门获取的客户期望响

第7章 质量管理

应时间和解决时间为依据。

> 对业务方面的投诉要求 3 天内处理完毕；对体系平台改进方面的投诉要求 3 天内给出客户满意的解决方案，后续定期给客户通报进展，直至客户认同关闭为止。

同时为更好地获取和闭环客户声音，华为还要求员工利用日常出差（如市场支持、技术答标、网上问题攻关、项目交付等）的机会获取客户的抱怨或期望；产品线和业务主管作为业务主体要主动拜访客户，收集的客户"声音"作为业务部门改进的输入，针对共性问题要成立改进项目进行改进，并主动向客户反馈和闭环改进结果。

此外，华为公司每年与国际专业咨询公司合作，开展第三方客户满意度调查工作。满意度调查的内容覆盖产品质量、售前支持服务、交付、工程安装、维护、培训和备件维修等各个方面。分析结果按照不同的方式、范围、内容发给各业务部门、区域机构、公司各级员工，并纳入公司高层领导的考核指标当中，同时要求各业务部门或各区域机构制定下次调查满意度目标值，认真研究调查结果，制定合理措施，以保证目标值的达成。

● 7.3.3 通过决策点和技术评审点在 IPD 流程中构建质量

IPD 流程（见 3.1.3）通过决策评审点：Charter Review、CDCP、PDCP、ADCP、EOMDCP、EOPDCP、EOSDCP 等来构建决策质量。如果有早期销售，需要通过 Early DCP 决策，当 PDT 认为有必要时还可以申请临时 DCP 决策。在每个 DCP，CDT/PDT/TDT/LMT 经理完成决策评审材料按计划申请，由 IPMT/ITMT 决策，项目是否继续前进、终止或重新调整投资方向。

IPD 流程还设置了合适的技术评审点（TR）和功能领域交付评审点（XR）以在 DCP 之前评估技术成熟度和技术风险，在过程中构建产品质量。TR 用以提前发现问题并形成对策，确保项目团队已经识别了所有技术风险，并在产品设计中进行了充分考虑以满足规定的产品需求，避免下游阶段对前期隐藏的缺陷无法纠正或者被迫耗费巨大的人力、物力和时间。通过各功能领域（如市场、制造、采购、服务等）的 XR 机制，安排功能领域专家参与，对交付件、产品质量进行全面把关，在开发过程中构建可制造性、可供应性、可交付性、可服务性、可销售性等。

如图 7-4 所示，TR 关注产品包成熟度；XR 关注功能领域对 OSBP 的支撑以及相关的内部质量，各功能领域的相关管理部门负责评审和把关；PDTR（PDT Review）是根据 XR 和 TR 的评审结果，由 PDT 负责综合审视和评审产品包及商业计划的完成情况和质量。TR、XR 评审点是 DCP 的输入，如果 TR、XR 没有完成，就不能上 DCP；PDT 经理必须把 TR、XR 评审结论，包括存在的问题、风险及改进计划写入 DCP 汇报胶片，供 IPMT 决策时参考。

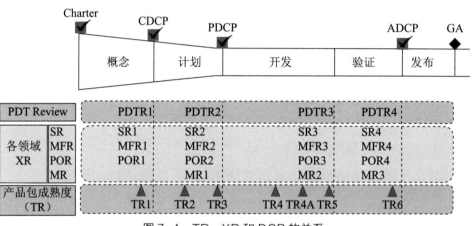

图 7-4　TR、XR 和 DCP 的关系

● 7.3.4　融入 IPD 的产品质量管理

华为采用项目管理方法对产品开发项目进行管理。IPD 项目中的质量管理通常包括质量目标与要求的建立、质量策划、质量控制、质量改进等活动。其中质量策划致力于根据客户和相关方的要求，策划如何达成质量要求；质量控制致力于验证和确认是否达成质量要求；质量改进致力于如何更好地达成质量要求。

第7章 质量管理

一、IPD产品质量管理活动

IPD产品质量管理的首要任务是理解和确认客户和相关方的要求，建立产品和工作质量要求，总结达到这些要求的方法，然后把精力用在达到要求的过程上。因此，产品质量管理的基准是质量要求，质量要求的落地依赖于IPD流程，借助产品质量计划，通过质量策划、质量控制、质量改进，影响和改善组织习惯，进而提升产品交付质量。

IPD产品质量管理围绕以下三方面来开展：

（1）产品质量计划的制定、评审、监控

产品质量计划是根据客户、相关方的要求和公司质量要求，结合开发项目目标，制定项目的质量总体策略和产品质量目标，识别项目要开展的关键计划和执行活动和要求，以及过程偏差。计划由PQA负责制定，PDT核心组成员参与，PDT经理评审后报IPMT批准，后续对质量计划执行进行监控，根据需要遵循规范的PCR变更流程更新质量计划。

（2）阶段质量评估

按照流程和质量计划要求，在里程碑点开展过程质量和结果质量评估，如TR和XR评估，识别问题和风险，并采取措施改进质量。

（3）产品合同制定、签署、验收和评估（详见3.4.3）

二、质量策划

"预则立，不预则废"，质量管理的首要任务是质量策划。质量策划是连接质量目标和具体的质量管理活动之间的桥梁和纽带。

质量策划包括：目标策划、过程策划、控制策划、组织/运作策划、改进策划。质量策划完成后，要以质量计划文档的形式输出并落实监控，通过对质量计划的审核与进展跟踪，发现问题，及时纠正，确保质量目标达成。

目标策划的目的是输出有明确验收标准的质量目标，并与利益关系人充分沟通达成共识。质量目标描述了项目的定位、项目成功的衡量标准，以及目标的排序。质量目标将作为后续各模块策划的基础。

过程策划的目的是确定与项目特点适应的开发过程,并将质量目标导入开发过程的具体活动中。某产品/版本的质量策划经过批准后,后续控制将以策划的内容为标准。过程策划重点考虑质量目标的达成风险及历史版本的经验教训。

控制策划的目的是按计划标准去衡量执行的情况,发现实施中的偏差,采取有效的纠正措施,确保目标顺利实现,根据过程策划内容选择合适的控制点并定义控制标准。输出过程度量计划及审核评估计划,作为项目实施质量控制的输入。

组织/运作策划的目的是要保证过程策划、控制策划、改进策划的内容落地,通过组织策划明确版本团队及角色职责,针对能力差距输出赋能计划,参考质量目标明确团队导向和激励方式,输出团队运作的规则。

改进策划的目的是要考虑在开发过程中确保持续的改进,具体的改进方法包括自上而下的 TOPN 和自下而上的 QCC、改进建议等。

如图 7-5 是 IPD 产品项目质量策划的一个实例:

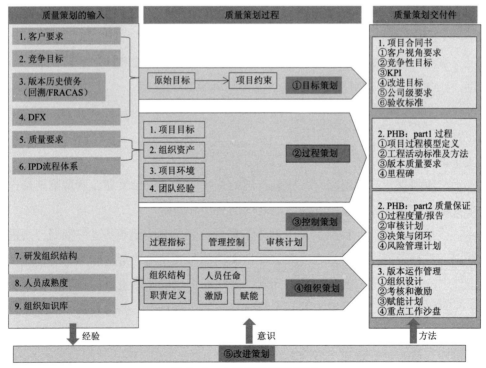

图 7-5　产品项目质量策划

三、质量控制

质量控制的目的是致力于满足质量要求。质量控制是通过监视质量形成过程，消除全过程中引起不合格或不满意效果的因素，以达到质量要求而采用的各种质量作业技术和活动。质量控制是基于流程进行的，严格按照流程执行是质量控制的前提，有效的过程控制是保证交付质量的有效手段。通过流程执行与遵从的检查、在关键质量控制点上的质量检验/验证/评审（质量评估）把关，做好过程质量控制，才能确保最终交付结果的质量。

在 IPD 产品质量管理过程中的质量评估贯穿整个 TR 阶段，每个 TR 阶段质量评估细分为三个阶段：

（1）TR 预评估前，PQA 组织 PDT 核心组进行业务结果及过程质量的日常评估；

（2）TR 预评估过程中，针对过程、结果质量评估识别的风险问题进行综合分析，《TR 质量评估报告》最晚在 TR 预评估时输出；

（3）TR 评审阶段，将《TR 质量评估报告》和 TR 预评估结论上质量保证委员会/质量专家团进行综合评估，给出 TR 是否通过的结论、该阶段点的风险与问题及行动措施。

TR 质量评估以产品包成熟度为核心，重点关注 TR 和 XR 中有关产品包成熟度相关的内容，主要分为结果质量评估和过程质量评估两部分。其中结果质量评估重点关注影响产品包交付和下一阶段活动的关键结果评估项，如规格实现、性能指标、特性评价、DI（遗留问题密度）值等。过程质量评估重点关注关键的业务活动及质量保证活动。包括但不限于：SIT（系统集成测试）活动、硬件改板、缺陷分析、代码 Review 等。过程质量评估是对结果质量评估的深入补充和印证。

四、质量改进

质量改进的目的是致力于增强满足质量要求的能力，通过消除系统性的问题，对现有的质量水平在控制的基础上加以提高，使质量达到一个新水平、新高度。质量改进本身也是一个PDCA循环的过程,它要固化在流程体系中进行标准化,通过质量控制使得标准化的流程得以执行实施,达到新的质量水平。

IPD产品质量管理中的质量改进,把组织级持续改进相关目标/活动/运作与本版本项目实际开发目标/活动/运作进行有机结合,确保客户和组织层面持续改进需求/目标在本版本目标中落实,并在版本实际过程以及版本的团队和例行运作中落地开展,支撑最终商业目标的达成。

IPD项目中常见的改进场景和形式如下:

1. TOPN项目

适用场景:管理评审等组织活动识别的改进项,属于自上而下的改进。

常见来源:a.上级组织的改进分解到本项目开发;b.项目开发团队开发过程中识别出来需要组织层面规划并长期改进的项目。

改进输出:组织级别改进需求及本项目开发团队改进范围承诺,并明确质量目标的内容。

2. 落入产品包需求

适用场景:来自对产品包功能、性能和DFX等质量属性的改进,可以使用产品包需求进行明确,通过产品包的具体开发过程实施。

常见来源:a.在组织资产中可以获取到的技术类问题;b.大T质量要求(合同/标书)中识别出来的技术类规则;c.内部团队提出的具体DFX类改进诉求;d. FRACAS[①]网上问题分析识别的必须在本项目中改进的具体需求。

改进输出:a.刷新包需求,形成新基线,如果涉及需求基线的变更,触发对应需求变更流程;b.作为质量目标策划的输入,审视并刷新质量目标;c.质量目标刷新后,审视过程策划和控制策划的输出是否需要调整。

3. QCC

QCC来源于项目工作,由基层员工自发组织、自主管理的质量改进活动。分析问题根因,应用质量工具方法,聚焦可以实施措施,促进效率提升/质量改进/降低成本,对输出没有特别要求,关注改进效果。

---

① FRACAS,Failure Report Analysis and Corrective Action System,故障报告、分析及纠正措施系统。

开发项目中通用的支撑质量改进的活动:

(1)研发项目总结(版本复盘):分析项目绩效,总结项目经验教训。

(2)缺陷分析:对产品进行量化标示和定性解释。进行缺陷分析的根本目的是正确理解缺陷数据,并以此来更好地控制产品的开发进度、成本和质量。通过缺陷分析活动可以实现测试过程的理解、评估、预测和改进。

(3)问题清零:针对网上问题以及历史版本相关性,保证已经发生的问题在本版本能继承解决结果,保证商用问题不重犯。

(4)质量回溯:质量回溯是一种预防性业务改进方法,通常是由内外部重大质量问题触发,以彻底解决问题,积累经验教训,避免问题重复发生为导向,同时对潜在管理问题实施的及时改进。

7.4 软件质量管理的发展

随着大数据、云计算、物联网等新产业的发展,IT类软件和云服务类软件开发越来越敏捷,质量管理的方法论也在随业务变化而变化。质量管理发展的进程,如图7-6所示。从SPC(质量控制)→People/Process/Technology(基于过程的质量管理)→Agile(敏捷、灰度发布)发展到DevOps。

从质量管理的发展脉络来看,DevOps是敏捷开发和传统IT服务管理的演进,是从客户的视角来看如何实现价值的快速开发和上市,兑现了ITIL[①]二十多年来未能实现的目标:增加可靠性的同时提高业务敏捷性。DevOps管理体系目标是通过技术手段(如自动化测试)、全功能团队运作,保证服务与产品的交付敏捷与质量。

---

① ITIL,Information Technology Infrastructure Library,信息技术基础架构库。

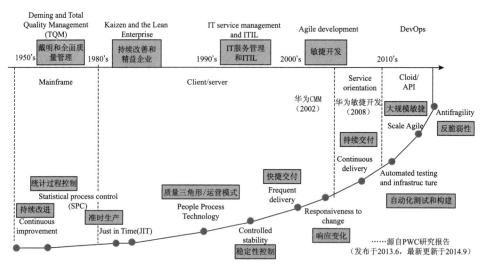

图 7-6 业界质量管理方法发展历程

华为软件质量管理从 2000 年开始通过引进和建立 CMM 体系，逐渐走向软件质量的体系保证。2003 年，华为发布和开始推行符合 CMM5 级的 IPD-CMM V3.0，并于 2004 年通过 CMM5 级认证，2005 年整个公司开始推行 IPD-CMMI。随着全面云化、智能化、软件定义一切的发展，华为也与时俱进，不但狠抓编码质量，还狠抓架构设计、软件工程能力提升；借助软件技术手段、流程、组织与考核体系建设，不但强调重视产品外在表现的高质量结果，更加重视产品内在实现的高质量过程，为客户打造可信的高质量产品，以实现华为的愿景和使命：把数字世界带入每个人、每个家庭、每个组织，构建万物互联的智能世界。

7.5 质量与成本的统一

传统观点对质量与成本的认识：质量与成本是矛盾对立的，需要选择一个

第7章 质量管理

最佳均衡点。20世纪80年代起对质量与成本新的认识：所谓的均衡点是不存在的。质量是满足要求，一次把事情做对，总成本最低。质量管理做好了，综合成本最优。质量管理做得越好的企业，成本越低。

2006年，徐直军在PDT/TDT经理成本高级研讨会上说："提高投资决策的质量才是最早、最大的降成本。IPMT没有有效运作起来，PDT没有发挥作用，常常是弄一个没有基本竞争力的产品就向前走，而又没有及时做出调整。最关键的问题是，在一开始立项做的时候就没想清楚，那这种情况下，自然而然的就是高成本，不可能是低成本。决策不严谨，就造成我们现在30%以上产品版本根本没有上市；30%以上的单板开发出来没有投产。这30%产品本身的成本，再加上开发这些产品、版本和单板的机会成本，这个成本有多大？你们做BOM降成本，一年能降多少？和这个比，肯定是小巫见大巫。所以说，提高投资决策的质量，才是最真正的降成本，真正的构筑最佳成本。"

费敏在华为大学高级管理研讨班点评总结时说："沿着流程把质量搞好了，海量简单重复的事日常都按要求一次性做好过掉，不良品率降低，不返工不窝工，效率是最高的，成本是最低的。"

现运营商BG总裁丁耘在2006年研发质量大会上也指出："过去大家谈成本就是成本，谈质量就是质量，往往看成是矛盾的。但是在十多年前，任总创造性地把质量与成本两个部门合在一起，使得质量和成本的工作协同开展，公司过去这些年，年年降成本达到××%以上，同时我们的质量在稳步提升。"

以前华为产品线的产品质量部、产品成本工程部、信息安全、网络安全、贸易合规、产品数据与配置管理、流程质量、运营支撑等都是分散的组织，后来全部整合到了产品线质量与运营部。因为信息安全也好，网络安全也好，成本也好，都是质量要素之一，都要基于流程来管理，这样才能持续改进和进步。

华为的价值观要从"低成本"走向"高质量"。对质量、成本、进度的追求要以"提升竞争力"为核心，优先考虑质量，必要时可以通过牺牲效率和成本来为高质量服务。

第 8 章
成本管理

成本是客户的核心需求，是产品的核心竞争力。成本工作的关键在研发，通过 IPD 成本管理设立成本基线要求，并在设计中构筑成本的竞争力。研发的成本管理不仅聚焦于创造毛利，一方面还要放眼公司内部运作，无论软硬件产品，都要统筹全流程、全生命周期总成本；另一方面还要延伸到客户的使用，既要考虑其 CAPEX，又要考虑 OPEX，客户使用全生命期内的总成本是客户的核心需求。

在满足客户需求，占领市场的同时，产品、版本、平台、组件构件、CBB、备件种类、器件 BOM 清单，都应该是越少越好，以带来全流程、全生命周期的维护工作和成本的全面降低。

第8章 成本管理

8.1 成本是客户的核心需求

通信行业要能做到像水电煤气一样，普惠全球80亿人，首先成本要降下来。电信运营商采购ADSL[①]设备如果是1000美元/端口，GSM如果是21 000美元/载频，是无法做到用户的广覆盖的。用户量上不来，单位成本也降不下去。

早期，WCDMA[②]比GSM有技术优势，GSM却在全球有绝对垄断地位，原因就是因为成本，是最终用户购买手机的成本。虽然电信系统设备的综合成本是WCDMA最低，但最终用户是选择手机而非系统设备。系统设备和手机的投资比率关系大体上是1∶100，系统设备只是味精，手机才是真正的大米。

近20多年的通信业发展，不管是语音业务，还是数据业务和视频业务，都是通过技术、产品和解决方案的持续创新，使网络建设成本和最终用户使用成本不断降低，进而使电信业务成为全球普遍的业务。从发达国家到发展中国家的人民都能享受普遍通信带来的生活便利，运营商也借此做大做强，因此，成本是运营商的核心需求，成本也在华为设计与开发产品与解决方案中作为关键的设计要素纳入管理。

---

① ADSL，Asymmetric Digital Subscriber Line，非对称数字用户线路，提供的上行和下行不对称带宽，是一种数据传输方式。
② WCDMA，Wideband Code Division Multiple Access，宽带码分多址，是第三代无线通信技术之一。

8.2 成本是核心竞争力

成本是市场竞争的关键制胜因素之一。成本控制应当从产品价值链的角度，权衡投入产出的综合效益，合理地确定控制策略。

公司对产品成本实行目标成本控制，在产品的立项和设计中实行成本否决。目标成本的确定依据是产品的竞争性市场价格。

——《华为公司基本法》

华为产品发展历程中，成本和质量一样，一直是作为核心竞争力来构建的。

2006年，费敏在PDT经理成本研讨会上说："我在华为14年，见证了华为的成长，在华为的历史上，还没有一种产品是成本没有竞争力却能成功的。我们还不具备像Intel、微软那样可以创造一个商业模式的能力，我们还没有创造在成本之外的其他颠覆性竞争力。所以，我们如果没有成本优势是不可能成功的，成本是产品具备竞争力的核心规格之一。"

现战略市场部总裁徐文伟在2009年TCO内部规划汇报会上指出："产品价格不是我们决定的，而是由客户和竞争确定的。我们怎么生存下去呢？唯一的一条路就是我们的内部TCO，包括从研发投入到BOM物料成本、到生产、到运输、到安装的所有内部综合成本，只有在行业里有竞争优势，我们才能活下去。我们不能仅考虑BOM物料成本，而是要考虑客户使用我们产品的生命周期成本，包括维护成本、耗电、机房面积等，在一个周期内客户花的钱最少，才最有竞争力。"

8.3 如何构筑成本竞争力

首先,构筑成本竞争力,要落实管理者职责。管理者和一把手是成本竞争力构筑的第一责任人,需要确定清晰的成本目标、成本战略和重点发力方向,落实组织职责和持续改进机制。管理者重视并监控落实,是构筑成本竞争力的重要保障。

其次,构筑成本竞争力,核心是在规划设计前端构筑,E2E全流程、全生命周期实施成本管理。华为发展早期,市场主要在国内,成本管理主要聚焦在硬件BOM物料成本上,较少去关注其他环节成本。但随着华为销售规模的增加,海外市场的拓展,硬件BOM以外的成本大幅增加,占比比想象的要大得多,可优化的空间也要大得多。另外,华为发展历史上,因为决策失误,研发也做错了很多产品,浪费了很多成本和资源投入。2006年在PDT经理参与的成本研讨会上,徐直军明确指出,成本管理一定要转变观念,要关注决策失误的成本浪费,同时要从原来仅仅关注硬件BOM成本,转变成关注产品全流程、全生命周期的成本,特别是服务环节,以及生产、运输环节的成本。

8.3.1 落实管理者职责和成本改进要求

各产品线总裁/SPDT[①]经理/PDT经理,是成本竞争力构筑和目标达成的第一责任人,在所属管辖范围内,承接和分解华为公司的成本目标和战略要求,确定短期和中长期的重点改进方向,并落实到E2E组织中持续改进。为了牵引各产品线总裁/SPDT经理/PDT经理承担起全流程成本管理职责,要求从PDT到产品线分层分级建立例行的成本汇报和评审机制,持续改进成本管理,

---

① SPDT,Super Product Development Team,超级产品开发团队。它作为一个独立产业的经营团队,直接面向外部独立的细分市场,对本产业内的端到端经营损益及客户满意度负责。

构筑成本竞争力。

成本竞争力目标要参照业界最佳来设定，在没有成为业界最佳前，应以业界最佳为标杆设置成本目标，在已成为业界最佳后，每年的改进必须大于业界主要友商的改进幅度。如果不清楚业界最佳，原则上每年改进不低于 30%。

● 8.3.2　提高投资决策质量是最大的降成本

IPD 引入华为公司一段时间后，IRB 对所有 IPMT 决策过程进行听证，分析华为公司的所有产品和解决方案走势和亏损的情况，损失最大的是 N 产品，端到端累计亏损巨大，就是再怎么降成本也降不回来。通过听证，发现亏损大的产品，都是因为没有很好地进行深度决策，或者根本就没有决策，或者决策只是个形式，或者在做决策的时候根本就没有做很好的调查分析研究。匆匆忙忙的一个项目组就可以决策做一个产品或一个版本，一个市场来的未经分析的需求就可以决策做一个产品或一个版本。

决策不严谨，造成很多产品和版本根本没有上市，很多硬件电路板开发出来没有投产。这些产品、版本和电路板本身的成本，再加上开发这些产品、版本和电路板的机会成本，加起来的成本浪费很大。华为基于硬件 BOM 的降成本，和这个比是小巫见大巫。因此，提高投资决策的质量，才是真正的降成本，从最前端就去避免最大浪费产生的可能性，真正的构筑最佳成本竞争力。

● 8.3.3　在架构和设计中构筑全流程、全生命周期、E2E 成本竞争力

早期华为的新产品设计，开始时总是讨论不充分，完成的产品就像湿漉漉的毛巾，里面隐含的浪费很多，要拧干湿毛巾，有很多办法。但事后拧毛巾已是降成本行为、事后行为，和前端就构筑好成本竞争力有很大差异。

2006 年，徐直军在 PDT 经理研讨会以及华为第一届成本技术大会上都反复强调，要从降成本向管理成本转变，在前端尤其是架构和设计中构筑 E2E 的成本竞争力，努力做到从降成本到无成本可降。

第8章 成本管理

华为公司是以做产品为主导的公司,"E2E 环节的问题源头都在研发"。如果产品质量很好,从来不瘫机,从来都不出现问题,技术服务的人员维护能力再差也没问题;如果说产品可制造性很好,生产线的工人水平差一点也没问题。作为一个以产品为主导的公司,只要是跟产品相关的 E2E 环节的任何问题,只要去追根溯源,找到最后都跟产品和前端研发有关。因此,架构师和设计师要对产品 E2E 成本竞争力的构建负责。

一、构筑 E2E 成本竞争力,首先是前端,Charter 立项时就把成本目标要求提出来

华为的成本管理,遵循目标成本管理流程。项目 Charter 的时候,有专门的团队去专注于 Charter 的开发,把市场调查清楚,把客户需求特别是客户在未来的价格需求了解清楚,把友商的产品成本分析清楚,确保有很好的决策质量。在调查清楚的基础上,Marketing 的人员还必须在做产品规划的时候,不管是新产品,还是新版本,都要在做 Charter 的时候,就把未来这个产品或版本推出时的成本规划出来。如果版本推迟了,就要说明,因为不同点的成本要求是不一样的。

Marketing 体系,特别是 PL-Marketing 在开发 Charter 的时候就时时关注成本并提出要求,有了这个要求,就能作为架构设计师的输入源,要他们围绕这个目标去做架构,去做设计,这样架构设计师在做架构设计的时候就有成本压力。否则的话,客户的特性满足了,但是产品制造出来后的成本是友商的好几倍,那辛苦做出来的产品也没什么竞争力。成本这个要素,实际上就包含在特性要素里面,应该是需求包里面最重要的因素之一,同时又是最容易被忽视的要素。

二、持续通过产品设计,构筑全流程、全生命周期和 E2E 的低成本

Charter 立项时的产品成本目标,不仅仅是针对硬件 BOM 领域,还包括软件领域、制造领域、运输领域、存货领域以及服务领域,这些所有环节的成本目标都要在设计中构筑和实现。去看一个产品成本的时候,不能只看硬件

BOM 成本,而是全流程各环节一环一环地看:硬件 BOM 成本目标是多少,相比上一个版本降了多少;服务环节的成本目标是多少,降多少;制造环节的成本目标是多少,降多少;运营环节的成本目标是多少,降多少……

1. 加强合作,减少无效的开发

有些产品或部件,华为自己开发要投入很大的力量,没有历史积累和明显优势,这样的开发是不可能盈利的,这时就要改变习惯性思维。有些东西业界已经做得很好了,这时就应该加强合作,减少无效开发。

对于一些部件,不用一上手就自己做,要先分析一下,业界有多少部件是可以采用"拿来主义"的,通过合作和购买,让合作伙伴去做。现在行业追求的是一个产品快速响应市场,如果能利用业界已经有的成果,通过合作获得一些部件,形成一套解决方案或一种产品,从而快速推向市场,何乐而不为呢?尤其是一些部件,有些厂商和合作伙伴已经做得很专业,而华为是半路出家,这种开发就是无效开发。

2. 满足同样客户要求,设计越简单成本越低

产品设计的目标是满足客户需求,在满足客户需求的前提下,设计最优方案。设计方案越简单,则产品越可靠,成本越低,过设计是一种高成本。比如产品硬件 PCB 板,不要追求层数,并不是层数越多越好,工程工艺人员要研究一些新的工艺技术,使得能够减少 PCB 板层数。减少层数,就可以降低 PCB 板的成本。

3. 软件设计和优化降低成本

软件优化也是最大的降低成本的手段之一。尤其是什么都 Over IP 或云化以后,提高软件运行的效率,提高软件的性能,也是降成本。华为核心网等软件产品,提高软件运行的效率,在同等硬件能力下可以提高容量,提升客户价值。也可以通过对处理器的软件底层代码进行优化,直接提升硬件处理能力。往往努力去改硬件电路板,好不容易才降了 5%,还不如好好去把这个软件优化一下,提高性能 20% ~ 30%,同样可以大幅度降低成本,达到甚至超过硬件 BOM 降成本的效果。所以,千万不能忽视软件降成本,其贡献也是很可观的。

第8章 成本管理

4. 降低对工具、仪器设备、人员技能等要求，提升直通率，降低制造环节成本

生产制造环节也有一定的成本。华为公司有很多层数很高的PCB板，一般层数高的PCB板，也是面积最大的。为了这个面积最大的板子，生产线就要重新给它准备夹具，准备新的仪器、仪表，这要增加很多成本。板子层数越多，尺寸越不标准，仪器、仪表、夹具准备的费用高，直通率还低，直通率低又意味着高成本，因为维修啊，返工啊，又是成本。要关注制造环节成本到底是多少，同时还要关注可制造性，可制造性好，可减少工序和仪器、仪表，同样是降成本。

5. 模块化设计，降低运输成本

华为产品的运输方式不好，因为产品设计不支持模块化运输，动不动就是空运，且几乎全部从深圳出发，运费很高。外购的一个小型机服务器，一定要IBM从马来西亚运到深圳，然后在华为的生产车间里面调测一下，然后又从这里发到马来西亚。做不到马来西亚的东西直接发到全球，要到华为总部转一下。如果能支持模块化运输，把它拆成模块，然后到现场组装，就可以节约运输成本。

6. 归一化和延迟制造，降低存货成本

华为产品覆盖电信运营商、企业以及消费者三个领域，产品形态多，物料种类多，配置复杂。为了灵活满足客户的各种需求，不同的项目又有不同的软硬件配置要求。这么多的产品、配置和物料种类，做好供应计划、原材料、半成品和成品的库存管理面临很大的困难，很容易造成存货成本提高。解决这个问题的关键是做好归一化，对应的软硬件要归一。平台少了，机柜机框少了，电路板少了，器件种类少了，计划对象和存货对象也就少了，周转才会快，存货成本才能降下来。另一个是延迟制造，不少产品在不同的客户市场只有细微差异或者配置差异，如果华为公司按成品库存，管理的编码就会非常多，库存也大，但如果把差异部分和公共部分拆分做库存，管理的物料编码就会大幅减少，计划难度也降低了，库存量也就会降下来。通过归一化和延迟制造，不仅能降低存货成本，还可以快速生产交付出客户需要的产品。

7. 产品设计优化，降低、优化服务环节成本

服务环节的成本包括安装成本、调测成本、维护成本、处理问题的成本以及升级的成本。

（1）安装成本。早期安装一个接入产品的机柜，由于机柜侧门是做死的，不能打开，接入产品要手工打很多用户线缆，耗费的工时很多。后来改进了，把侧门做两个螺钉，可以先把线打完，再把侧门拧上去，安装工时减少了30%。产品规划团队应该针对安装这个环节，分析行业里机柜安装要多长时间，华为产品当前需要多长时间，Charter 时就设定和业界靠拢的目标。

（2）调测成本。早期无线产品，一个基站原来要调测 40 个小时。架构设计师在设计的时候，估计也没有调查业界一个基站调测时间是多长，没有好好分析标杆。后来发现这个调测时间确实太长，成本太高。在中国调测，人力成本相对低一些，问题严重程度小一些，到欧洲要调测 40 个小时，要多少钱？后来就开发了一个自动调测工具，从 40 个小时降到了半个小时，降低幅度很大，而且原来 40 个小时的调测还必须是专家才能调测，现在由于是自动化的调测工具，一般人员就可以了，一个在天上，一个在地下。如果一开始就设计一个自动化的调测工具，就可节省很多个工时，节约大量成本。40 个工时和 0.5 个工时，分别乘以不同国家劳动力的工资水平，差距就很清楚。通过 UCD 设计、可测试性设计，工时减少了，不用到现场，一个指令就能把当时的实际参数发回总部，一个电话就可以指导客户自处理，这就是可测试性设计对成本的贡献。

（3）维护成本。早期维护指导书写得不好，操作一个指令就要从前翻到后，再从后翻到前。分析 L 公司，任何一次操作，它只要三下，不管做什么操作，三下就可以完成。华为公司资料要从第 1 页翻到第 20 页，从第 20 页又翻回到第 5 页，从第 5 页再转到第 130 页，就是为了处理一个问题。菜单呢，主菜单到子菜单，子菜单又回主菜单，处理一个问题，这都是维护成本！维护成本表面上是客户的，但归根结底要华为公司自己承担。

（4）处理问题的成本。早期华为交换机量大，产品质量问题多，网上一出问题，技术服务人员就往客户机房跑。由于不能远程定位问题，采用换板方式确定故障原因，为不影响电话用户使用，经常是半夜才开始工作。有时服务

人员不能按指导书定位解决问题,还需要研发人员去现场支持,有些故障不能重现,还需要现场值守,直到找出问题原因为止。故障单板一般要寄回公司进行分析,如是设计缺陷需要进行产品设计优化,影响严重的需要进行网上批量整改,耗费大量人力物力。后来华为建立和不断更新了设计规范,IPD流程也有严格的质量标准和要求,没有达到发货质量要求的产品不允许发货。

(5)升级成本。站点多的产品,如接入类产品,远程升级是天经地义的。早期接入产品不是远程升级的。为了进入一些海外运营商市场,华为研发部门被服务部门要求支持远程升级。以前没有远程升级,那么多局点,要请几十个欧洲人干几十天。做了远程升级工作以后,几天就干完了,这也是成本。开发任何一种产品的时候,就要针对产品形态,设计好升级工具和方案。有的产品升级是联动的,当初设计的十几个部件,升级任何一个,所有的部件就都要升级,必须解决紧耦合的问题。

服务环节的成本,必须考虑从安装调测到维护、到问题处理、到升级的全方面成本。产品、版本升级是必然的,要以工时作为成本目标。接入层产品安装就是一个机柜,以后全球通用的基本就是19英寸的机柜,不管什么产品,同样是这个规格的机柜,安装就应该有统一的标准时间,调测也是一个标准时间。服务环节服务成本居高不下,除了技术服务部门的管理问题和窝工问题外,更多的是产品设计的问题,在设计过程中就构筑了高成本,降也降不下来。

8. 参与到市场环节,降低客户的 OPEX、CAPEX

不合理的合同配置降低了华为产品的盈利能力,也浪费了客户的投资。而产品复杂性、配置的多样化,又是不能回避的。华为固定网络产品线开发的 Designer 设计工具,能够直接根据客户业务需求、网络拓扑方案,输出设备层次的清单(电路板、机柜、安装物料等),利用 Quoter 工具匹配上报价,直接用于招投标,效果非常好。研发参与合同配置的评审,在总体方案、库存消耗、配套件、运输方式上可以保证更加合理。因此,研发参与到市场环节,是可以为客户和华为公司创造双赢的局面的。

综上所述,在架构设计中构筑 E2E 成本竞争力,就一定要关注全流程、全生命周期的成本管理、优化,不能只关注硬件 BOM 成本,更要关注服务环节的成本，包括安装成本、维护成本、处理问题的成本、升级成本，还要关注制造环节成本、运输环节成本和存货环节成本。同时，如果再有一个好的产品架构，就能确保整个生命周期内产品都有强大的生命力、竞争力。

◉ 8.3.4 通过归一化、标准化构筑规模优势，提升成本竞争力

华为公司覆盖产品形态多，采购规模越来越大，器件类的采购一年就是数百亿元。规模大，就要获得规模效益和规模采购优势。但是，早期新平台、新产品、新电路板的开发，新器件的选型管理不规范，存在平台多、电路板多、器件多、辅料多的情况，华为几乎有全球最大的BOM库！但每一个器件采购量都不大，没有成为供应商的TOP N的客户，供应商也不会给优惠的价格。通过公司横向拉通的平台化、模块化、归一化和标准化管理，减少主流产品的规格和配置种类，大幅度降低平台、产品、电路板和器件数量，通过复用提高公司规模采购优势，从而可以大幅度降低成本，构筑起竞争力。同时规模采购下，还可以提高供应的柔性，降低库存成本。因此需要改变观念，是通过"细分硬件配置种类、降低硬件BOM物料成本"的降成本模式，还是"归一化、标准化、通过规模复用效应"来降低采购以及E2E生命周期总成本，很多情况下，后者带来的收益远大于前者。

归一化、标准化管理包括很多领域，架构平台要归一，产品、版本要归一，电路板、器件也要归一。

一、通过部件标准化和复用，降低全流程、全生命周期成本，构筑成本竞争力

1. 电路板数量归一和设计标准化

开发一块新的硬件电路板，只要走向了市场，全流程的成本是很高的。因为任何一块电路板，除了内部设计、生产、发货各环节的成本，还有生命周期的维护成本。一发出去就要管20年，在生命周期内要管它的备件，它的维修，还要管因它引起的呆死料，这样算下来成本很高。电路板设计数量越多，产品

成本自然就越高。因此,要从源头严格控制电路板的开发,要计算成本和投入产出,开发这块新板,是不是能真正降低成本?为了把器件换一下,为了局部降成本,为了支持某一特性,却开发一块新电路板,这些产生的成本都要以后全生命周期来承担。可采取一些方法、手段,把电路板的标准部分固化下来,开发可变部分,这样的话,既能降低成本,又能适应市场的需求。

2. 电路板尺寸标准化

早期,华为不同 PDT 使用不同的电路板尺寸。现在华为已经发布了电路板尺寸规范,以后的电路板就只有几种尺寸,必须在这些尺寸里选。如果要创造一种新的尺寸,非常困难,要上升到很高的层级批准。因为让华为增加一种电路板尺寸,就意味着生产线要为支撑这个尺寸,在生产环节准备全新的夹具、工艺,会增加很多的成本。采用华为公司标准的电路板尺寸,在生产环节上就不会多投资。

3. 机柜、插框、接插件、电源和线缆归一化

以前,华为忽视机柜、插框、接插件、电源和线缆,现在这部分所占成本的比例越来越高,而且都在涨价。华为公司是业界最多结构件 BOM 的厂商,是业界最多的线缆 BOM 厂商,也是全球最多的电源模块厂商。不同的 PDT 之间,不同的产品线之间,互不相通,各用各的,造成很简单的线缆、接插件、机柜,生产出很多种类。华为要求整机研发部门须对机柜、插框、接插件、线缆、电源的归一化承担起管理责任,不能各个产品线,各个 PDT 要什么东西就给什么东西,需要制定规范。

机柜、插框、电源模块、线缆等是需要重点归一化的物料,PDT 不能只管开发的电路板,而是要把这些结构件物料也管起来。PDT 除了自身产品归一化外,还要尽可能跟公司主流走,公司用得多的,采购成本就肯定低。采购是要看规模效应的,公司采购规模越大,采购成本越低。

4. 器件选型的归一化和复用

早期器件管理上,出现过组织职责错乱的问题,管理的失控,造成有一段时间新器件数量大幅度上升,华为公司成为全球最大的 BOM 厂商。公司需要制定可选型器件规范,制定可选型结构、连接器、线缆、阻容等规范。这些规范建立以后，PDT 在设计硬件时，在器件选型方面是受控的，要优选在器件库里的器件。如果要选新器件，就要有充分的理由，否则，就只能在华为的优选器件库里选。当然，器件选型也要考虑终端类产品的实际，不能终端本来有 2～3 年生命周期的，却选 20 年生命周期的器件。

5. 工程辅料和配套件的设计归一

华为无线产品线以前更多关注基站的成本管理。但客户招标时，是铁塔、电池、天线和馈缆一起招标的。投标时，铁塔成本降不下来，馈缆、天线、电池和基站成本怎么降都没用，做了也是白做。因为基站成本只占总成本的一部分。不同的产品线都面临工程辅料和配套件的问题。工程辅料和配套产品同样有相当大的成本空间，而且往往是在产品里面根本无法降到的空间。

对于一些大型的项目，在方案的设计上，是天差地别的。一个大的项目，方案设计得好，它的综合造价低；设计得差，综合造价高，往往有 10% 到 20% 的差距。一线的行销人力有限，这种大的项目，如果产品研发介入，在方案上进行优化的话，能够大幅度降低工程的造价。有一个项目，原设计是室外机柜旁再装个蓄电池柜，其实华为室外机柜就有一个空间恰好可以安装蓄电池，但一线不知道。后来就把蓄电池装到室外机柜里面去，不需要独立蓄电池柜，因为有很多站点，这样总共就可以节省几百万美元。

二、通过架构和平台实现共享，降低全流程、全生命周期成本，构筑成本竞争力

通过架构和平台，在公司层面上达到规模优势和共享。任何一种产品的平台，任何一种产品的架构，都是低成本的核心原因。稳定的跨领域共享的平台和架构，支撑产品持续的生命周期就会更长；发货量更大，成本就会更低。早期，由于特殊的市场情况，CDMA 产品线一直在夹缝中生存，很艰难，但他们有一种用最小的投入做出最好的产品来证明他们的追求。所以，CDMA 产品线从开始到后来，器件归一化都是做得最好的，研发投入是最少的。凡是华为公司已有的平台，它基本上都用。而有些 PDT 总说平台不符合自己的要求，非要自己做不可，这样孤立的平台，发货量有限，成本也降不下来。

现在技术越来越集成，很多平台，在各个产品线及各个 PDT 之间是可以共享的。华为要求每个 PDT，每季度或者每半年要例行清理自己的 BOM。事实上有很多是高成本的或是不用的东西在那里，只有不断地去例行审视、优化产品的 BOM 库，才能避免 BOM 只增加不减少。

因此，归一化、标准化管理，华为要求研发牵头，各级平台部门、职能部门协作，将器件、电路板、结构件、配套件等归一化到有限的数量上，以架构、平台、CBB 形式承载，在 PDT 中大量复用，通过规模优势，减少重复开发，提升产品的成本竞争力。

● 8.3.5 应用价值工程方法，用精益、创新的思维，从前端构筑成本竞争力

华为要求在前端设计中就构筑好成本竞争力，并且明确构筑竞争力的维度，但如何构筑成本竞争力，特别是从前端一次性就把成本竞争力构筑到位，还需要有系统的方法。

价值工程 VE 法是业界构筑成本竞争力，提升客户价值的系统的、通用的方法。该方法源于美国，日本和韩国引入后，丰田、三星等很多公司都有成功的管理实践。VM（Value Methodology）是 VA（Value Analysis）、VE（Value Engineering）的统称，VM 在很多情况下，也直接称为价值工程 VE。

价值工程 VE，通过最低的 E2E 生命周期总成本，满足客户必要的功能和需求，进而提升客户价值。它追求功能和成本之间的最佳平衡，而不是绝对的低成本。

VE 可用下面的公式表达：

$$V=F/C$$

其中，V——价值；F——功能；C——成本。

华为公司借鉴业界通行的 VE 方法，应用在设计端构筑成本竞争力。VE 和传统的成本管理方法不同，如图 8-1 所示。它不是基于部件的替代和商务谈判简单降成本，而是以客户需求为起点，首先针对业务对象，进行全面的功能

抽象，并把功能分类为基本功能、可选功能和冗余功能，针对不同功能实施差异化的成本管理，通过精益消除冗余功能，通过多方案择优满足基本功能，寻求在设计前端就一次性构筑好成本竞争力。

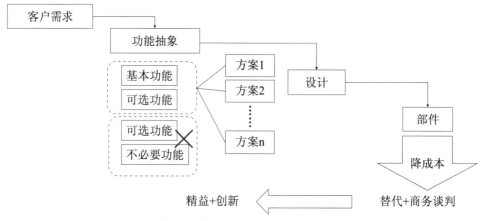

图 8-1　价值方法论管理成本和传统降成本的区别

8.4 成本与质量的关系

成本和质量都是客户的核心需求，两者密不可分，需要放在一起统筹考虑。任正非在一次质量工作的汇报会上提出，对质量、成本、进度的追求，都要以"提升竞争力"为核心，优先考虑质量，必要时可以牺牲效率和成本为高质量服务。

一、成本和质量一样，需要全员意识

费敏在一次成本管理开工会的讲话中说："成本和质量一样，需要全员意识，成本和质量工作是最典型的'Zero Resource，More Return'的管理改进工作，

第8章　成本管理

是投入产出最高的工作，最值得长期去耕耘的工作，从新员工进公司大门的第一天，就要开始灌输。要将成本和质量的观念形成工作意识，就像空气和呼吸对于我们每个人一样，这样，我们的成本工作，就有了绵绵不绝的推动力。"

二、成本管理和质量管理要高效协同

当实施成本优化方案时，就相当于带来一种变更，变更就有可能带来质量风险，如果没有有效的质量管理手段规避质量风险，就会出质量问题。因此，成本管理一定要同质量管理有效协同。当质量和成本产生冲突的时候，优先考虑的是质量，使得产品在客户的层面，质量和成本竞争力都能得到提升。

三、抓好质量也是降成本

质量是符合性需求，质量合格就是质量满足要求，满足客户质量要求下，一次性把事情做对是绝对的低成本。

8.3.2节里也提到，提高投资决策质量是最大的降成本，从规划设计前端抓好质量，避免浪费。沿着流程把质量工作抓好，海量简单重复的事按照要求一次性做好，从前端就管理好需求，权衡好功能和方案，问题尽早发现和规避，降低不良品率，不返工、不窝工，效率最高，成本最低。

四、在质量优先的情况下构筑成本竞争力

华为公司的总体战略是"质量优先，以质取胜"，要在质量优先的情况下构筑成本竞争力。质量和成本协同管理的主要规则有以下几条：

（1）质量和成本是统一的，要同时具备质量和成本意识。
（2）质量和成本都是设计出来的。
（3）质量和成本标准的制定和优化要瞄准客户需求、行业要求。
（4）鼓励通过方案创新和业务模式优化管理成本。

五、应用价值工程VE方法，同时提升成本和质量竞争力

GE以及丰田等公司，使用价值工程VE方法，聚焦产品设计中的浪费消

除和方案创新，从而达到既能降成本，又能保障质量的目的。华为公司的成本管理，借鉴和遵循类似的方法，在研发和交付活动中，应用价值工程 VE 方法，同时提升成本和质量竞争力。

8.5 成本管理组织

华为公司成本管理组织分三层：第一层是公司管理团队，确定整个公司的成本战略和方向；第二层是成本委员会，BG、BU 层面设置成本委员会，在所属范围内，成本委员会是成本管理的最高决策和管理组织，负责制定本领域的成本策略、目标，管理成本措施的执行落地；第三层是各业务部门，负责具体的措施落地和成本持续改进。

同时，BG/BU 等组织下面设置质量与运营部，质量与运营部下面设置成本部，持续积累成本管理、成本方法和成本技术等能力。

成本部的具体职责如下：

（1）支撑各级成本管理委员会和成本管理组织运作，负责跨部门成本管理工作共享、协同和协调推动，确保成本竞争力战略落地；

（2）分析和探索成本优化方法论，把业界最佳实践和华为实践相结合，形成系统的成本管理方法和手段；

（3）持续积累低成本基线，推动低成本技术积累，提升成本机会点诊断能力和落地实施的能力；

（4）成本文化建设，通过宣传、培训、案例共享等手段，提高全员成本意识和能力。

第 9 章
变革管理和持续改进

进化论最核心的观点是适者生存，世上的强和大，都不能保持基业长青。华为公司如果想要活下去，唯一出路就在符合实际和趋势的变革。

然而变革总是困难重重，而且变革受挫几乎是业界的常态，因此变革需要决心、勇气和智慧，更需要领导力。任何业务变革都离不开高层领导的大力支持，持续不断的培训与"松土"，尤其是匹配业务特点的渐进式推行。

华为变革的成功并非一帆风顺，不是容易或偶然的。20年后，再来回顾IPD，成功的主要原因大致如下：

1. 高层的决心和领导力。主要是变革的决心，因为没有退路，体现在华为当时坚持"先僵化，后优化，再固化"的原则上。

2. 文化价值观的保驾护航。华为"一切都为了为客户创造价值，以创造价值的奋斗者为本"，使得很多其他企业难以实现的变革，在华为可以实现。

3. 变革方案本身的正确性。没有被IBM本身变革成功验证过的IPD，不可能在华为落地生根。加上华为不断的优化固化，使得IPD的正确性得以落实。

4. 华为的执行力。包括两部分：①IPD之前，华为有成功的产品开发实践和优秀的开发队伍，他们经历过实战的洗礼并有非常成功的经验和经历；②IPD变革开始后，持续多年前赴后继投入大量专职的、有成功产品开发经验的优秀干部和专家。在人力资源上给予了充分的保障和有效的激励，包括对核心组和扩展组。

5. 研发组织结构和治理架构的变革。2002年产品线的大变革，使研发组织彻底地从统一的大功能部门（大研发），变成了担负E2E职责和使命的产品线，并从组织到干部，从考核激励到运营管理体系上，完成了以产品线为经营中心的管理与组织变革，使产品线和IPMT在人事组织/治理运作及责任和权利上完全一致起来。这是IPD从2001—2002年走出低谷，不断迈向成功的关键。

6. 精心做好试点。事先充分准备和实施过程的全心投入和全力以赴。试点的成功和摸索出的一套符合华为实际的 IPD 初步方案,是后来推行 IPD 的基础。

7. 管理变革的节奏。变革是通过影响人的思想进而改变人的行为和做事方式的,变革的节奏非常重要。华为采用关注(培训与"松土",获得理解和支持)、发明(不断优化验证提升效率,适应新业务)、推行(30% 推行,全面推行)、持续改进的变革方法,使华为 IPD 变革成功地走到今天。

IPD 变革是华为研发走向世界级的现代化之路。华为坚持虚心学习世界领先企业的先进管理体系,不断转化成自身的素质和内功。IPD 变革大致分为突破期、全面推行期、与时俱进三个阶段。华为基于每年 TPM 评估,不断优化改进,经过 20 年的努力,使 IPD 成为一个有生命的管理体系,支撑华为全球业务的不断拓展,成为世界级领先企业。

9.1 IPD管理变革突破

1999—2001年是华为IPD突破阶段,"松土""导入"是华为人接受和认同IPD变革成功的第一步。

9.1.1 高层的大力支持是业务变革成功的首要因素

IBM资深顾问Stas曾参与过很多公司的业务变革项目,有很多项目失败了。他认为失败的最主要原因是关键人物没有真正参与进来。IBM公司为什么通过IPD变革项目取得巨大成功呢?主要原因之一是得到了高层的大力支持。IBM总裁郭士纳非常重视IPD项目,据Stas回忆,郭士纳总是要求IBM的高层领导去亲自参与IPD、供应链的变革,有的高级干部因为没有做到而被解聘。

任正非等华为高层领导从项目初期开始就非常支持IPD业务变革。任正非多次在各类会议上发表讲话,反复强调IPD对华为的重要性。"IPD关系到公司未来的生存与发展,各级组织、各级部门都要充分认识到它的重要性。不要把IPD行为变成研发部门的行为,IPD是全流程的行为,各个部门都要走到IPD里来。就IPD来说,学得明白就上岗,学不明白就撤掉,我们就是这个原则,否则我们无法整改。"

第9章　变革管理和持续改进

任正非解释道:"华为还可能会从现在的一万多人变成两万人、三万人,如果还采取现在这种管理方式,我认为效率只会越来越低,而不是越来越高。主客观上,华为公司都需要一场变革,各级部门要紧密配合,努力改进我们的工作方法。从主观上来讲,首先华为希望在技术上有所发展、成为一家很优秀的公司,其次要缩短产品开发周期,加强资源配置密度,提高产品的先进水平和质量水平。从客观上来讲,中国要加入WTO,而美国要信息产业,我们很快就会与他们对阵。打不赢就是以我们死亡或破产为命运。所以主观与客观两方面都逼着我们必须努力改进方法。IPD业务变革实质上涉及各个部门,是全流程的行为,而不仅仅是研发部门的行为。"

◉ 9.1.2　沉下心来,穿一双"美国鞋"

世界上还有非常好的管理,但是我们不能什么管理都学,什么管理都学习的结果只能是一个白痴。因为这个往这边管,那个往那边管,综合起来就抵消为零。所以我们只向一个顾问学习,只学一种模型。我们这些年的改革失败就是老有新花样、新东西出来,然后一样都没有用。因此我认为踏踏实实,沉下心来,就穿一双"美国鞋"。只有虚心向他们学习,我们才能战胜他们。

——任正非

在管理改进和学习西方先进管理方面,华为的方针是"削足适履",对系统"先僵化,后优化,再固化"。必须全面、充分、真实地理解顾问公司提供的西方公司的管理思想,而不是简单机械地引进片面、支离破碎的东西。华为有很大的决心向西方学习。2000年前的华为公司,当时很多方面不是在创新,而是在规范,这就是华为向西方学习的一个很痛苦的过程。正像一个小孩,在小的时候,为生存而劳碌,腰都压弯了,长大后骨骼定形后改起来很困难。因此,任正非要求华为在向西方学习的过程中,要防止东方人好幻想的习惯,否则不可能真正学习到管理的真谛。

提倡"削足适履",华为认为不是坏事,而是与国际接轨。华为引进了一双美国新鞋,刚穿总会夹脚,一时又不知如何使它变成中国布鞋。如果把美国鞋开几个洞,那么这样的管理体系华为也不敢用。任正非告诫大家在没有理解内涵前,千万不要有改进别人的思想,否则就犯了管理幼稚病,改革的失败机会将多于成功。因此,华为决定在一段时间必须"削足适履"。

华为在 IPD 突破期,就是采用先僵化方法,学习理解 IPD 的理念和真经,让业界最佳流程和管理体系在华为先跑起来,在跑的过程中加深理解和消化。

任正非强调指出:"要先僵化后优化。在当前二三年之内以理解消化为主,二三年后,有适当的改进。"

● 9.1.3　培训培训再培训,松土松土再松土

要变革成功,在变革的整个过程中都要有充分的沟通,上下级之间、同事之间、团队内部、团队间都要有沟通。沟通一定要充分,宁可过分沟通也不要沟通不足。为了达到有效的沟通,对不同的人应该有不同的沟通方法及沟通内容,要注意根据对象及场合对信息进行裁剪。如果沟通方式、策略不恰当,人们还是会对变革有很强的逆反心理,不能营造好的气氛。

对于大规模的变革,为了达到有效的沟通,要求有明确的沟通目标。沟通要贯穿整个项目,要帮助各层主管及员工理解并接受变革的好处,同时也要理解员工的担心,鼓励员工的参与。变革也许是痛苦的,但无论对个人还是整个公司来说,变革都是值得的。对于重大的变革,要专门有一个沟通小组负责整个公司的沟通工作。

任正非多次指出要把 IPD 培训做到家喻户晓,高层领导要亲自抓推广培训。全公司上上下下要有一种危机感。谁如果不顺应这种变革,谁可能就没有了岗位,可能就没有了工作机会。因此,要使每个人在不同的岗位上、不同的条件下接受不同形式的学习和教育。

1999 年 3 月 1 日,华为 IPD 业务变革项目正式启动。IPD 项目分为关注、发明、推广三个阶段。关注阶段直到 8 月底结束,此阶段除了调查和分析华为的产品开发现状外,还有个重要目的是培训 IPD 理论,获得公司高层领导对

第9章 变革管理和持续改进

IPD方法论的理解和支持，谓之"松土"。即通过培训，让公司所有三级以上的管理者都能了解IPD变革项目，为后期的IPD推行排除思想上的障碍。从3月到4月底，IBM顾问分五次对公司四级以上管理者做了IPD理论和IPD在IBM实施概况的培训，共有200余位来自公司各大部门的高层管理者参加了培训。此后从5月中旬开始，由IPD核心项目组成员担任培训老师，对公司所有三级以上管理者进行了数十场IPD方法论的培训，旨在使各级管理者了解IPD基本概念、IBM如何通过IPD取得辉煌业绩、各功能部门在IPD中的主要作用以及今后职责的定位等，累计参加人数1340人。

IPD是一个长期的、逐渐深入的项目，也是一个实践性很强的项目，光靠几次集中的短期的培训是不够的。项目组专门成立了变革沟通小组，除了组织集中培训以外，还通过公司各种宣传渠道（华为人报、管理优化报、华为电子公告牌、高层会议、IPD项目汇报、通过邮件和电话解答问题等）开展多种宣传和培训。这是一项长期的持之以恒进行的工作，正如IBM在"变革管理"中所讲的，宣传沟通是任何一个变革项目的自始至终的重要任务。只有这样，"松土"的面才尽可能广，才能为IPD实施扫清障碍，打好基础。同时，在各个功能领域（包括市场、研发、服务、制造、采购、财务等）开展多场次针对各功能领域主管、产品线总监、产品经理、市场经理、维护经理等的培训学习与研讨。在学习与研讨的过程中对照比较、回顾公司在产品开发中存在的问题，以各产品发展过程为主线，以产品开发中的失败与挫折为案例，进行研讨和自省。对照自身的研讨和学习，使得各领域主管及骨干逐步深入剖析过往自身产品研发过程，充分理解变革，并明确未来IPD变革的方向。

任正非说："认同不等于真正地理解，理解不等于掌握，更不等于熟练地运用。我们追求的远远不是理解，而是在准确理解基础上的掌握和熟练运用。当我们能够在实践中熟练准确地运用IPD的相关知识、理论，使得产品研发周期大大缩短、产品研发质量大大提高、产品市场竞争力大大提升的时候，我们的产品研发管理就上了一个台阶，就增强了公司的核心竞争力，多了一口活下去的'气'。我们已经付出太多的代价，没有理由不全力以赴地学习、再学习，改进、再改进。而要改变长期以来形成的习惯做法和思维定式，只有不断地反思和触及灵魂地自我批判，只有培训，再培训，松土，再松土，才能使失败化作变革的动力，才能使失败的教训成为我们成功的阶梯！"

9.1.4 流程的设计与试点 PDT 是紧密联系在一起的

流程的设计与试点 PDT 是紧密联系在一起的。在 IPD 第二阶段从不同产品线选择 4 个试点 PDT，由顾问按照 IPD 的具体做法引导 4 个 PDT 走过 IPD 流程。由于 IPD 流程的复杂性，在每一阶段的操作层流程设计完成之后，都要及时地在试点 PDT 中进行验证。因此，整个 IPD 流程的设计与试点 PDT 在时间上是异步交叉进行的。

在高层端到端流程设计完成后，进行概念阶段操作层流程的设计，同时进行第一个试点 PDT 的准备工作。概念阶段流程设计完成后，启动第一个试点 PDT 的概念阶段，与此同时，开始设计计划阶段的流程。当第一个试点 PDT 通过概念阶段以后，计划阶段流程也基本设计完成，试点 PDT 即对计划阶段流程进行验证。按照这样的思路，各阶段流程设计和试点 PDT 运作之间渐进地进行，试点 PDT 的每一个阶段总是在该阶段流程设计完成后开始启动。4 个试点 PDT 在时间上不是齐头并进，而是逐个依次展开的，每个 PDT 的各阶段总是滞后于前一个 PDT 的相应阶段。各阶段流程在不同 PDT 之间逐步得到验证和修正，整个 IPD 流程通过 4 个不同的 PDT 不断得到完善，在试点 PDT 结束时华为得到了一套比较完善的流程。

IPD 项目设立试点 PDT 的目的有 4 个方面：

（1）验证新设计的 IPD 流程。新流程设计出来后，在华为是否可行，需要经过验证。为此，试点 PDT 严格遵照新设计的 IPD 流程来进行产品开发，验证其可行性。

（2）验证新实施的 IT 工具。在试点 PDT 的运行过程中，逐步选择、实施和验证 PDM（产品数据管理）等 IT 工具，用 PEBT（软件包驱动业务变革）方法固化 IPD 流程的运作。

（3）培养一批具有实际运作经验的员工。通过 4 个试点 PDT 的运行，为华为公司培养了一批具备 IPD 实际运作经验的 PDT 经理、成员和引导者，保证了 IPD 第三阶段——推行阶段的工作开展有充足的人员准备。

（4）开发完成 4 个成功的产品。4 个采用 IPD 流程成功运作的试点项目均是华为公司的实际产品开发项目，这也是 IPD 项目输出的一项重要成果。

9.2 IPD全面推行

2002—2010 年，华为进入 IPD 全面推行阶段，不断优化、固化 IPD 及管理体系成为这一阶段的主旋律。

9.2.1 引导者有效的工作对确保 IPD 流程的成功推行起到非常重要的作用

当 IPD 进入 100% 推行后，一个叫作"引导者（Facilitator）"的群体活跃在 PDT 日常运作、IPMT 会议等 IPD 推行的前线上，并扮演了重要的角色。IPD 全流程引导者是一个独特的角色，引导者集中关注开发流程，必须与 PDT、IPMT 及产品线管理人员紧密联系，以便他们可以正确地提供指导并发现问题。引导者的目标是要通过教导团队来主动思考，最终使他们获得有效的独立运作的技能。

顾问无疑是高水平的，给了华为很好的指导，但是"师傅领进门，修行在个人"，使 IPD 的思想和行为模式在华为真正落地生根的责任，责无旁贷地落在华为人自己身上，更落在华为这些"内部顾问"身上。

无论经过了多少人的努力，多少项目组的试用和改进，流程、模板毕竟是一个死的东西，不同的产品、不同的时期、不同的市场形势、不同的产品开发团队，都会碰到新的问题，每个团队都需要引导。随着华为推行 IPD 的深入，引导的职责（教练、指导）由更多掌握了引导技巧的管理者来完成，华为的运作也进入了一个良性循环的境界。这也是引导者工作的最高目标。

2001年底，ESR（IPD30%推行项目之一）的产品开发代表事后撰文这样评价引导员的价值："IPD流程第一次引入了引导者的角色。这是华为工作方法上的巨大转变。以前不管是QA还是鉴定部门，都像是守在终点线旁的裁判，当我们跌跌撞撞地跑到终点时，裁判告诉我们，你犯规了，必须回到起点重跑，结果只有两种情况：（1）迫于各方压力，我们这次被放过了，但同时我们的质量无法保证；（2）回到起点重跑，这样不仅时间耽误了，人力浪费了，运动员与裁判之间的抵触情绪也增加了。产品开发不像赛跑，赛跑的规则定义了几十年，运动员也不知练习过多少次了，如果有人犯规被裁判拿下，估计不会产生多少歧义，但产品开发不一样。首先大家都没有经验，我们还是蹒跚学步的小孩，哪里会跑？更没人有机会获得十遍八遍的演练，再者规则的定义也容易引起歧义，造成理解不一致，这时就需要有一个教练来辅导我们前进。引导者的出现，使我们的工作由被动变为主动，他们不仅告诉我们流程应该怎么走，遇到流程的问题或者是新的情况，还积极推动流程的改进和优化。"

华为2001年30%的新启动产品研发项目全面推行IPD，70%的新启动产品研发项目部分推行IPD，2002年全部产品研发项目全面推行IPD。引导者是IPD推行的重要角色，负责指导PDT按照IPD流程的要求进行产品开发，并使PDT成员获得了独立运作的技能。引导员既是教练，又是啦啦队长、治疗专家、警察、联络员，他们有效的工作对确保华为IPD流程的成功推行起到了非常重要的作用。

⦿ 9.2.2 管理体系的建立确保了IPD推行的成功

2002年，华为IPD进入全面推行阶段，100%产品开发项目开始遵循IPD流程。华为基于9个产品线组建了9个IPMT，来管理这些产品线的业务。当时流程和组织有了，还必须有一套管理体系来管理其运作，为此华为配套建立了IPD管理体系。

第9章 变革管理和持续改进

IPD 管理体系是 IPD 最为重要的使能器。它是一个基于项目和团队的模型，是框架和决策规则，不随着任何个人和流程的变化而变化。IPD 管理体系是整个公司研发将如何运作的角色模型，是一种新的集成业务运作方式。它也是内部衡量杆，通过它可以在公司内外判断 IPD 的价值。

华为为了保证结构化流程和试点 PDT 的有效运作，首先在公司内建立了 IRB 和 IPMT，然后在不同的产品线按照结构化流程设计的时间要求，选择了相应的项目并组建了 PDT。在整个 IPD 变革第二阶段中，IRB 和 IPMT 负责对投资的决策、资源的调配、阶段评审点的决策等工作，而 PDT 负责具体的开发任务，保证按时按质地将产品成功推向市场。与此同时，为了保证 IRB、IPMT、PDT 的有效运作和 IPD 的顺利实施，对当时的组织结构进行了调整，一方面按照 IPD 的要求调整业务部门的组织体系；另一方面厘清与产品开发相关的各业务部门的角色、职责。2002 年，IPD 全面推行后，所有产品线和公司产品体系都按照 IPD 流程及管理体系运作。

IPD 管理体系的建立确保了 IPD 推行的成功，现在 IPD 及管理体系已经深入华为的骨髓和血液，使得华为成为世界领先企业，成功地进入了世界百强。

9.3 IPD面向未来发展

华为公司过去的成功，能不能代表未来的成功？不见得。成功不是未来前进的可靠向导。成功也有可能导致我们经验主义，导致我们步入陷阱。能不能成功，在于我们要掌握、应用我们的文化和经验，并灵活地去实践，这并不是一件容易的事情。

我们要沿着"简单、快速"的思路，去考虑如何优化现有的研发组织，缩短流程、提高效率，一方面要继承发扬，一方面要大胆思考改进。

——任正非

2011年开始，随着华为业务从运营商逐渐发展到服务领域、消费者业务、企业业务、云服务业务等，华为IPD优化发展一直在路上。

9.3.1 服务产业

华为为运营商提供通信设备与网络，同时也提供专业服务。客户网上设备维护的总量就有几千亿元，如果设备维护服务收取一定的费用，服务收入将是公司重要的收入来源，服务收入所产生的利润比，远大于制造收入产生的利润比。所以将价值构筑在服务上，2011年起成为华为战略。

华为明确专业服务业务要聚焦华为公司自己的设备和网络，首先本身要实现有效增长、贡献利润，同时通过Service Lead的解决方案，带动华为自有产品销售，支撑公司管道战略。专业服务包括：网络技术咨询、网络规划设计、网络集成、面向未来网络Softcom的集成、网络优化及客户体验管理、客户支持服务等管道服务业务，站点建造工程及能源改造类的系统集成、管理服务等非管道业务。

一、服务产品特点

服务产品是面向典型的客户场景，能够独立、持续地销售，能解决客户一类需求或问题的通用服务方案。

多数服务产品不进行批量制造，不需要进行试产验证，有些服务产品需要及时随产品或解决方案推出，进行配套销售，故服务产品与物理产品及解决方案之间是协同和交叉销售的关系。

现华为董事长梁华在2012年全球交付与服务第二季度工作会议上的讲话指出："持续经营是服务的天然优势，专业服务和交付要形成协同优势，要给其他产品提供线索，既帮助客户解决问题，同时我们也获得了生意，真正实现双赢。"

二、IPD面向服务业务的发展

2012年，华为公司对服务的要求是，服务要实现产品化，实现大部分服

第9章 变革管理和持续改进

务场景有相似的销售套路（提高可销售性），有类似的交付方法和步骤（降低交付成本），能保持客户的体验基本一致（提高客户满意度），实现服务可复制、可定制。

为了使服务可复制，必须有一套从服务产品规划、开发、生命周期管理的端到端的管理体系。

华为从2011年开始通过IPD-S项目来建立适合服务产品开发的流程，目前已经建立了服务工具和平台的投资机制及完善的流程和管理体系。华为成立了服务产品线，通过平台和工具建设、专业人才和专家队伍建设、客户视角的流程建设等，来提升华为专业服务的能力和业务效率。

服务产品开发与物理产品开发不同，没有试产验证环节，因此合并了开发验证阶段。服务产品很多是与物理产品一起交付的，所以里程碑协同对齐及管理非常重要。服务产业投资、研发管理方法与物理产品管理的方法是相同的。

2013年5月，GTS总裁梁华在IPD-S全球推行开工会上指出："经过服务IPD项目，我们明确了服务Portfolio的六层结构，这六层结构把服务在哪一层卖、在哪一层开发等定义得非常清楚。同时服务IPD的方案对服务需求的管理、服务产品的开发、服务生命周期的管理，以及上市、销售、交付等方面的流程已经描述得比较清楚了。"

2018年，华为向全球170多个国家和地区的1500多张网络提供专业服务，服务收入约占运营商总收入的1/3。

◉ 9.3.2 消费者业务

华为最早成立了话机事业部开发电话机，后来因为产品质量等多种原因解散。2003开始因为3G网络设备没有终端不好卖又开始做终端，并成立了终端公司。公司曾经认为手机业务做不长久，要在全球打造一个消费品牌并建立渠道和零售体系是很困难的，故想把终端卖掉，因为没有达成一致而没有卖掉。刚开始做手机时，开发了100多款，后来绑定运营商做定制手机开发，发展缓慢。直到2011年三亚会议，明确了"终端竞争力的起点和终点，都是源自最终消费者,要以消费者为中心"后,开始真正以满足消费者需求为导向来做终端产品,特别是手机产品,华为消费者业务才走上了快速发展轨道。7 年过去,2018 年消费者业务收入 3489 亿元,占公司总收入的 48.4%。

一、消费者业务特点

消费者业务聚焦提供面向消费者使用的网络终端产品,包括手机、电脑、智能穿戴、智能家居等,它与运营商产品有很大不同。终端产业是一个产品概念、商业模式、技术不断产生和变化的产业。产业发展快,颠覆也快,具有典型的"海鲜"市场特征。

(1)终端面对的是广大的消费群,并不是所有消费者需求都要满足,因此需求洞察能力和设计能力是关键;

(2)产品推出时间快,一般 6 个月到 1 年;

(3)产品生命周期短,如手机一般半年到一年,竞争激烈,如果不能抓住机会窗,销量影响非常大,管理不好将带来库存风险;

(4)产品上市发布对消费者了解产品、激发购买欲望,对跨越销售裂谷、销量快速增长至关重要,需要精心策划,营销供货应协调一致行动;

(5)销售量大,采购元器件量大,但也容易产生腐败。

二、IPD 面向消费者业务的发展

终端发展的本质是要做好产品。没有高质量的产品,不可能有好的口碑和好的品牌形象。产品是基石,如果产品做不好,消费者 BG 一切工作都没有基础。质量是终端立足之本,终端必须狠抓产品质量,严格控制终端产品的出厂质量。必须改善服务,提高用户体验。质量、体验、服务这三个方面是消费者能够直接接触到、亲身感受到的,是构成口碑的三个关键要素。

华为发展公开市场 2C 业务,需要建立适合消费者业务发展的流程和管理体系。华为一直秉承开放的心态学习行业标杆:学诺基亚,学苹果和三星,也学习 OPPO、vivo 和小米做得好的地方,建设与梳理适合消费者业务的营销、研发、渠道与零售、服务等流程与 IT。

第9章　变革管理和持续改进

终端产品开发进度是最大的问题，机会窗很短，一款机型如果按规划的时间做出来，应该很有竞争力，如果不能按规定的时间做出产品，晚三个月、半年，就一点竞争力都没有了。

IPD 的核心理念是并行开发，是适合终端产品开发的。但手机既是一件电子产品又是一件艺术品，需要外观漂亮，结构紧凑，轻薄、可靠、防摔。一款新机要开新模，采用最新的技术和工艺，内部空间小，需要精心布局，装配验证，软硬件并行开发验证，才能缩短开发周期。产品上市发布前，零售铺货和电商要准备到位，保障货源充足。故 IPD 适用在消费者业务需要增加外观设计、模修模、新工艺验证等活动。操作系统、应用 APP 软件需要不断优化，故适合采用 DevOps 开发模式。

面向公开市场开展 2C 业务，需要加强产品营销和品牌宣传。华为以前是运营商设备提供商，运营商客户总共就 300 多个，所以只做定点宣传到客户就可以了。但是消费者业务面对全球消费者，不能也固守"酒香不怕巷子深"。品牌对 2C 业务至关重要，品牌是公司最核心的资产和战略，包括产品、公司形象、营销传播、消费者的购买体验和服务体验等所有消费者能感知的要素总和。品牌的本质是质量和对客户的诚信，广告和营销活动是提升品牌、增加销售收入的手段之一。需要重新梳理、优化、强化产品上市发布流程，加强产品 IMC（整合营销传播），进行立体品牌宣传。

消费品越来越时装化，竞争激烈，生命周期管理非常重要也特别适合消费者业务。需要加强市场上消费品表现监控，及时调整对策，做好新产品上市和旧产品退市工作。同时终端行业平均利润薄，消费者 BG 需要坚持大胆创新，做好芯片、软硬件平台，模块尽量标准化、归一化，降低成本，提高终端产品竞争力和盈利能力。

手机产品机会窗短，一旦滞销或新产品推出，库存积压会带来经营风险。任正非说，终端发展的两个死结：一个是内部腐败，一个是库存。所以要狠抓供应计划的准确性和提高响应速度，提前做好关键器件采购，缩短供应周期，加大供应柔性，同时要从流程制度上防止因为大批量采购、爆款销售可能带来的腐败问题。

9.3.3 企业业务

一、企业业务特点

华为 2011 年确定发展企业业务,成立了企业业务 BG。面向企业的 2B 业务涉及面广,包括政府、金融、交通、能源、互联网、媒体、教育、制造、零售等垂直行业。运营商业务是全球标准化的,大家都遵守 3GPP 和 ITU,而企业业务是本地化业务,没有标准,不同的国家差异非常大。企业市场区别于运营商市场的根本特点就是"客户多、形态多""单多、单小"。

面向企业市场,根据其特点要改变原先适用于少数大客户的直销/直供/直服的销售模式。从接触客户的方式开始,要借用媒体、广告、互联网的方式;在销售、交付和服务过程中,要共享业界已有的交易平台——各类渠道合作伙伴;要使产品和解决方案更加简单、易用;在与渠道、客户的合作过程中,要简单高效低成本,就要更多地依靠标准化的流程和 IT 系统。

为符合企业市场的特点,产品和解决方案也要做出一些改变。第一,针对不同企业的产品规格和容量做到系列化,而不是像运营商主系统一样追求"大局点,少局所"。第二,要简化交易、交付和服务过程,产品要做到"三标一免"(配置标准化、价格标准化、合同标准化、免工勘),"3 免 9 自"(3 免:免勘测、免安装(软件)、免调测;9 自:自规划、自安装(硬件)、自配置、自升级、自补丁、自诊断、自处理(故障)、自更换、自调整)。第三,由于是支撑性和办公型系统,大部分企业客户对技术先进性并不敏感,他们需要的是解决实际问题,并不希望对你的产品有太专业的理解。比如金融行业的客户,他们要的是"汇款汇得快"(解决方案),而不是"风扇转得快"(产品技术),这对产品资料和技术交流等也提出了更高的要求。第四,由于要和主业务系统配合使用,所以产品还必须符合不同行业的标准,呈现出不同的行业特征。这些都需要在面向企业客户时系统地加以解决。

企业业务与运营商业务的差异如表 9-1 所示。

第9章 变革管理和持续改进

表9-1 企业业务与运营商业务的比较

维　度	√企业业务	运营商业务
客户	客户类型多、数量多、跨度大，分布广、散 √NA[①]：目标集中 High Touch 客户，联合 VAP[②]/ISV[③] 拓展市场 √商业市场：主要以行业圈"营"的方式 Low Touch 客户，联合各类合作伙伴拓展市场 √分销市场：依靠 NA 建立的基准线和普遍的品牌知名度，联合分销渠道拓展市场	√清晰的有限客户，目标集中
产品与解决方案开发	√客户多、散，每个行业都有特有需求，需要主动洞察、联合创新，要求整体解决方案 √行业标准化程度低，存在事实标准 √市场求新求变，机会窗窄，产品交付需要更快、更敏捷	√有清晰的山头目标，客户需求清晰，容易聚焦 √产品和技术发展路标相对稳定 √标准化程度高
上市	√上市周期短，GA 后必须做到全面就绪（营销、渠道、服务等），一次满足质量要求 √网站是品牌营销、赋能、接触客户、产品导入的重要手段 √报价器要给合作伙伴使用，不再是内部工具 √分行业定价，渠道定价	√上市周期长，GA 后逐步上量
MKT	√以营促销，通过"营"产生需求和新的销售线索 √要与伙伴共同开展"营"的工作	√MKT 主要体现在产品管理方面
销售	√上市多样化：直销、分销、Hi-Touch、Mid-Touch，依赖渠道生态链 √价格相对透明，返点成为一种商业模式 √管道管理讲数字 √平均颗粒度小、单数多，交易需简化	√直销为主 √单单议价 √管道管理数项目 √颗粒度大 √单数少
伙伴	√渠道伙伴 √解决方案联盟 √服务伙伴 √咨询伙伴	√工程服务伙伴 √咨询伙伴

---

① NA，Named Account，价值客户。
② VAP，Value-Added Partner，增值经销商。
③ ISV，Independent Software Vendor，独立软件供应商。

续表

维度	√企业业务	运营商业务
竞合	√IT 产业链，关注与合作伙伴的产业链竞合	√CT 产业链，与供应商竞合市场地盘
供应	√需进行渠道备货、囤货 √要求快速到货，从产品维度进行要货预测	√货物直发 √供货持续时间长，从项目维度进行要货预测
服务和交付	√依赖间接服务、自助服务 √严格按照 SLA（服务等级协议）的服务鉴权	√原厂服务 √先服务，再收费
生命周期管理	√IT 类产品生命周期一般为 EOM 后 3～5 年 √EOX 沟通到核心价值客户及价值渠道，其他客户公告通知	√CT 行业生命周期一般为 EOM 后 5～10 年 √EOX 沟通到大 T 客户

华为面向企业市场定位为 ICT 基础设施产品提供商，需要把产品嵌入合作伙伴的行业解决方案中，并通过合作伙伴交付面向最终客户的行业解决方案。

二、IPD 面向企业业务的发展

企业业务也是 2B 业务，因此 IPD 总体上是适用的。华为最早期的 IPD 流程，对企业业务一些活动有定义，只是因为运营商业务的特点而逐步演化，反倒使得 IPD 流程在企业业务存在一些不适应，需要根据企业业务特点进行优化适配，建立起适合企业业务的快速响应的流程。

企业业务可以按照 IPD-Solution 流程进行解决方案开发，关键是要构建解决方案能力和集成能力。

产品的立项决策标准需要有些变化，目前的 IPD 流程从投入产出预测未来销售额，企业业务有些产品要基于战略、基于未来竞争优势来做决策。

营销模式需要改变。华为的企业业务采用"被集成"战略，即以 High Touch+ 合作伙伴与分销并重的市场模式面向客户。选择"被集成"战略的根本目的，是不与合作伙伴形成利益竞争关系，充分激发合作伙伴的积极性，是华为商业模式的选择；其次是要有所为有所不为。不为追求短期的销售而对各种项目大包大揽，从而消耗华为战略资源，偏离自己的业务主航道。合作在企业业务中具有非常重要的作用。

9.3.4 云服务业务

一、云服务转型带来的变化

随着各行业数字化进程的深入，所有企业都必须能以云的方式面向客户，云服务成为基本商业模式。面向客户提供云服务，并帮助客户和伙伴以云服务的方式实现商业变现，是华为的必然选择。

对传统IT厂商而言，向云服务转型首先是商业模式的变革，是从"供应商+客户"到"开发+运营"的转变，商业模式的变革会驱动架构和开发模式产生变革，具体的变化如下。

1. 云软件的商业模式变化

云软件由卖license到卖服务（托管）方式；

软件的部署，由过去分散小规模，转为集中大规模；

客户期望更快、更新、更好的特性和服务；

云服务商业竞争的法宝是快和体验，按周发布特性；

2. 云软件的系统架构变化

软件架构模式的转变，由过去Silo、分层模型，转为面向服务的架构（SOA）服务化、网状模型；

由单租户、集中式，转为多租户、服务化、分布式，系统用户由百、千到现在上亿用户；因为要大规模、快速创新，这就要求软件的子系统之间、服务与服务之间进一步解耦；

软件子系统不再关注功能的全面/完备，而转为关注精、专业以及接口的标准化，即一个子系统/服务只做一件事，这样所有系统组成一个大平台的时候，就类似乐高积木。

3. 云软件的开发模式变化

全功能团队/FullStack工程师；小团队自己规划、自己决策、自己交付；

每个"人"都是围绕业务目标，进行自我激发的，而不是依靠流程来驱动的；

云服务的核心竞争力是快和体验，只有依靠小团队、个人的自我激发才能实现。

DevOps 是 Development + Operations 的组合，即开发 + 运营，起源于软件开发的一种方法，促进软件开发、技术运营和质量保障等部门间的沟通和协作，具有 5～10 倍的 TTM 和效率优势。但是，随着 DevOps 理念的发展，已经超越了一种研发模式的范畴，更是商业模式的变革，很多行业也会走向 DevOps 模式，比如，装备制造业可以从卖制造设备走向卖制造服务，如同云服务的客户从购买产品走向购买服务一样，这种大服务的模式将重新构建客户和供应商之间的商业关系。

DevOps 是软件向云时代演进的必然趋势。它是敏捷开发的演进，是从客户的视角来看如何实现价值的快速开发和上市，增加可靠性的同时提高业务敏捷性，按需发布。

随着华为 IT 企业业务和消费者业务的兴起，华为的客户也从运营商，逐渐扩展到公有云用户及终端消费者。2017 年，华为成立 Cloud BU 开展云服务业务。

华为云业务的战略是坚决投入，构建云服务核心能力和生态，抓住数字化转型的机遇改变 IT 市场格局，成为重点行业云服务的领先者。构建华为及全球运营商的云服务产业联盟，成为全球云服务的重要一级。结合自身优势业务的云服务化，构建云服务的独特竞争力。

二、IPD 面向云服务的发展

为发展云服务业务，需要对以下方面进行改变，并建立相适应的流程和管理体系。

商业决策：从基于阶段（DCP/TR）的决策向基于商业案例的定期审视转变；

营销模式：采用互联网的营销模式；

产业链和生态：建立新的运营模式下联盟合作、软件合作伙伴管理及价值分配机制；

财务：适应互联网交易和收费模式；

产品开发和交付模式：采用 DevOps 开发模式、快速线上交付业务或服务并运维。

因此，开发终点要延伸到运维运营端，对开发团队考核不仅考核项目交付，还要考核长期业务绩效，整个团队要对商业成功负责。

华为进入云服务业务时间短，需要以更宽广的胸怀不断向业界特别是向互联网企业学习，建立适合软件开发业务的组织模式和绩效管理，不断实践、优化、完善，形成华为高效的云服务研发模式，支撑华为云服务业务的发展。

9.4 TPM与持续改进

9.4.1 实现 IPD 变革成功，改进 TPM 至关重要

IPD 变革的最终目标是取得良好的业务效果，但 IPD 刚开始推行的两到三年内，业务结果是不明显的。那么，如何衡量 IPD 推行进展和效果呢？华为采用 IPD 变革进展指标（Transformation Progress Metrics，TPM）来衡量。TPM 是衡量 IPD 推行进展及业务成效的重要衡量指标，评估包括 9 类：业务分层、结构化流程、基于团队的管理、产品开发、有效的衡量标准、项目管理、异步开发、共用基础模块、以用户为中心的设计，并扩展到衡量功能部门能力和效率，如市场管理、研发、采购、制造。

TPM 运用开放式提问来发现 IPD 的推行状况。评估时，评估者要对比业界标杆来衡量，既要考虑 IPD 推行的程度，又要考虑 IPD 推行的效果。通过完成问卷得出变革进展指标得分。该分数说明了公司处在哪个 IPD 阶段，如果业界最佳公司进步了而自己没有进步，则分数可能会降低，得分分为试点、推行、功能、集成、世界级 5 个级别。每年会就 TPM 评估后所提出的改进行

动计划进行跟踪，在下一年评估时回顾上一年行动计划的改进进度和效果，并制定本年度行动计划，形成闭环，促进业务和管理的持续改进。表9-2为TPM评估标准。

表9-2 TPM评估标准

推行程度	级别	推行效果	级别
0.1～1.0	试点：受控，有限的引入	0.1～1.0	试点：有部分成效，流程有较大缺陷
1.1～2.0	推行：在部分产品线/产品中开始推行	1.1～2.0	推行：关键衡量指标有部分改进，运作稳定，流程缺陷较小
2.1～3.0	功能：在大多数产品线/产品中进行推行，行为正在发生变化	2.1～3.0	功能：大多数衡量指标得到改进，实施有成效
3.1～4.0	集成：完成推行，文化已经变化	3.1～4.0	集成：大多数衡量指标有很大改进，实施非常有效，流程没有缺陷
4.1～5.0	世界级：及时与新的IPD理念不断保持一致	4.1～5.0	世界级：实施质量不断提高，竞争力领先

经过20年的努力，华为IPD TPM得分从最初的1.06分提高到2016年的3.6分，达到了当初华为设定的3.5分的目标，这代表着IPD推行已经跳出研发内部，与周边相关流程集成并有效运作起来，为公司的发展奠定了坚实的基石。

⦿ 9.4.2 持续改进使IPD变成有生命的管理体系

IPD从来不是一个死的体系，看今天的IPD，跟20年前的IPD，很多地方出现了根本性的变化。基于TPM评估，华为每年都会讨论IPD怎样优化、怎样改进，同时还会不断审视和优化TPM的评估问卷，这样就使整个IPD变成了一个有生命的体系。

不是每家公司推行IPD都会成功。从一开始，华为就着力制定了一系列变革进展衡量指标，管理层用这些指标来监督IPD的落地和效果。有了这些反馈，华为就能在过去的20年里不断实施和优化IPD。

TPM的实质就是在华为建立了一套IPD推行持续改进的机制，通过全员

第9章 变革管理和持续改进

持续改进，实现客户满意和卓越的经营绩效目标。通过不断识别研发过程中的改进机会并实施改进，以持续提升研发质量、效率，降低研发成本、风险，最终形成持续改进的文化。

客户的本能就是选择质量好、服务好、价格低的产品。而这个世界又存在众多竞争对手，质量不好，服务不好，就不用讨论了，必是"死亡"这一条路。如果质量好、服务好，但成本比别人高，企业可以忍受以同样的价格卖一段时间，但不能持久。因为长期消耗会使企业消耗殆尽，活下去都困难，更谈不上发展。研发有竞争力的产品，离不开人才、技术、资金，而没有管理，人才、技术、资金，形不成力量。在互联网时代，技术进步比较容易，而管理进步比较难，难就难在管理的变革，触及的都是人的利益。因此企业间的竞争，说穿了是管理竞争，企业与企业的较量，最后拼的是综合实力。

世界上唯一不变的就是变化。企业只有与时俱进、持续不断地改进管理，提升核心竞争力，才能一直活下去。华为追求持续不断、孜孜不倦、一点一滴的改进，促使管理的不断改良。只有在不断改良的基础上，华为公司才会离发达国家业界最佳公司的先进管理越来越近。华为核心价值观要求每个人、每个团队，每个组织都要持续改进，持续改进早已成为华为公司文化和核心价值观的不可或缺的一部分。通过持续改进，建立一套不断适应市场和客户发展需求，持续保持研发竞争力的活的 IPD 管理体系，并且不断刷新评估内容和标准，与业界最佳对标，华为就能立于不败之地。

过去 20 年，IPD 已优化了 8 个大版本，支撑了华为在通信业务领域的成功，"从偶然到必然"；面向未来，华为 2019 年初已明确提出通过 IPD2.0 变革，支撑华为 2030 年战略目标的实现，"从不可能到可能"。

任正非指出，人类探索真理的道路是否定、肯定、再否定，不断反思、自我改进和扬弃的过程。自我批判与改进的精神代代相传，新生力量发自内心地认同并实践自我批判与改进，就能保证华为未来的持续进步。

缩略语表

[1] 3GPP，The 3rd Generation Partnership Project，第三代合作伙伴计划，是一个国际电信标准化组织，3G 技术的重要制定者。

[2] ADCP，Availability Decision Check Point，可获得性决策评审点。

[3] ADSL，Asymmetric Digital Subscriber Line，非对称数字用户线路，提供的上行和下行不对称带宽，是一种数据传输方式。

[4] AI，Assembly to Order Item，装配件，构成固定，按 MRP 计划在车间进行装配，可直接销售的库存项目。

[5] AOC，ATO Option Class Item，ATO 可选类，指可供客户选择，具有某种共同特征的 PART 的集合。该 PART 无库存，本身不需装配，但参与下一道工序的装配。

[6] API，Application Programming Interface，应用编程接口。

[7] ASIC，Application-Specific Integrated Circuit，专用集成电路。

[8] ATO，ATO Model Item，按订单装配。指按订单生产的需要装配调测的产品模型，清单内容可以选配。

[9] BB，Building Block，基础模块。

[10] BG，Business Group，是华为公司 2011 年组织改革中按客户群维度建立的业务集团。

[11] BOM，Bill of Materials，物料清单。

[12] BP，Business Plan，商业计划，指华为公司年度商业计划。

[13] BU，Business Unit，业务单元，指按产品或解决方案维度建立的产品线。

缩略语表

[14] CAPEX, Capital Expenditures, 资本支出。

[15] CBB, Common Building Block, 共用基础模块。指那些可以在不同产品、系统之间共用的单元。

[16] CDCP, Concept Decision Check Point, 概念决策评审点。

[17] CDMA, Code Division Multiple Access, 码分多址接入, 是指一种扩频多址数字式通信技术, 应用于800MHz和1.9GHz的超高频(UHF)移动电话系统。

[18] CDP, Charter Development Process, 任务书开发流程。

[19] CDT, Charter Development Team, 任务书开发团队。

[20] CEG, Commodity Expert Group, 采购专家团。

[21] CMM, Capability Maturity Model, 能力成熟度模型。它是由美国卡内基梅隆大学的软件工程研究所制定, 被全球公认并广泛实施的一种软件开发过程的改进评估模型。

[22] CMMI, Capability Maturity Model Integration, 能力成熟度集成模型。它是在CMM基础上, 把所有的CMM以及发展出来的各种能力成熟度模型, 集成为一个单一框架, 以更加系统和一致的框架来指导组织改善软件过程。

[23] CSQC, Customer Satisfaction and Quality management Committee, 客户满意与质量管理委员会。

[24] DCP, Decision Check Point, 决策评审点。

[25] DI, Density of Issues, 遗留问题密度。

[26] EBO, Emerging Business Opportunity, 新兴商业机会。

[27] EC, Engineering Change, 工程变更。

[28] eCl@SS, 是用于划分和描述产品和服务类别的国际化标准。它按产品规格具备不同的构架层次, 并能进行精确的描述和认定。

[29] EMS, Equipment Manufacturing Supplier, 设备制造供应商。

[30] EMT, Executive Management Team, 经营管理团队, 它是华为公司经营、客户满意度的最高责任机构。

[31] EOFS, End of Full Support, 停止全面支持。

[32] EOM, End of Marketing, 停止销售。

[33] EOP, End of Production, 停止生产。

[34] EOS, End of Service & Support, 停止服务与支持。

[35] ERP, Enterprise Resource Planning, 企业资源计划, 是一种主要面向制造行业进行物

质资源、资金资源和信息资源集成一体化管理的企业信息管理软件包。

[36] ESP，Early Support Program，早期客户支持。

[37] ESS，Early Sales & Support，早期销售支持。

[38] E2E，End to End，端到端。

[39] FRACAS，Failure Report Analysis and Corrective Action System，故障报告、分析及纠正措施系统。

[40] GA，General Availability，一般可获得性，是产品可以批量交付给客户的时间点。

[41] GSM，Global System for Mobile Communications，全球移动通信系统。

[42] GTAC，Global Technical Assistance Center，全球技术支持中心。

[43] GTS，Global Technical Service，全球技术服务部。

[44] ICT，Information And Communication Technology，信息和通信技术。

[45] IETF，Internet Engineering Task Force，互联网工程任务组。

[46] IPD，Integrated Product Development，集成产品开发，是一套产品开发的模式、理念与方法。

[47] IPMT，Integrated Portfolio Management Team，集成组合管理团队，是华为代表公司对某一产品线的投资的损益及商业成功负责的跨部门团队。

[48] IPR，Intellectual Property Rights，知识产权。

[49] IRB，Investment Review Board，投资评审委员会，是华为公司负责业务领域的产品与解决方案的投资组合和生命周期管理，对投资的损益及商业成功负责的组织。

[50] ISC，Integrated Supply Chain，集成供应链。它是由原材料、零部件的厂家和供应商等集成起来组成的网络，通过计划、采购、制造、订单履行等业务运作，为客户提供产品和服务的供应链管理体系。

[51] ISV，Independent Software Vendor，独立软件供应商。

[52] IT，Information Technology，信息技术。

[53] ITIL，Information Technology Infrastructure Library，信息技术基础架构库。

[54] ITMT，Integrated Technology Management Team，集成技术管理团队。

[55] ITO，Inventory Turn Over，库存周转率或库存周转天数。

[56] ITR，Issue to Resolution，问题到解决。它是华为面向所有客户服务请求到解决端到端的流程。

[57] ITU，International Telecommunication Union，国际电信联盟。

缩 略 语 表

[58] JAD，Joint Agile Delivery，联合敏捷交付。

[59] JAO，Joint Agile Operation，联合敏捷运维。

[60] JAP，Joint Agile Planning，联合敏捷规划。

[61] JDC，Joint Product Definition Community，联合产品定义社区。

[62] JIC，Joint Innovation Center，联合创新中心。

[63] KPI，Key Performance Indicator，关键绩效指标。

[64] LMT，Lifecycle Management Team，生命周期管理团队。

[65] LTC，Lead to Cash，线索到回款。它是华为从线索、销售、交付到回款端到端的业务流程。

[66] LTE，Long Term Evolution，长期演进，是由 3GPP 组织制定的 UMTS 技术标准的长期演进，是 3G 技术的升级版本，严格地讲 LTE 只是 3.9G。

[67] MFR，Manufacturing Review，制造评审。

[68] MM，Marketing Management，市场管理。

[69] MR，Marketing Review，市场评审。

[70] NA，Named Account，价值客户。

[71] NC，Named Channel，重点渠道。

[72] NFV，Network Functions Virtualization，网络功能虚拟化。

[73] NGN，Next Generation Network，下一代网络，是一种业务驱动型的分组网络。

[74] OBP，Offering Business Plan，产品包年度商业计划。

[75] ODP，Offering Definition Process，Offering 定义流程。

[76] OPEX，Operating Expense，是指企业的运营成本。

[77] OR，Offering Requirement，包需求，又叫产品包需求，包括内外部客户需求。

[78] OSBP，Offering/Solution Business Plan，产品包/解决方案商业计划。

[79] OTT，即 Over The Top 的缩写，是指越过运营商，发展基于互联网的各种视频及数据等业务服务。

[80] PBI，Product Base Information，产品基础信息。

[81] PCN，Product Change Notice，产品变更通知。

[82] PCR，Plan Change Request，计划变更请求。

[83] PDC，Portfolio Decision Criteria，组合决策标准，华为公司评估投资优先级的工具。

[84] PDCP，Plan Decision Check Point，计划决策评审点。

[85] PDT，Product Development Team，产品开发团队。

[86] PDU，Product Development Unit，产品开发部。

[87] PH，Phantom Item，虚拟项目。

[88] PI，Purchased Item，采购项目。

[89] PM，Project Manager，项目经理。

[90] PMBOK，Project Management Body of Knowledge，项目管理知识体系，由美国项目管理协会（PMI）定期更新。

[91] PMP，Project Management Professional，指项目管理专业人士资格认证。它是由美国项目管理协会（PMI）发起的，评估项目管理人员知识技能是否具有高品质的资格认证考试。

[92] PMT，Portfolio Management Team，组合管理团队。

[93] POC，PTO Option Class Item，PTO 可选类，一个直接发货的 PART 的集合，直接用于订单发货。

[94] POR，Procurement Review，采购评审。

[95] PQA，Product Quality Assurance Engineer，产品质量保证工程师。

[96] PSST，Products & Solutions Staff Team，产品和解决方案实体组织办公会议，是研发实体组织进行日常商业决策与运营管理的平台。

[97] PTO，Pick To Order Model，按订单挑选发货。是既含按订单装配的 ATO 模型，又含无须装配而只用于发货的其他物料的一个产品模型的混合体。

[98] QCC，Quality Control Circle，质量控制圈，是由基层员工组成，自主管理的质量改进小组。

[99] QMS，Quality Management System，质量管理体系。

[100] RAT，Requirement Analysis Team，需求分析团队。

[101] RDP，Roadmap Planning，路标规划。

[102] RDR，Research and Development Review，研发评审。

[103] RMT，Requirement Management Team，需求管理团队。

[104] RoI，Return on Investment，投资回报率。

[105] ROADS，Real time，On demand，All online，DIY，Social，全在线、自助设置、按需实时享受信息服务和社交分享。

[106] Scrum，是一种迭代式增量软件开发过程，通常用于敏捷软件开发。

[107] SDN，Software-Defined Networking，软件定义网络，是一种新型网络创新架构。

缩 略 语 表

[108] SDT，Solution Development Team，解决方案开发团队。

[109] SE，System Engineer，系统工程师。

[110] SI，Supply Item，供应项目。

[111] SIT，System Integration Test，系统集成测试。

[112] SMT，Solution Management Team，解决方案管理团队，华为代表 IRB 管理跨产品线解决方案投资决策的组织。

[113] SOA，Service-Oriented Architecture，面向服务的架构。

[114] SP，Strategy Plan，战略规划，指公司及各规划单元的中长期发展计划。

[115] SPDT，Super Product Development Team，超级产品开发团队。它作为一个独立产业的经营团队，直接面向外部独立的细分市场，对本产业内的端到端经营损益及客户满意度负责。

[116] SR，Service Review，服务评审。

[117] ST，Staff Team，办公会议，华为公司实体组织进行日常业务协调与决策的平台，对组织内的运营事务进行日常管理。

[118] SWOT，Superiority Weakness Opportunity Threats，态势分析法。

[119] TCO，Total Cost of Ownership，总体拥有成本。

[120] TD，Technology Development，技术开发流程。

[121] TDR，Technical Development Review，技术开发评审。

[122] TDT，Technology Development Team，技术开发团队。

[123] TMG，Technical Management Group，技术专家组，是专项技术专家组成的团队。

[124] TMT，Technology Management Team，技术管理团队。

[125] TMS，Technical Management System，技术管理体系。

[126] TPM，Transformation Progress Metrics，变革进展指标。

[127] TPMT，Technology Portfolio Management Team，技术组合管理团队。

[128] TPP，Technology Planning Progress，技术规划流程。

[129] TR，Technical Review，技术评审点。

[130] TTM，Time To Market，上市时间。

[131] UCD，User Centered Design，以用户为中心的设计。

[132] UMTS，Universal Mobile Telecommunications System，通用移动通信系统，一种第三代移动技术，用于发送速率达 2Mbit/s 的宽带信息。

[133] UNSPSC，The Universal Standard Products and Services Classification，是第一个应用于电子商业的产品与服务分类系统。

[134] VAP，Value-Added Partner，增值经销商。

[135] WBS，Work Breakdown Structure，工作分解结构，项目管理术语，是对项目团队为实现项目目标，创建所需可交付成果而需要实施的全部工作范围的层级分解。

[136] WCDMA，Wideband Code Division Multiple Access，宽带码分多址，是第三代无线通信技术之一。

后 记

这是一本讲述华为研发投资与管理理念、流程、管理方法与实践的书,华为今天能发展和逐步领先,进入世界100强,得力于华为长期遵从并不断完善这套研发投资管理体系。正是有了这套体系,华为才能持续制度化地提供质量好、成本低、满足客户需求且有市场竞争力的产品和解决方案。

编写这部书,始于3年前。2016年8月我作为编委及责任编辑,协助完成黄卫伟主编、中信出版社出版的《以客户为中心》一书之后,轮值董事长徐直军先生要求我组织编写一本讲华为研发理念与实践的书。最初的想法是基于华为公司内部整理的《IPD业务管理纲要》来编,并已完成书稿,但考虑到可读性和实用性,我组织华为原IPD变革项目组成员、相关研发部门领导与专家对新书框架、关键概念和写作大纲进行了多次讨论,之后对整部书进行重新编写,历时近3年,经多次修改,现在才呈现给大家。

在本书出版之际,特别要感谢徐直军先生,他百忙中还对书稿进行逐字逐句的审改并亲自作序。还要感谢公司的相关领导和专家,他们提供了相关素材和实际案例,使得本书不至于流于空洞说教、缺乏实用价值。

华为是一家长期专注研发投入,坚持开放创新,不断掌握核心专利和技术,具有核心竞争力的高科技企业。希望本书的出版有助于读者了解真实的华为,为企业管理研发投资，提升研发能力与产品核心竞争力提供参考和借鉴。由于编者水平有限，书中难免有错误遗漏之处，欢迎批评指正。

夏忠毅

2019 年 5 月 22 日于深圳